古典文獻研究輯刊

二十編

潘美月・杜潔祥 主編

第 9 冊

《封泥考略》研究

鄭宇清 著

國家圖書館出版品預行編目資料

《封泥考略》研究／鄭宇清 著 -- 初版 -- 新北市：花木蘭文化
出版社，2015〔民104〕
序 2+ 目 2+274 面；19×26 公分
（古典文獻研究輯刊 二十編：第 9 冊）
ISBN 978-986-404-090-2（精裝）
1. 金石學 2. 清代
011.08   103027400

ISBN-978-986-404-090-2

9 789864 040902

古典文獻研究輯刊
二十編 第九冊   ISBN：978-986-404-090-2

《封泥考略》研究

作　　者　鄭宇清
主　　編　潘美月　杜潔祥
總 編 輯　杜潔祥
副總編輯　楊嘉樂
編　　輯　許郁翎
企劃出版　北京大學文化資源研究中心
出　　版　花木蘭文化出版社
社　　長　高小娟
聯絡地址　235 新北市中和區中安街七二號十三樓
　　　　　電話：02-2923-1455／傳眞：02-2923-1452
網　　址　http://www.huamulan.tw 信箱 hml810518@gmail.com
印　　刷　普羅文化出版廣告事業
初　　版　2015 年 3 月
定　　價　二十編 24 冊（精裝）台幣 42,000 元
版權所有‧請勿翻印

《封泥考略》研究

鄭宇清　著

作者簡介

鄭宇清,國立成功大學中國文學系中國文學碩士班畢業,現任職高雄市旗山區溪洲國民小學教師。學術著作有:〈鸞簋〉(文見沈寶春主編:《《首陽吉金》選釋——附 2008 年金文學年鑑》,臺北:麗文文化,2009 年,頁 25 ~ 42);〈《封泥考略》的作者、版本和輯錄封泥數量辨析〉(文見《東方人文學誌》第 9 卷第 4 期,2010 年 12 月,頁 185 ~ 203)。

提　　要

　　清人吳式芬、陳介祺所輯《封泥考略》,是中國封泥研究史上的第一本專門性著作。可惜的是,後世對它的了解並不夠全面。

　　本文以《續修四庫全書》版為研究底本,並在孫慰祖對《封泥考略》固有的研究基礎上,由外到內,對該書的成書背景、輯者和參與考編者、版本、體例、書中封泥的特色、考釋內容及其呈顯封泥之研究面向、價值與缺失等方面,運用「歸納法」且具系統性的方式做了加深、加廣的討論,希望藉此凸顯它的重要性。

　　本文共分六章:第壹章為緒論,就 2010 年以前研究《封泥考略》的文獻做回顧。第貳章,考察該書的成書背景,並對輯者和參與考編者的生平做介紹。第參章,針對該書的版本、體例進行探討,並比較吳、陳兩人書中封泥的特色。第肆章,將書中封泥分成「官、私」印兩類說明,且歸納書中考釋文字呈顯之封泥研究面向。第伍章,在前幾章的基礎下,進一步評述該書的價值與缺失。第陸章為結論,總結本文主要的研究焦點及成果。

出版序言

　　封泥上的地名、職官名，以及書體特色，提供我們許多史學和文字學上的珍貴資料。吳式芬、陳介祺合編的《封泥考略》開封泥研究之先河，後人因此漸漸注意到封泥的價值。爲能更了解《封泥考略》在封泥研究領域的開創性及啓發性，因此著手進行研究，使我們對該書的認識能夠更透澈、具體。

　　本書是筆者就讀國立成功大學中國文學系中國文學碩士班時所撰寫的畢業論文。能夠如期完成，當然是受了許多人的鼓勵和協助。首先一定要特別感謝我的指導教授　沈寶春老師的指導，因爲您的指導和建議，論文有了開始；因爲您的叮嚀，論文不致延宕；因爲您的提點，難題逐一化解；因爲您的關心與鼓勵，讓我更有信心面對論文；更因爲您無私的付出，論文才得以順利完成。再來要感謝王三慶教授和季旭昇教授兩位口試委員，提供許多寶貴的修正意見，使論文更臻完善。此外，還要感謝臺南大學國文系鄭憲仁教授，您整理文獻的方式和做學問的態度，使我在研究上有學習的榜樣。

　　學長姐、同儕、朋友和家人的支持與打氣，更是我完成論文的重要動力。論文中的文字考證及資料蒐輯，佑仁學長惠我良多。妍伶、欣儀、怡嘉學姐和詠翔學長的經驗傳承，解除我對口試的焦慮。同門慧賢學姐、郁茹、壯城和佩雯的相互砥礪，好友若翎、柏仁、苑玲、眞夷、月芙、佳樺、巽雅、雁菁、佩霖、楡惠、玉鳳、承俊、郁茜、俊瑋、育修等人的聆聽，寫論文時遇到的孤獨、苦悶和壓力，有了紓解的出口。另外，特別感謝若翎幫忙英文摘要的潤飾，怡君協助日文文獻的解讀。感謝我的家人，由於你們的支持和體諒，使我更能專心的撰寫論文。

　　最後，感謝花木蘭文化出版社關注到本論著並將之付梓，這對研究者來說乃是莫大鼓勵。令人汗顏的是，茲自從 2011 年畢業後，由於轉換生涯跑道，未再就本著作做進一步的修正與研究。懇請有志於研究封泥者，能在此一領域繼續耕耘。

　　　　　　　　　　　　　　　2014 年 10 月 28 日書於高雄寓舍

目

次

凡　例

一、清代人物姓名字號，主要依據楊廷福、楊同甫編《清人室名別稱字號索引》，輔以江慶柏編著《清代人物生卒年表》和黃嘗銘編《篆刻年歷 1051～1911》。中國歷代地名與現今地名對照，參考戴均良主編《中國古今地名大詞典》。若文中所述清代人物字號、生卒年，以及地名對照非出自上述書目時，會另行加註說明，否則一律不加註。

二、文中數字，使用國字或阿拉伯數字的原則如下：

（一）國字：歷朝的年代（如清光緒十年）、人物的年歲（如享年七十歲）、古籍版心卷數及頁碼（如卷一，頁一）、古籍總冊數（如《印舉》十二冊）、序數（如第一）、幾項。

（二）阿拉伯數字：西元年、量詞前的數字（如 100 枚）、書籍文章的出版年（月）、冊（本）數、期刊卷期和頁碼。

三、註腳體例：

（一）註明徵引資料的出處時，第一次引用會詳列（A）作者／編者姓名；（B）書名／篇名／論文名；（C）叢書名／期刊名／論文集名；（D）出版資料：含出版地、出版社全名、出版年（月）；（E）冊數／卷期／頁碼。再次引用時，僅標 A、B、E 三項內容，並不以「同註幾」的方式呈現，以便讀者查閱；再次引用若同於前一註腳，則以「同前註」表示。

（二）有些書籍雖同版，但有刷次的不同，如某書於 2000 年刊行第一版第一刷，於 2003 年刊行第一版第二刷。本文徵引時，僅註明版次年，若有需要會再加註刷次年。

四、引用《封泥考略》：

（一）本文引用之《封泥考略》爲《續修四庫全書》本，引用時不再註明，於引文後直接註明卷數與頁碼，如（卷一，頁一 a（或 b）），代表引文在該書第一卷，第一頁的上半頁（或下半頁）。

（二）《封泥考略》於徵引古籍原文時，有時全引，有時略引。若屬前者，筆者會用「冒號+引號」表示；若屬後者，則僅用「冒號」或均省略。

（三）文中《封泥考略》封泥拓片，均掃描自《續修四庫全書》本，若有例外，另行加註說明。

（四）《封泥考略》有些用字與現今較不同，如「藏」作「臧」，「較」作「校」，「按」作「桉」，「據」作「据」。另書中封泥印文「侯」均作「矦」，「候」均作「矦」。此外，還有避皇帝諱改用別字或缺筆的情形，如「玄」作「元」，「寧」作「寗」。文中引用時均依原文，不作更動，但避諱字則徑換原字行文。

五、中、西曆之對照，本文據杜建民《中國歷代帝王世系年表》換算而來。

六、引用前人論述時，一律尊重原著內容，依實錄出。若有更動，會加註說明。

第壹章　緒　論

　　中國的印章史，按照用印方式的不同，可以劃分為封泥時代和鈐朱時代兩個階段。封泥，又稱泥封，是古代用印的遺跡，主要用於封緘書寫在竹簡、木牘上的公文或書信，以及盛裝穀物等較散碎食物的罈罐、陶罐。此外亦有用於封閉門關、保管錢幣和監督工程進度等方面。據出土封泥顯示，封泥最早在戰國時代已出現，至秦漢時期使用最為普遍，直到魏晉時代因紙張使用漸廣而逐步退出歷史舞臺。在中原地區，南北朝時期的封泥迄未發現，而在1957年至1959年唐長安大明宮遺址出土160餘枚封泥，是唐代各道、州、府向宮廷貢獻酒、蜂蜜等食品罈子封口上的遺物，這些封泥上有的還有朱紅的印色，說明當時官印使用印泥鈐印的同時，在特定的需要時兼用於封泥，〔註1〕但這只能算是封泥使用的餘緒。

　　由於封泥在魏晉以後漸漸被鈐朱的方式取代，因此當一千多年後的人們看到出土的封泥時，就不曉得它的名稱和用途。直到吳式芬、陳介祺合輯的《封泥考略》一書的問世，大家才對封泥的性質有了初步的認識。《封泥考略》也是中國封泥研究史上的第一部專門性著作，可惜的是，後世對它的了解僅具梗概並不夠全面和深入，因此本文將對它做深入的探討，以充實我們對這本封泥專著之認識。

　　本章先回顧前人對吳式芬、陳介祺、吳重憙、翁大年和《封泥考略》的研究，以窺知之前對這部著作的研究情況；接著界定本論題之研究範圍，以

〔註1〕　此段內容整理自孫慰祖：《封泥發現與研究》（上海：上海書店出版社，2002年），頁2～3、5、8、10～11、51～57；周曉陸、路東之編著：《秦封泥集》（西安：三秦出版社，2000年），頁8。

鏨清並確實掌握本文之研究重心；之後敘述筆者對此論題的研究方法，並附帶說明本文部分名詞的意義。

第一節　文獻回顧

　　《封泥考略》的輯者爲吳式芬、陳介祺，參與考編者有吳重熹、翁大年，除了「陳介祺」前人有較豐富的研究外，其餘三人之研究可謂寥寥可數。《封泥考略》一書雖然孫慰祖曾有較詳盡之介紹，但仍有許多部分是值得再耕耘的。茲就「吳式芬」、「陳介祺」、「吳重熹、翁大年」和「《封泥考略》」等四方面略述前人研究之情況。需特別說明的是，此處的文獻僅止於 2010 年 12 月以前出版、發表的文章與著作，之後的文獻，除非與《封泥考略》的研究有高度相關，否則不列入敘述的範圍。

一、吳式芬

　　專門研究吳式芬的論著，尤其是金石學方面，目前尚未有相關研究發表。但在吳式芬故居和其家族方面的研究則有學者觸及。

　　趙景利所撰〈九世朝臣府第——吳式芬故居〉〔註2〕、〈吳式芬故居旅遊開發研究〉〔註3〕、《山東無棣吳式芬故居旅遊開發研究》〔註4〕和齊文〈吳式芬故居巡禮〉〔註5〕等文，著重在介紹吳式芬住家的特色。趙景利《山東無棣吳式芬故居旅遊開發研究》一書是這方面的專著，他從吳式芬家族的興衰談起，導入吳氏故居的發展歷史，並深入介紹吳氏故居的建築選址、布局、構造與特色，最後提出他對吳氏故居旅遊開發的意見。從趙書「吳式芬的主要成就」一段雖可窺得吳式芬在金石學方面的成就，但僅具介紹性質，若想進一步了解吳氏在金石學方面的具體成就仍是不夠的。

　　董金艷《海豐（無棣）吳氏文化望族研究》〔註6〕一書旨在研究整個吳式

〔註2〕趙景利：〈九世朝臣府第——吳式芬故居〉，《城鄉建設》第 11 期（2007 年），頁 79。

〔註3〕趙景利：〈吳式芬故居旅遊開發研究〉，《時代文學（下半月）》第 2 期（2008 年），頁 118。

〔註4〕趙景利：《山東無棣吳式芬故居旅遊開發研究》（濟南：山東大學碩士論文，2007 年）。

〔註5〕齊文撰稿，張曄攝影：〈吳式芬故居巡禮〉，《春秋》第 1 期（2009 年），頁 67。

〔註6〕董金艷：《海豐（無棣）吳氏文化望族研究》（濟南：山東師範大學碩士論文，

芬家族的發展，董氏從吳式芬的始祖，即明朝吳士安開始敘述，將第一世至
第二十二世分成「一至九世」（潛德弗曜）、「十至十二世」（家聲初振）、「十
三至十七世」（繁榮鼎盛）和「十八至二十二世」（衰落與轉型）四個階段來
說明吳氏家族的興衰演變。接著抽繹家族中較具代表性的人物作介紹，吳式
芬、吳重憙均屬之。另外從「詩文」、「法學」、「金石學」和「藏書刻書」等
項介紹家族在這些方面的表現及代表人物，吳式芬、吳重憙亦列之。董氏敘
述吳式芬時主要著重在他的「政績」與「金石學」，筆者關注的部分當然在後
者。文中介紹吳式芬《攈古錄》、《攈古錄金文》、《金石匯目分編》、《陶嘉書
屋鐘鼎彝器款識目錄》、《雙虞壺齋藏器目》及與陳介祺合著《封泥考略》等
金石著作，但如同趙景利一書僅爲泛論性質，並未對各書作更進一步的探討。
其中介紹《封泥考略》，多參考自周曉陸、路東之《秦封泥集》一書〔註7〕，
並未加以申論或辨證（見董書頁91～95）。而董書於介紹吳重憙則將焦點放在
「政治」與「藏書刻書」兩方面，並著重在「政治」方面的敘述（見董書頁
95～98）。

　　因此就目前已發表的學術文獻來看，專就吳式芬「金石學」方面作深入
探討的著作尚未出現。

二、陳介祺

　　研究陳介祺的期刊論文、學位論文或專書相當多，差別在於研究範圍的
廣狹和焦點的不同。研究較爲全面的主要有陸明君《簠齋研究》〔註8〕、鄧華
主編《清代大收藏家陳介祺》〔註9〕和孫慰祖等著《陳介祺學術思想及成就研
討會論文集》〔註10〕，其中又以陸明君《簠齋研究》較具全面性、系統性。

　　鄧華主編《清代大收藏家陳介祺》一書，集結二十餘篇研究陳介祺的文
章而成，內容主要有陳介祺的軼事、收藏古器物的種類、萬印樓藏印始末、
毛公鼎的流傳、書法藝術、傳拓藝術、交游和家族重要人物。由於每篇篇幅
有限，對所談內容僅能泛述，實難有更深入的探討。二十餘篇文章中有介紹

　　　　2008年）。
〔註7〕　周曉陸、路東之編著：《秦封泥集》。
〔註8〕　陸明君：《簠齋研究》（北京：榮寶齋出版社，2004年）。
〔註9〕　鄧華主編：《清代大收藏家陳介祺》（北京：文物出版社，2005年）。
〔註10〕　孫慰祖等著：《陳介祺學術思想及成就研討會論文集》（杭州：西泠印社出版
　　　　社，2005年）。

到《封泥考略》的，僅陳小波〈清代大收藏鑒賞家陳介祺〉（該書頁 2）和劉秉信〈萬印樓〉（該書頁 37），所作敘述只是「對研究秦漢官制、地理等都有參考價值」或「是我國最早研究封泥的一部專著」等舊說。

　　孫慰祖等著《陳介祺學術思想及成就研討會論文集》一書，乃 2005 年 8 月西泠印社等單位在山東濰坊市舉辦「陳介祺學術思想及成就研討會」出版的論文集。臺灣地區目前僅「傅斯年圖書館」有館藏，但由於是在 2011 年後購入，且又有多人排序借閱，故筆者目前尚未見到原書。所幸網路上有該書目錄可供參閱，茲引述如下：

劉喜海對陳介祺的影響考繹

陳介祺與王懿榮交往郤視

陳介祺與蘇氏兄弟——關於陳氏的古董的搜集

陳介祺印學思想探賾

陳介祺篆刻家身份再討論

論陳介祺的傳古思想及其使用西洋照相術的嘗試

從簠齋用印看陳介祺的篆刻審美和創作思想——兼論翁大年和王石

經的篆刻

陳介祺篆刻思想的實踐者——王石經〔註11〕

從目錄看來，該書研究包含陳介祺的金石學、秦漢瓦當斷代、陶文、古璽、交游、尺牘、篆刻等方面，可謂相當廣泛，其中有關古璽及《十鐘山房印舉》的討論占了多數。另外討論到《封泥考略》的文章，就目錄顯示僅〈簠齋印事七題——關於《十鐘山房印舉》和《封泥考略》〉一篇，筆者查得該文爲孫慰祖所撰，復收於《可齋論印三集》〔註12〕。孫氏該文介紹《十鐘山房印舉》所錄古印來源、定本的面貌；《封泥考略》的成書過程，陳介祺封泥的收藏與流向和其封泥學術特徵。其中敍述《封泥考略》成書過程的部分，與孫慰祖更早之前的《封泥發現與研究》內容大同小異，筆者一併於後文統一說明。

　　陸明君《簠齋研究》乃是研究陳介祺著作中最具系統性的，該書從陳介祺的生平、交游、鑑藏與傳古、釋古、書學、印學、著作等方面一一剖析，對於了解陳介祺各方面的成就均得以洞悉。不論在此書之前或之後的研究，研究陳介祺的文獻多不出這些範疇。在交游方面，陸氏一書介紹了「吳式芬、李璋煜、劉喜海、李佐賢、許瀚、翟雲升、張廷濟、徐同柏、何紹基、葉志詵、曹鴻勛、何昆玉、丁艮善、鮑康、吳雲、潘祖蔭、王懿榮、吳大澂」等人，相關文獻還有張其鳳〈劉喜海對陳介祺的影響考繹〉〔註13〕、劉正庸〈劉喜海及其金石學研究〉〔註14〕、李宗焜〈甲骨文的發現與寧文之辨發

〔註11〕　該書目錄引自 http://www.tushucheng.com/book/1832017.html。筆者按：網頁原
　　　　　載目錄中之「簠齋」多作「籃齋」，因爲明顯之誤，筆者徑更作「簠齋」。

〔註12〕　見孫慰祖：《可齋論印三集》（上海：上海辭書出版社，2007 年），頁 158～176。

〔註13〕　張其鳳：〈劉喜海對陳介祺的影響考繹〉，《南京藝術學院學報（美術與設計版）》
　　　　　第 1 期（2006 年），頁 28～31。

〔註14〕　劉正庸：〈劉喜海及其金石學研究〉，《中國語文》第 102 卷第 4 期（民國 97
　　　　　年 4 月），頁 89～108。

覆——以王懿榮與陳介祺往來函箚爲例〉〔註 15〕、李彥樺《吳大澂愙齋尺牘及其書風研究》〔註 16〕、高書勤《晚清金石學視野中的吳大澂》〔註 17〕、孫亮球《吳大澂古文字學與篆書書法研究》〔註 18〕和郭妍伶《許瀚之金文學研究》〔註 19〕。另羅宏才〈新發現的兩通陳介祺書信〉〔註 20〕介紹陳介祺與「蘇億年、謝景瑀」兩位古玩商人來往的書信。

在金石學成就方面，包含鑑定、收藏、傳拓、考釋古文字，陸書敘述了陳介祺鑑定古器物之法、收藏之多元與豐富（有商周青銅器、古璽印、封泥、秦漢銅器及權量詔版、鏡鑑、刻石、磚瓦、泉範化布、碑帖書畫）、傳古的思想與實踐方式和考釋古文字與古器物（包含古陶文、古璽印、封泥、青銅器等）的功力。相關文獻尚有陳育丞〈簠齋軼事〉〔註 21〕、杜迺松〈晚清青銅器鑒定高手陳介祺〉〔註 22〕、項昌貴〈試論清陳介祺對古文字學的貢獻〉〔註 23〕、吳民貴〈陳介祺的金石緣〉〔註 24〕、李鳳海〈清末收藏家陳介祺〉〔註 25〕、吳濟仲《晚清金文學研究》〔註 26〕、孫國強〈陳介祺的金石學成就和歷史學地位〉〔註 27〕、胡志平〈陳介祺研究兩題〉〔註 28〕、張

〔註15〕李宗焜：〈甲骨文的發現與寧文之辨發覆——以王懿榮與陳介祺往來函箚爲例〉，《古今論衡》第 18 期（民國 97 年 10 月），頁 33～46。

〔註16〕李彥樺：《吳大澂愙齋尺牘及其書風研究》（臺北：國立臺灣師範大學美術研究所碩士論文，2004 年），頁 61～66。

〔註17〕高書勤：《晚清金石學視野中的吳大澂》（上海：復旦大學碩士論文，2005 年），頁 18～22。

〔註18〕孫亮球：《吳大澂古文字學與篆書書法研究》（臺北：東吳大學中國文學系博士論文，2007 年），頁 25～30。

〔註19〕郭妍伶：《許瀚之金文學研究》（臺南：國立成功大學中國文學系碩士論文，民國 97 年），頁 59～62。另頁 54～56 有介紹「吳式芬」。

〔註20〕羅宏才：〈新發現的兩通陳介祺書信〉，《文物》第 1 期（1995 年），頁 70～75。

〔註21〕陳育丞：〈簠齋軼事〉，《文物》第 4 期（1964 年），頁 53～59。

〔註22〕杜迺松：〈晚清青銅器鑒定高手陳介祺〉，《紫禁城》第 2 期（1993 年），頁 10～11。

〔註23〕項昌貴：〈試論清陳介祺對古文字學的貢獻〉，《中山大學研究生學刊（社會科學版）》第 16 卷第 1 期（1995 年），頁 26～31。

〔註24〕吳民貴：〈陳介祺的金石緣〉，《歷史教學問題》第 1 期（2000 年），頁 46～49。

〔註25〕李鳳海：〈清末收藏家陳介祺〉，《收藏家》第 12 期（2001 年），頁 54～56。

〔註26〕吳濟仲：《晚清金文學研究》（臺北：國立臺灣師範大學國文研究所博士論文，2001 年），第三、四章。

〔註27〕孫國強：〈陳介祺的金石學成就和歷史學地位〉，《濰坊學院學報》第 4 卷第 3 期（2004 年 5 月），頁 21～25。

〔註28〕胡志平：〈陳介祺研究兩題〉，《綏化學院學報》第 25 卷第 6 期（2005 年 12

業法〈傳說時代的開啓〉〔註 29〕、尾崎蒼石〈金石家陳介祺〉〔註 30〕、陸
明君〈陳介祺藏古〉〔註 31〕、李鳳勇〈金石大家陳介祺〉〔註 32〕、陳晶、
王淑琴〈陳介祺藏古、鑒古、釋古〉〔註 33〕和陸明君〈陳介祺與晚清金石
學〉〔註 34〕。其中孫國強〈陳介祺的金石學成就和歷史學地位〉、陳晶、王
淑琴〈陳介祺藏古、鑒古、釋古〉、陸明君〈陳介祺藏古〉和〈陳介祺與晚
清金石學〉等篇都有特別介紹《封泥考略》，然內容不是參考自孫慰祖《封
泥發現與研究》，就是所述內容不出孫氏之說。

　　此外，《簠齋研究》介紹到的「毛公鼎」、《十鐘山房印舉》和印學思想、
陶文，學術界亦有一定數量的討論。如在「毛公鼎」方面有劉階平〈陳簠齋
先生與毛公鼎〉〔註 35〕、宋伯良〈毛公鼎的收藏家〉〔註 36〕、陳飛龍〈「毛
公鼎」考釋〉〔註 37〕、朱國藩〈從詞彙運用角度探討毛公鼎銘文的眞僞問
題〉〔註 38〕、吳克敬〈毛公鼎：典浩篆籀絕世稀〉〔註 39〕、張懋鎔〈晚清
「四大國寶」〉〔註 40〕和喬忠延〈追溯毛公鼎〉〔註 41〕等文針對毛公鼎的銘
文、流傳、眞僞來探討。

月），頁 101～103。

〔註 29〕　張業法：〈傳說時代的開啓〉，西泠印社編：《西泠印社‧陳介祺研究專輯》（北京：榮寶齋出版社，2006 年），頁 11～12。

〔註 30〕　〔日〕尾崎蒼石著，〔日〕中山步譯：〈金石家陳介祺〉，西泠印社編：《西泠印社‧陳介祺研究專輯》，頁 13～25。

〔註 31〕　陸明君：〈陳介祺藏古〉，西泠印社編：《西泠印社‧陳介祺研究專輯》，頁 26～31。

〔註 32〕　李鳳勇：〈金石大家陳介祺〉，《檔案春秋》第 1 期（2007 年），頁 47～48。

〔註 33〕　陳晶、王淑琴：〈陳介祺藏古、鑒古、釋古〉，《安徽文學》第 7 期（2008 年），頁 188～189。

〔註 34〕　陸明君：〈陳介祺與晚清金石學〉，《中華文化畫報》第 6 期（2009 年），頁 98～103。

〔註 35〕　劉階平：〈陳簠齋先生與毛公鼎〉，《故宮文物月刊》第 1 卷第 12 期（民國 73 年 3 月），頁 126～131。

〔註 36〕　宋伯良：〈毛公鼎的收藏家〉，《縱橫》第 8 期（1996 年），頁 45～46。

〔註 37〕　陳飛龍：〈「毛公鼎」考釋〉，《社會文化學報》第 4 期（民國 86 年 5 月），頁 426～355。

〔註 38〕　朱國藩：〈從詞彙運用角度探討毛公鼎銘文的眞僞問題〉，《中央研究院歷史語言研究所集刊》第 71 本第 2 分（民國 89 年 6 月），頁 459～492、505～507。

〔註 39〕　吳克敬：〈毛公鼎：典浩篆籀絕世稀〉，《福建文學》第 9 期（2008 年），頁 62～66。

〔註 40〕　張懋鎔：〈晚清「四大國寶」〉，《收藏》第 6 期（2010 年），頁 54～58。

〔註 41〕　喬忠延：〈追溯毛公鼎〉，《海燕》第 3 期（2010 年），頁 10～14。

　　就研究《十鐘山房印舉》方面言之，除了《陳介祺學術思想及成就研討會論文集》可參考外，尚有陳繼揆〈簠齋印譜匯錄〉〔註42〕、沈津〈古代印譜的印數〉〔註43〕和吳義達《《十鐘山房印舉》研究》〔註44〕，且又以末書為集大成之作。該書不但對先前研究《十鐘山房印舉》的文獻作回顧與檢討（該書頁 7～8），還對《十鐘山房印舉》的成書過程、版本、印章來源、編輯體例和陳介祺對《十鐘山房印舉》所收古璽印所做的鑑定方法，以及陳介祺的印學思想方面再作全面深入的研究。另外，書中亦談及《封泥考略》，敘述內容則與陸明君《簠齋研究》〔註45〕大致相同（該書頁49）。在印學思想上，則有陸明君〈陳介祺印學思想探析〉〔註46〕，該文從「對古璽印、封泥的認識」、「以『古法』為核心的印學思想」、「取吉金古文字入印的觀點及倡導者」等方面敘述陳介祺印學思想的特色，內容與《簠齋研究》大同小異。

　　在陶文上，有李學勤〈山東陶文的發現和著錄〉〔註47〕、鄭超〈戰國秦漢陶文研究概述〉〔註48〕和劉偉《齊國陶文的研究》〔註49〕。李氏一文指出陳介祺是第一位鑑定和收藏陶文的人，而《簠齋陶文》是一部收錄陶文最早和最豐富的陶文拓本，惜未刊行。鄭超一文歸納前人的看法，指出陳介祺對陶文研究貢獻有三：一、指出陶文多用璽印印成。二、認為陶文的主要內容為「不外官名、地名、器名、作者用者姓名與其事其數」。三、把陶文的陳氏與齊國田氏聯繫起來。（該文頁 247）劉偉一書對陳介祺在陶文上的成就，則參考自鄭文。另徐在國〈讀《吳愙齋尺牘》箚記〉〔註50〕一文旨在說明《吳愙齋尺牘》第二冊頁二五下至二七上四紙考釋陶文的書信內容，原來是陳介

〔註42〕陳繼揆：〈簠齋印譜匯錄〉，西泠印社編：《西泠印社・陳介祺研究專輯》，頁 7～10。
〔註43〕沈津：〈古代印譜的印數〉，《收藏》第 10 期（2010 年），頁 92～94。
〔註44〕吳義達：《《十鐘山房印舉》研究》（北京：中國藝術研究院碩士論文，2010年）。
〔註45〕見陸明君：《簠齋研究》，頁 94～95。
〔註46〕陸明君：〈陳介祺印學思想探析〉，收錄於呂金成主編：《印學研究》（濟南：山東大學出版社，2009 年 12 月），第 1 輯（山東印學研究專輯），頁 9～20。
〔註47〕李學勤：〈山東陶文的發現和著錄〉，《齊魯學刊》第 5 期（1982 年），頁 35～37。
〔註48〕鄭超：〈戰國秦漢陶文研究概述〉，收錄於山西省文物局、中國古文字研究會、中華書局編輯部編：《古文字研究》第 14 輯（北京：中華書局，1986 年），頁 247～260。
〔註49〕劉偉：《齊國陶文的研究》（濟南：山東大學碩士論文，2008 年）。
〔註50〕徐在國：〈讀《吳愙齋尺牘》箚記〉，《古籍整理研究學刊》第 6 期（2001 年），頁 7～8。

祺所寫，係陳氏就吳大澂對「簠齋藏陶」所作釋文的批語。蒯憲〈陳簠齋之陶器考釋文稿〉〔註51〕一文，作者將獲贈至高建民先生收藏的陳介祺陶器考釋文稿，把文稿的釋文逐條列出，並加註語略加說明。

　　除了以上範疇的研究，其餘研究較零散，如楊魯安〈清陳介祺監拓「齊法化」範墨本概述〉〔註52〕、雷夢冰〈「四經四史之齋」與「十鐘山房」——室名小考之三〉〔註53〕、阮廷焯〈「簠齋藏鏡」釋文訂補〉〔註54〕、孫慰祖〈陳簠齋與「伯寅寶藏第一」〉〔註55〕、曹菁菁〈簠齋藏弩機考略〉〔註56〕和吳翰儒〈簠齋陳介祺藏書初探〉〔註57〕，對陳介祺古錢、室名、藏鏡、印跋、弩機和藏書等作討論。另陳介祺的六世孫陳繼揆蒐集整理陳介祺遺著，相繼出版《秦前文字之語》〔註58〕、《簠齋鑒古與傳古》〔註59〕、《簠齋論陶》〔註60〕、《簠齋金文題識》〔註61〕和《簠齋金文考》〔註62〕等書，提供我們研究陳介祺交游、鑑定與傳拓古器物、陶文與金文等方面的重要文獻。

　　總而言之，陳介祺的生平、交游、著作、收藏、鑑定、傳拓、考釋古文字等領域都有數量不等和深淺程度不同的研究，其中生平、交游與金石學方面的成就學者著力最多。針對他單一或相聯繫的著作做研究者，目前僅《十鐘山房印舉》一書；《封泥考略》部分文獻雖有介紹，但多屬介紹或是參考孫

〔註51〕 蒯憲：〈陳簠齋之陶器考釋文稿〉，西泠印社編：《西泠印社‧陳介祺研究專輯》，頁 48～50。

〔註52〕 楊魯安：〈清陳介祺監拓「齊法化」範墨本概述〉，《中國錢幣》第 4 期（1987年），頁 41～45、30。

〔註53〕 雷夢冰：〈「四經四史之齋」與「十鐘山房」——室名小考之三〉，《文獻》第 1 期（1984 年），頁 104。

〔註54〕 阮廷焯：〈「簠齋藏鏡」釋文訂補〉，《香港中文大學中國文化研究所學報》第 18 期（民國 76 年），頁 31～45。

〔註55〕 孫慰祖：〈陳簠齋與「伯寅寶藏第一」〉，收錄於孫慰祖：《孫慰祖論印文稿》（上海：上海書店出版社，1999 年），頁 348～349。

〔註56〕 曹菁菁：〈簠齋藏弩機考略〉，《文獻》第 1 期（2009 年），頁 79～89。

〔註57〕 吳翰儒：〈簠齋陳介祺藏書初探〉，《東吳中文研究集刊》15（2009 年 9 月），頁 85～96。

〔註58〕 〔清〕陳介祺著，陳繼揆整理：《秦前文字之語》（濟南：齊魯書社，1991 年）。

〔註59〕 〔清〕陳介祺著，陳繼揆整理：《簠齋鑒古與傳古》（北京：文物出版社，2004年）。

〔註60〕 〔清〕陳介祺著，陳繼揆整理：《簠齋論陶》（北京：文物出版社，2004 年）。

〔註61〕 〔清〕陳介祺著，陳繼揆整理：《簠齋金文題識》（北京：文物出版社，2005年）。

〔註62〕 〔清〕陳介祺著，陳繼揆整理：《簠齋金文考》（北京：文物出版社，2005 年）。

慰祖《封泥發現與研究》既有之內容，尚未深入；其餘著作尚處於簡易介紹性階段，或許與陳介祺著作大部分未出版、取得不易有關。

三、吳重憙、翁大年

研究吳重憙的論著，僅董金艷〈晚清廉吏與金石學家吳重憙〉〔註63〕和《海豐（無棣）吳氏文化望族研究》兩篇，前篇內容與後書介紹吳重憙的部分無異。筆者在前面「吳式芬」一段已指出董書介紹吳重憙將焦點放在「政治」與「藏書刻書」兩方面，尤以「政治」方面論述更詳。「藏書刻書」方面，則是吳重憙另一成就，《封泥考略》有賴於吳重憙將之付梓才得以問世，惜董書未能進一步道出此點之重要性，這當然與該書的研究主題有關，絕非董氏研究之缺。

研究翁大年的著作，就目前資料顯示，除了介紹他的生平資料，以及《陳介祺學術思想及成就研討會論文集》（見前文所引目錄）有一篇介紹他的篆刻藝術外，並沒有專門就其金石著述做研究的。因此前人對吳重憙的研究尚屬萌芽階段，對翁大年的研究則有待進一步開發。

四、《封泥考略》

以《封泥考略》為專題來做研究的，就目前資料顯示僅筆者〈《封泥考略》的作者、版本和輯錄封泥數量辨析〉一文（說明詳後）。而且自從孫慰祖〈古封泥述略〉〔註64〕（1994年）和《封泥發現與研究》（2002年）發表後，幾乎所有談到《封泥考略》的文章或書籍，多引用孫氏的研究。例如周曉陸、路東之《秦封泥集》（2000年）上編第二節「封泥的發現與研究」〔註65〕和陸明君《簠齋研究》（該書頁 53、94～95、149～151）即參考〈古封泥述略〉；孫國強〈陳介祺的金石學成就和歷史學地位〉和陳晶、王淑琴〈陳介祺藏古、鑒古、釋古〉則參考《封泥發現與研究》。即便如此，《封泥考略》仍只是〈古封泥述略〉、《封泥發現與研究》於敘述「封泥」的發展與研究中的一部分，若欲藉此了解《封泥考略》整部書的實際內容是有其局限的。

〔註63〕董金艷：〈晚清廉吏與金石學家吳重憙〉，《春秋》第2期（2008年），頁32～35。
〔註64〕孫慰祖：〈古封泥述略〉，孫慰祖主編：《古封泥集成》（上海：上海書店出版社，1994年），頁1～25。
〔註65〕周曉陸、路東之編著：《秦封泥集》，頁7～12。

　　孫慰祖〈古封泥述略〉旨在敘述中國古代封泥的出土與研究發展，文中
談到《封泥考略》的部分，介紹了「成書經過」、「吳、陳二人封泥的數量及
流向」、「對封泥封檢痕跡的注意」、「全書體例」、「補正文獻缺佚之例」、「考
釋拘泥之處」和「封泥的斷代」和「輯入偽封泥」等方面。由於此文篇幅有限，
每個項目只能簡述其要，略舉數例說明。

　　孫慰祖《封泥發現與研究》介紹《封泥考略》的部分比較詳細，「吳、
陳二人封泥收藏數量演變與來源、流向」、「成書經過」、「參與考編之人」、「收
錄封泥的特點」、「對封泥封檢痕跡的注意」、「全書體例」、「封泥考釋的特
點」、「補正史籍官制、地理之載」和「封泥的斷代與辨偽」都做了說明。其
中有關《封泥考略》的外在問題（如成書經過、參與考編之人）談得最為仔
細，然而像是體例編排的論證依據、版本的個別差異、兩人封泥實際數量等
項卻未加以核查與關注；核心問題如封泥考釋呈顯出哪些內容？哪些考釋
值得再研議？考編者如何判斷封泥的時代？僅是類舉大要，並未專門且深
入的作歸納分析，這當然與其站在更大視野敘說下的必然結果，無可厚非。
筆者於 2010 年年底曾發表〈《封泥考略》的作者、版本和輯錄封泥數量辨
析〉〔註 66〕一文，拙文在孫慰祖研究的基礎上，對《封泥考略》的作者、
版本和輯錄封泥數量做了回顧與討論，其中「版本」的個別差異是孫氏未加
以注意的部分，「作者」與「封泥數量」的結論，筆者亦有不同於孫氏的看
法。拙文的相關論證本文第貳、參章亦可見之，此不贅述。

　　孫慰祖之後的著作，如《中國古代封泥》〔註67〕、〈中國古代封泥研究的
歷史、現狀和展望〉〔註68〕、〈簠齋印事七題──關於《十鐘山房印舉》和《封
泥考略》〉和〈漢官私印泥封考略解題〉〔註69〕等，談及《封泥考略》的部分
與《封泥發現與研究》鮮有差別。〈漢官私印泥封考略解題〉一篇則有較多的
不同，如參與考編之人《封泥發現與研究》原有述及「胡義贊」，但此文已作
修正；又此文更多部分是在比較《漢官私印泥封考略》與《封泥考略》的差

〔註66〕鄭宇清：〈《封泥考略》的作者、版本和輯錄封泥數量辨析〉，《東方人文學誌》，
　　　　第 9 卷第 4 期（2010 年 12 月），頁 185～203。

〔註67〕孫慰祖：《中國古代封泥》（上海：上海人民出版社，2002 年）。

〔註68〕孫慰祖：〈中國古代封泥研究的歷史、現狀和展望〉，收錄於孫慰祖：《可齋論
　　　　印新稿》（上海：上海辭書出版社，2003 年），頁 127～143。

〔註69〕孫慰祖：〈漢官私印泥封考略解題〉，收錄於《上海圖書館未刊古籍稿本》編
　　　　輯委員會：《上海圖書館未刊古籍稿本》（上海：復旦大學出版社，2008 年），
　　　　第 30 冊，頁 3～11。

異，以及《漢官私印泥封考略》對了解《封泥考略》的成書過程有什麼重要性。

吳式芬、陳介祺錄於《封泥考略》的封泥目前藏於何處，孫慰祖《封泥發現與研究》、《中國古代封泥》均有說明。吳式芬的大部分封泥已由孫鼎捐贈上海博物館，少部分已不知去向；陳介祺的部分，絕大部分都由阿部房次郎寄贈「日本東京國立博物館」，該館將館藏陳介祺所集封泥、少量中國出土封泥、樂浪遺址出土封泥編成《中國の封泥》〔註70〕一書，除了有封泥拓片外，實物照片、泥背照片、各封泥尺寸均逐一列出，非常有利於封泥的研究。

《封泥考略》的考釋是由誰執筆，羅福頤〈僂翁印話〉〔註71〕曾提出質疑，他認爲《封泥考略》只題封泥藏者名，且第十卷私印的考釋又有許多附會之談，因此得出第十卷可能另出他手。有關此一問題，孫慰祖已於《封泥發現與研究》做了詳盡的分析，本文於第貳章會再詳作說明。

《封泥考略》修正與印證史籍記載之封泥實例，羅福頤〈封泥證史錄舉隅〉〔註72〕除了從羅振玉《齊魯封泥集存》、周明泰《續封泥考略》與《再續封泥考略》等書封泥舉例外，另舉《封泥考略》的「汁邡長印」、「汁邡丞印」、「汁邡右尉」、「睆長之印」、「存駲左尉」、「跋嶲太守」、「跋嶲太守章」和「跋嶲都尉章」來說明。此文僅舉數例，羅氏《古璽印概論》第十一章「古官印及封泥考證舉例」中的「校郡縣名之殊異、明沿襲之訛字」〔註73〕有更多的例證可參，可惜仍有漏網之魚，本文第肆章第二節會補充說明。

另外，《封泥考略》有收錄少許的秦封泥，該書判斷的準則爲何，李學勤〈秦封泥與秦印〉〔註74〕就書中「參川尉印」和「公孫強印」歸納出三點：「職官、地理合於秦制，與漢制有異」、「文字風格、結構同於已知的秦文字」和「印面有界格」。然而《封泥考略》於目錄、考釋中標爲「秦封泥」的尚有多

〔註70〕〔日〕東京國立博物館編：《中國の封泥》（東京：二玄社，1998年）。

〔註71〕羅福頤：〈僂翁印話〉，收錄於中國古文字研究會、中華書局編輯部編：《古文字研究》第11輯（北京：中華書局，1985年），頁110～122。

〔註72〕羅福頤：〈封泥證史錄舉隅〉，收錄於中國古文字研究會、中華書局編輯部編：《古文字研究》，第11輯，頁94～105。

〔註73〕羅福頤：《古璽印概論》（臺北：學海出版社，民國72年），頁111～123、115～116。

〔註74〕李學勤：〈秦封泥與秦印〉，《西北大學學報（哲學社會科學版）》第1期（1997年），頁1～2、29。復收於李學勤：《李學勤學術文化隨筆》（北京：中國青年出版社，1999年），頁356～360。

枚，僅憑 2 枚的考釋內容就下結論，未免推論過快。本文第肆章第二節會再
作更詳細的探討與補充。

　　綜上所述，《封泥考略》的成書過程、考編者、輯錄封泥總數和流向等
方面，之前的文獻已有深入的探討。然而版本的個別差異、體例編排方式的
實際依據爲何？吳、陳兩人間的封泥有哪些異同與特色？全書考釋呈顯出哪
些內容？哪些考釋值得再研議？考編者如何判斷封泥的時代？該書的價值
與缺失有哪些？等等論題，先前的文獻不是概略敘述，就是未曾注意或加以
申論。

　　有感於上述文獻對吳式芬、陳介祺、吳重熹、翁大年和《封泥考略》的
研究，特別是對《封泥考略》探討的不足，筆者希望能對此本開創性之封泥
研究專著，以具全面性、系統性的視角做更深入的發掘，期能更加凸顯它在
封泥研究上的獨特價值與地位。

第二節　研究範圍與方法

　　此節旨在將本論題的研究範圍做界定，藉此說明本文針對此一論題確切
的處理範疇。接著敘述筆者運用了哪些方法來進行研究，最後附帶說明本文
部分名詞之實際內涵。

一、研究範圍

　　本文論題爲「《封泥考略》研究」。《封泥考略》乃清代吳式芬、陳介祺同
輯，全書共分十卷，輯錄官、私封泥及少數戰國封泥計 843 枚（另收 3 枚泥
印），並逐枚作考釋。《封泥考略》正式刊行的版本爲光緒三十年（上海）石
印本，本文以《續修四庫全書》本作爲研究、引述的依據。茲從此書的成書
過程、考編者、版本、體例、輯錄封泥之特色、考釋內容和該書價值與缺失
等幾方面分作四章來探討，依章簡述如下：

　　第貳章先從《封泥考略》所處時代背景說起，藉以完整了解其成書的環
境與過程。接著對該書的輯者和參與考編者作生平介紹，使我們能概略的認
識他們的生平、著作和成就。

　　第參章開始對《封泥考略》的探究，主要從它的外部內容與架構來認識，
包含該書版本的個別差異、目錄正文的體例編排方式和依據，以及吳、陳二

人封泥間的差別。

第肆章則針對《封泥考略》的正文內容。首先對其輯錄封泥的內容分成「官印、私印」兩大類來說明，之後討論它的考釋內容傳達出哪些封泥研究的面向。

第伍章在前三章的基礎上，歸納指陳其價值與缺失。在價值上，係從封泥研究史與其本身來闡述；在缺失上，則著重在它本身內容方面。

本文研究的核心即在「《封泥考略》」的本身，從它成形、出刊、體例、內容到優缺點，由外到裡，抽絲剝繭。至於《封泥考略》與其他封泥譜錄或是古璽印譜的比較，一來為了更加凸顯本文的研究焦點，二來礙於筆者的時間和學識尚不足以勝任更大範圍的論題，故本文不在此多加著墨。

二、研究方法

本文採取的研究方法，不外乎「文獻蒐集」和「熟讀文本」，並做「整理與歸納」，以利更進一步的文本分析。「文獻蒐集」的目的，是為了能夠掌握目前已發表的文獻對該書的研究已進行到何種程度，由此除了能了解還有哪些面向可再進行補充與深究外，更有助於文本的閱讀。「熟讀文本」是研究專書重要的基石，在了解前人對該書的研究內容後，閱讀文本就能適時抓住需注意的重點。而筆者研讀《封泥考略》的同時，同步整理該書封泥的讀序、相近的考釋內容，以便於分析和了解該書內容呈現出的觀點與特色。

三、名詞釋義

以下對本文所用之部分名詞作如下界定：

1、「秦」封泥

本文「秦封泥」之「秦」，採用《秦封泥集》的界定：「上限可以達到戰國晚期秦國遺物，大約難以早到呂不韋執政的時期（約在 BC249～BC235）；而其下限，可以達到秦二世時期（BC207）。」不過要絕對劃分秦末與西漢初期之封泥，除非有充足的旁證，否則是難以做到如此精確的地步。〔註75〕因此本文於討論《封泥考略》的秦封泥時，遇到可能是秦也可能是西漢初期特徵之封泥，會再特別強調，不會徑以「秦」封泥統稱之。

〔註75〕參考周曉陸、路東之編著：《秦封泥集》，頁 17。

2、「西漢」封泥

西漢從高祖劉邦（BC206）至孺子劉嬰（西元 8 年），國祚約 214 年。這麼長的時間跨距，封泥在形式與文字上，當然有其演變的過程。因此本文「西漢」封泥之「西漢」，若再分「西漢早期」、「西漢中期」和「西漢晚期」等三期敘述時，採用的是《封泥發現與研究》的分法，即「高祖至景帝」為早期，「武帝時期」為中期，「昭帝至孺子嬰居攝」為晚期。〔註 76〕

3、官印與私印

葉其峰《古璽印通論》依據古璽的功能，將古璽分成「官璽」、「私璽」兩大類。「官璽」又可分為官名璽、官署璽；「私璽」可分為氏名璽、箴言璽、吉語璽和肖形璽。〔註 77〕本文稱述「官印」、「私印」，所含內容與葉氏「官璽」、「私璽」相同。另外，《封泥考略》中的「臣名」、「妾名」和「方士」封泥，本文亦歸入「私印」來敘述。不過《封泥考略》中仍有些無法據印文內容歸入「官印」或「私印」，筆者行文時會另作說明。

4、半通印

就兩漢印制而言，「半通（官）印」之名與「通官印」相對，二百石以上官印稱「通官印」，「通官印」邊長 1 寸；二百石以下小吏佩印，邊長只為通官印之一半，即「1 寸×5 分」，因此稱「半通印」。〔註 78〕以上乃就漢制而言，若是秦官印，印面尺寸並不同於漢官印。不過單就形狀而言，秦之「方形印」與漢「通官印」的形狀是相近的；秦之「半印」（即方形印之半）〔註 79〕與漢「半通印」的形狀亦相似。因此本文為說明方便，秦「半印」和漢「半通印」均統稱為「半通印」。

5、長　印

《封泥考略》卷七收錄 3 枚三字封泥，即「魯共鄉」（頁四十 a）、「渭陽鄉」（頁四十 b）和「鄭鄉注」（頁四十二 b）。此 3 枚印形均作「直長方形」，《封泥考略》因這類印「校半通為大」，稱作「長印」（見卷七「魯共鄉」考釋），特別說明於此。

〔註 76〕參考孫慰祖：《封泥發現與研究》，頁 100。
〔註 77〕參考葉其峰：《古璽印通論》（北京：紫禁城出版社，2003 年），頁 1。
〔註 78〕參考葉其峰：《古璽印通論》，頁 83。
〔註 79〕同前註，頁 74。

6、邊闌與界格

「邊闌」應指印的正面內，沿邊緣的闌線，如果有的話常環以一周，對印章整體的基本範圍與面積起了限定作用。至於「界格」，是在印面中規定某一個字所占有的空間，成爲單字的界格（當然也有兩字占一格的例外）。「邊闌」與「界格」合在一起時，常見的有「田字（界）格」與「日字（界）格」，前者《封泥考略》稱「十闌」或「十字闌」，後者則稱「中有闌」。〔註80〕詳細說明和實例見本文第肆章第二節。

7、品　目

本文「品目」，指的是（封泥）印文內容的條目計算單位。例如《封泥考略》卷二輯錄的王國內史封泥有「趙內史印章」（1 枚）、「薔川內史」（1 枚）、「淮陽內史章」（1 枚）、「六安內史章」（2 枚）等四種「品目」共 5 枚。原則上印文內容完全相同筆者才會併爲 1 種品目，否則如「沛郡太守」和「沛郡太守章」筆者仍計爲 2 種。

本章首先回顧前人對《封泥考略》及其輯者和考編者的研究，但重點在於了解之前的文獻在《封泥考略》的研究情況。從目前查得的資料顯示，除了孫慰祖的相關著作對它的成書經過、參與考編之人、輯錄封泥的來源、流向和特色等方面作了深入介紹外，其餘文獻所述、所引均難出孫氏之說。承接文獻回顧之結果，第二節敘述了本論文對《封泥考略》又作了哪些方面的補充和陳述，藉此釐清並確實掌握本文之研究重心。最後對此論題的研究方法及本文部分名詞的意義作簡單的說明。

〔註80〕參考周曉陸、路東之編著：《秦封泥集》，頁 19。

第貳章 《封泥考略》成書背景的考察

本章分兩個部分，第一部分主要談《封泥考略》是在怎樣的時代環境下產生，以及它在當時封泥研究的時空交錯下如何定位。再而談論《封泥考略》的成書過程，以了解編輯者在書中扮演的角色。第二部分則就《封泥考略》的編輯者生平來作考察，藉此認識每位人物在封泥研究外的其他成就。

第一節 《封泥考略》的時代背景

本節先說明《封泥考略》是在怎樣的時空環境下誕生，以此認識它的出版有何重要性，接著再談它的成書過程，讓大家清楚它的形成脈絡，並了解每個參與編輯的人對該書的誕生扮演怎樣的角色與居於何等的地位。

一、封泥的出土與著錄

封泥的出土與著錄始於清代道光年間，〔註1〕然而《續修四庫全書提要》「長安獲古編二卷」條下卻云：「古器物學上知有封泥一物，實是書最初著錄。前此諸家著錄古器之書中未之見也。」〔註2〕殊不知道光二十二年（1842）

〔註1〕 孫慰祖在〈古封泥述略〉已對「封泥的出土與著錄」做簡略敘述，之後他在《封泥發現與研究》有更詳細的介紹。後來的文章談及此部分，多引用這兩份文獻。筆者在此主要也是參考這兩份文獻，然其中有許多可商議之處，因此本文會再輔以其他資料來補充或修正。

〔註2〕 王雲五主持：《續修四庫全書提要》（臺北：臺灣商務印書館股份有限公司，民國 61 年），第 8 冊，頁 3244。筆者閱讀劉正庸：〈劉喜海及其金石學研究〉（《中國語文》第 102 卷第 4 期（民國 97 年 4 月），頁 108）一文得知此條。

出版的吳榮光《筠清館金石錄》一書，已著錄 6 枚封泥，此書也是記載封泥出土的最早資料。該書卷五云：

> 此漢世印埿（範）子也，以泥雜膠爲之。道光二年，蜀人掘山藥得
> 一窖，凡百餘枚，估人賣至京師，大半壞裂。諸城劉燕庭、仁和龔
> 定盦，各就估人得數枚，山西閻帖軒藏數枚，餘不知落何處。〔註3〕

由此段記載可知道光二年（1822），封泥首次出土於四川，共 100 餘枚，其中一部分由劉喜海（字燕庭）、龔自珍（號定盦（庵））和閻帖軒〔註4〕等人收購〔註5〕。然而吳榮光將書中輯錄的「剛羝右尉、巂左尉印、嚴道橘丞、嚴道橘園、牛鞞長印和代郡太守章」等 6 枚封泥視爲漢時鑄造印章用的「印範」〔註6〕，這樣的認知一直到光緒年間仍存在〔註7〕。這 6 枚除「代郡太守章」爲吳榮光所藏外，其餘爲龔自珍藏品。

　　咸豐三年（1853）春〔註8〕，胡琨將劉喜海蒐自長安的古物編成《長安

〔註3〕〔清〕吳榮光：《筠清館金石文字》，收錄於《續修四庫全書》（上海：上海古籍出版社，2002 年，據清道光二十二年吳氏刻本影印），第 902 冊，卷五，頁六十（總頁 137）。筆者按：此書名稱，據該書自序和目錄，應題爲《筠清館金石錄》，但《續修四庫全書》則題爲《筠清館金石文字》，筆者行文時一律使用《筠清館金石錄》，附註則依《續修四庫全書》之題名。

〔註4〕此人生卒年及字號不詳，但據引文敘述脈絡，則「帖軒」應是他的字或號，非名。

〔註5〕羅振玉在《齊魯封泥集存‧序》云：「道光初葉，古封泥始出於巴蜀，劉燕庭先生盡得之。已而山東之臨淄，稍稍有出土者，亦歸嘉陰移。」由吳榮光《筠清館金石錄》可知巴蜀出土封泥並非全歸劉喜海。另，山東臨淄出土封泥約在同治、光緒之際（詳下文），劉喜海於咸豐三年（1853）初下世（詳註8），應該不可能會收集到山東出土的封泥，故羅振玉此段話值得商榷。羅振玉語見羅振玉：《羅雪堂先生全集七編》（臺北：大通書局有限公司，民國 65 年），第 1 冊，頁 31。

〔註6〕印「範」之「範」字，在本文徵引的古籍中有「埿、范、范、範」等寫法，筆者行文時一律使用「範」字，徵引原文時則依原文。

〔註7〕如〔清〕吳雲〈光緒六年庚辰四月廿八日致陳介祺書〉云：「泥封爲古印之范，可與漢魏白文相輔而行」（文見〔清〕吳雲：《兩罍軒尺牘》，收錄於沈雲龍主編：《近代中國史料叢刊》（臺北：文海出版社，民國 57 年），第 27 輯，第 264 冊，第 2 本，卷九，頁五十一（總頁 735）。此封書札編年，筆者對照陳介祺〈光緒六年庚辰七月廿日致吳雲書〉〔〔清〕陳介祺著，陳繼揆整理：《秦前文字之語》（濟南：齊魯書社，1991 年），頁 269。）後得知，書札標題爲筆者所訂。

〔註8〕胡琨在《長安獲古編‧序》說到《長安獲古編》「將謀梓，而方伯病，未踰月，歸道山。余亦聞金陵揚州之警，急於旋里，無復從事於茲矣。甲寅（筆者按：咸豐四年）之春，展敝簏見是編，慨然動宿草之感，書而存之，仁和胡琨識。」

獲古編》，是時書中尚未輯入封泥，但在這之前劉喜海已有蒐藏長安出土的封泥，胡琨在《長安獲古編·序》云：「（劉喜海）嘗謂人曰：『長安，寶地也……余官陝時，嘗得鼎彝一窖、幣一窖、銚一窖、泥封一窖……。』」〔註9〕劉喜海於道光年間（在二十一年七月至二十五年四月之間）〔註10〕收集長安出土泥封，由此可知陝西在道光年間已有封泥出土，這在之後的論述亦有說明。劉鶚在光緒三十一年（1905）將《長安獲古編》補刻標題重印刊行，書中〈補〉一卷就有收錄「東郡太守章、東萊太守章」等 30 枚封泥（含 1 枚「黃神」泥印）〔註11〕，這些封泥除了有早期四川所出土的外，還有一些是出自陝西，孫慰祖《中國古代封泥》另外指出這批封泥後來轉歸陳介祺。〔註12〕然而筆者逐一核對《長安獲古編》30 枚封泥與《封泥考略》的封泥後發現，可以確定轉歸陳介祺的封泥有 17 枚（含 1 枚「黃神」泥印），另外有 1 枚爲吳式芬所藏，其他 12 枚不可確定的，乃因《長安獲古編》所輯封泥爲摹本，多少已不似原物形貌，爲求嚴謹，故不冒然斷定《長安獲古編》的某封泥確歸爲陳介祺。茲將《封泥考略》輯錄同品封泥數量（分吳藏及陳藏），以及同枚出處整理如下表，以供查證。表中數字加框者，表示該數量中有 1 枚拓片與《長安獲古編》相同，出處見其下欄；若未加框，則表示不可確定：

據胡昌健〈劉喜海年譜〉研究，劉喜海卒於咸豐三年（1853）春季。從序文作於咸豐四年之春，及「動宿草之感」（按「宿草」指墓地上隔年的草，爲悼念亡友之辭）可爲之證明。此外，據郭廷以《太平天國史事日誌》記載，太平軍在咸豐三年一月二十九日（此爲農曆，西曆則爲三月八日）始圍攻南京，亦可證明胡琨序文所敘劉喜海逝世之時間，確爲咸豐三年春，因此本文在此以咸豐三年春來敘述。上引三文，依次見〔清〕胡琨編：《長安獲古編》，劉慶柱等主編：《金文文獻集成》（香港：香港明石文化國際出版有限公司，2004年，據一九三三年瑞安陳氏校刻本影印），第 18 冊，頁 173；胡昌健：〈劉喜海年譜〉，《文獻》第 2 期（2000 年），頁 148；郭廷以：《太平天國史事日誌》（臺北：臺灣商務印書館，民國 54 年），頁 226。

〔註9〕〔清〕胡琨編：《長安獲古編》，頁 172。

〔註10〕據吳廷錫等撰：《續修陝西通志稿》卷十二「陝西延榆綏道」條中載劉喜海「山東諸城縣人，進士。道光二十一年七月初十日任，二十五年四月癸卯以升四川按察使去任」，可知他於道光二十一年七月至二十五年四月任陝西延榆綏道。文見〔清〕沈青崖，吳廷錫等撰：《陝西通志續通志》（臺北：華文書局股份有限公司，民國 58 年，雍正十三年、民國二十三年刊本，據國防研究院圖書館藏本影印），第 6 冊，卷十二，頁一五（總頁 3202）。

〔註11〕此書輯錄封泥爲 29 枚（另有 1 枚泥印），然前人有 20 枚之說。考見本文附錄二。

〔註12〕見孫慰祖：《中國古代封泥》（上海：上海人民出版社，2002 年），頁 4～5。

	01	02	03	04	05	06	07	08	09	10	11	12	13	14	15
劉藏封泥	東郡太守章	東萊太守章	臨淮太守章	魏郡太守章	□平□相	泰山大尹章	新都長印	牛鞞長印	育陽邑丞	大官丞印	雒丞之印	高陵丞印	同心國丞	臨□丞印	㝵嫠丞印
吳	1		1				1			2					
同枚出處										一35a					
陳	2	1	2	2	1	1	2	3	1	3	2	2	1	1	1
同枚出處			三43b		二42a	八9b			六22a			六8b	八27b	六64b	六24b

	16	17	18	19	20	21	22	23	24	25	26	27	28	29	30
劉藏封泥	葉丞之印	絲竹長印	涪長之印	嚴道長印	定陶丞印	嚴道橘丞	廣漢左尉	白水右尉	雒右尉印	□邡□尉	嚴道左尉	嚴道橘園	成都庫	黃神越章	黃神
吳			3	3		4	1		2		1	4			
同枚出處															
陳	1	2	6	8	1	12	2	2	9	1	1	18	1	1	1
同枚出處				五28a	六25b	六39b		七17a	七9b	七4b	七21a	六51a			七46a

由此表還可發現，《長安獲古編》輯錄的封泥品目，在《封泥考略》完全可以見到，而且也完全在陳介祺的藏品可看到，吳、陳兩人皆有的品目則有 11 種，藉此可間接說明吳、陳二人的封泥來源除陝西外，還有來自四川。

　　劉喜海是由目前文獻記載可知第一位為封泥正名的人，胡琨在《泥封印古錄·序》說劉喜海據《後漢書·百官志》：「守宮令一人，六百石。本注曰：主御紙筆墨，及尚書財用諸物及封泥」〔註13〕，將被誤認作「印範」的泥團

〔註13〕〔劉宋〕范曄撰，〔唐〕李賢等注，〔晉〕司馬彪補志：《後漢書》，楊家駱主編：《新校本後漢書并附編十三種》（臺北：鼎文書局，民國 70 年），頁 3592。

正名爲「封泥」，但胡琨仍持懷疑的態度。胡氏《泥封印古錄·序》云：

> 余疑爲漢印之範，相傳名爲印封，不知所出。鎦（劉）方伯援《後
> 漢書》：「守令，主御紙筆墨及尚書財用諸物及封泥」爲證。然《後
> 漢書》言「封泥」不曰「泥封」，余未敢信爲定論也，姑闕之，以俟
> 知者。方伯家藏數十枚，云得之長安土窟，陳偉堂相國令嗣壽卿復
> 得百餘枚，出以相示，方伯合而拓之，去其重複，裝池成冊，屬余
> 攷其是非。余以兩漢書校之……壬子秋七月，次瑤氏書於劉氏之榆
> 陰小簃。〔註14〕

由此序文可知劉喜海於咸豐二年壬子（1852）前，將自己與陳介祺得自長安
土窖的封泥，去其重複，合拓成冊，並屬胡琨做考釋，故有《泥封印古錄》
一書的出現。《長安獲古編》因爲在咸豐年間尚未刊行（筆者按：即使刊行，
也尚未輯入封泥），所以後來同治三年（1864）出版的《補寰宇訪碑錄》及光
緒三年（1877）徐三庚跋「登庸印信」印款中，仍沿襲吳榮光之說。〔註15〕

　　同治三年，趙之謙（字撝叔，號益甫）《補寰宇訪碑錄》一書問世，亦輯
錄《筠清館金石錄》所載之 6 枚封泥，仍將封泥稱作「印範」，他在卷一「牛
韓長印范」下云：

> 印范爲向來金石家所未載。道光初，蜀中出土凡百餘枚，劉方伯喜
> 海亦有藏者，兹據所見錄入。〔註16〕

由「印范爲向來金石家所未載」一句可推知，吳榮光《筠清館金石錄》和劉
喜海《長安獲古編》兩書趙之謙皆未曾寓目。然而此書所錄與《筠清館金石
錄》所載封泥品目和蒐藏者皆同〔註17〕，可見趙之謙或許曾至吳榮光和龔自
珍寓所看過這些封泥。

〔註14〕〔清〕胡琨：《泥封印古錄》（陳準輯：《潄潷齋叢書》本），頁一至三。此本
　　　　在臺灣僅中央研究院歷史語言研究所傅斯年圖書館有藏書，引文據此。

〔註15〕詳見孫慰祖〈古封泥述略〉，載於孫慰祖主編：《古封泥集成》（上海：上海書
　　　　店出版社，1994 年），頁4。筆者按：該文將《補寰宇訪碑錄》的「寰」字誤
　　　　作「環」。又孫氏文章對《長安獲古編》的版本及何時才收錄封泥交代並不清
　　　　楚，本文在此做補充。

〔註16〕〔清〕趙之謙：《補寰宇訪碑錄》，收錄於《續修四庫全書》（據清同治三年刻
　　　　本影印），第 904 冊，卷一，頁九（總頁 617）。

〔註17〕羅振玉《齊魯封泥集存·序》云：「至同治初，吾鄉趙益甫司馬著錄仁和龔氏
　　　　所藏六種於《寰宇訪碑錄補》，尚稱之曰印范。」（頁 31）按：其中的一枚爲
　　　　吳榮光所藏，詳本文。

同治五年（1866）出版的《習苦齋詩集》〔註18〕，書中卷四載有作者戴熙（字醇士）所撰的〈抑埴歌〉，其詩及序云：

> 寸土堅膩，面受印篆，多嚴道橘園或他官印。西人貨於都不數有，有輒數十枚，道光十年前未始有也。予得七枚，而南見者悉稱印模，余不謂然，當是漢官有所貢獻，搏土坿繩封題之以爲符驗者，故後有橫孔六七。今人鈐印用硃而曰泥，或源於此。《淮南子》曰：「若璽之抑埴」，正字反印，抑埴即印泥，作抑埴歌：「丸泥堅不受斤斧，上列印文細如縷。文雒右尉、閬中丞，嚴道橘園十居五。嚴道屬蜀通蠻夷，漢黃頭郎所得戶。一曰橘丞倅橘官，恐是參軍或主簿。丞、尉化土二千年，此土入土復田土。冪蟠瘦筋錐畫沙，背列嘘窾織受組。雁卵當和麝腦搏，螺紋間作蠶絲吐。厥包錫貢想封題，驗符差類西方琥。平生好披《集古錄》，象犀金玉知難聚。燕石宜遭上客嗤，陶坯久被諸傖怒。寓公寒乞巫收藏，搨本傳觀頻起舞。何人能與玉嚴卯，同著炎劉金石補。」〔註19〕

從詩序可知，戴熙已不似前人稱封泥爲「印範」，他據《淮南子》〔註20〕稱封泥爲「抑埴」，且認爲這些是漢時官員要進獻物品進京時，捏土附在綁束物品的繩子上，並蓋上印記以做爲驗證之用。雖然他稱封泥爲「抑埴」仍非正名，但對封泥性質的描述卻比前人來得進步。他藏有 7 枚封泥，有「雒右尉印、閬中丞印和嚴道橘園」等品目，其中「嚴道橘園」數量最多。

同治末年至光緒初，山東始有封泥的發現，由陳介祺〈光緒二年丙子七月四日致吳大澂書〉云：「東土竟亦有泥封，文曰姑幕丞印，未及拓。」（《秦前文字之語》，頁 302）可知曉。之後山東出土封泥的數量，遠多於之前四川和陝西的出土量。王獻唐〈臨淄封泥文字敘〉針對山東封泥出土的情況有詳

〔註18〕王獻唐〈臨淄封泥文字敘〉云：「封泥之著錄，初見《筠清館金石》，僅登六枚，尚誤爲印范，戴醇士知爲搏（搏）土封題之用，名曰抑埴（見《習苦齋詩集》），仍非正稱。」（頁 281）筆者據此得知戴熙對「封泥」名稱有一些看法，故進一步查核原文，以補充王氏之說。王氏文見王獻唐：《臨淄封泥文字敘目》，收錄於嚴一萍續編：《美術叢書》（臺北：藝文印書館，民國 64 年），第 6 集，第 10 輯，頁 281。

〔註19〕〔清〕戴熙：《習苦齋詩集》，收錄於《續修四庫全書》（據上海辭書出版社圖書館藏清同治五年張曜刻本影印），第 1530 冊，卷四，頁十四（總頁 37）。

〔註20〕原文出自《淮南子・齊俗訓》：「若璽之抑埴。」高誘注云：「璽，印也。埴，泥也。」語見〔漢〕劉安等撰，〔漢〕高誘注：《淮南子》（臺北：臺灣中華書局，民國 70 年，四部備要本），卷十一，頁五。

細說明：

> 山左封泥，多出臨淄北郊。鄒南邾城，亦間有所獲。清末曾掘數百，
> 歸上虞羅氏，自後絕尟聞見。……余嘗身至臨淄，勘視封泥出土所
> 在矣。地在縣城北門外東北，劉家寨村西南，各距里許……前後共
> 發二窖，一東一西，約數十百步。先是清光緒二十三年，附近農田
> 亦出一坑，凡百餘枚，悉歸濰縣陳氏。自後近處陸續出土……多或
> 數十數百爲窖，少則三、四枚不等。四十年來，各家所收臨淄漢封
> 泥，類出是鄉。……光緒三十四、五年間，村人掘土製磚，亦出一
> 坑，多爲陳氏購去。……臨淄晚出，先時各坑，半歸濰縣陳氏，半
> 歸海豐吳氏，間亦散入他家。鄒縣諸地最後出，數皆不多，而臨淄
> 一區，先後十餘窖，已掩有各地之富，且數倍過之。……封泥之在
> 山左，其以收藏名家者，先後不過數人耳，爲劉燕庭、爲陳簠齋、
> 爲吳子苾、爲郭申堂、爲高翰生、爲王廉生、爲丁幹圃，而燕庭尤
> 爲開山。〔註21〕

由此可知，光緒二十三年（1897），臨淄城北劉家寨附近農田出土百餘枚封
泥，皆歸濰縣陳氏（應是陳介祺後代）〔註22〕，之後又陸續出土數百枚。光
緒末年亦出土一坑，多爲陳氏購去。臨淄一帶，前後出土 10 餘坑，數量勝
過他處有數倍之多。山東之地，以收藏封泥著名者有劉喜海、陳介祺、吳式
芬、郭裕之（字申堂）、高鴻裁（字翰生）、王懿榮（字廉生）和丁樹楨（字
幹圃）等人。〔註23〕此外，據孫文楷《齊魯封泥考存·序》記載，臨淄一帶
早在光緒十六年庚寅（1890）已有大量封泥出土，其序云：

> 光緒庚寅，臨淄出土一窖……濰陽郭聞庭先生所收甚夥，加以歷年
> 所購求，除去重複及可疑者，尚得三百二十餘方，凡四巨冊。又續
> 收一冊，名曰《齊魯封泥攷存》，亦有得自遠方者，曰齊魯者，從其
> 眾也。〔註24〕

〔註21〕王獻唐：〈臨淄封泥文字敘〉，頁 221～222、281、283。

〔註22〕按陳介祺於光緒十年（1884）下世，故「陳氏」應指陳介祺後人。

〔註23〕吳式芬是山東著名的封泥收藏者之一，但他是否有收集到山東出土的封泥，
則可商榷。詳本章第二節吳式芬生平。劉喜海亦未收集山東出土的封泥，詳
本章註5。

〔註24〕收錄於〔清〕郭聞庭輯：《齊魯封泥考存》，《山東文獻集成》（濟南：山東大學
出版社，2009 年，山東大學圖書館藏原拓本），第 3 輯，第 21 冊，頁 229～230。

從序文可知，臨淄於光緒十六年已出土封泥一窖，郭聞庭是當時封泥的收集者之一，他將歷年購自齊魯和其他地方的封泥集成《齊魯封泥考存》一冊，筆者統計，書中共收入 327 枚封泥拓片，無考釋文字。

光緒二十九年（1903），羅振玉據濰縣郭聞庭所藏封泥拓本影印成《鄭广所藏泥封》一書，收入 304 枚封泥〔註25〕。鄭广（庵）〔註26〕爲潘祖蔭之號，由於羅振玉一開始誤以爲所得拓本爲潘祖蔭藏品〔註27〕，故將書名題作「鄭广」，後來經高鴻裁（字翰生）指正才知曉，並在《齊魯封泥集存·序》中更正。需說明的是，後來的《齊魯封泥集存》亦有收錄這部分的藏品，羅振玉在《齊魯封泥集存·序》〔註28〕說是「郭聞庭」藏品，然而孫慰祖〈古封泥述略〉、《封泥發現與研究》和〈中國古代封泥研究的歷史、現狀和展望〉等三文則說是「郭申堂」藏品，孫慰祖《中國古代封泥》〔註29〕則說「郭裕之」。按：郭裕之，字申堂，與郭聞庭是否爲同一人，筆者暫時難以論定。然據孫氏等文說郭裕之絕大部分的藏品歸藏於國立北京大學，國立北京大學研究院文史部編《封泥存眞》所輯封泥即爲郭裕之舊藏，其中有 108 枚可見於《齊魯封泥集存》。但是筆者將《鄭广所藏泥封》、《齊魯封泥集存》與《封泥存眞》所輯拓片核對後，發現所收相同品目之封泥，拓片其實並不相同，因此孫氏的說法就值得商榷，郭裕之與郭聞庭可能就不是同一人，故本文以羅氏序中稱「郭聞庭」來行文。

光緒三十年（1904）春，劉鶚將自己從四川、山東等地所輯出土封泥 165 枚〔註30〕拓成《鐵雲藏封泥》，並附入《鐵雲藏陶》印行。劉鶚在序中云：

> 泥封者，古人封苞苴之泥而加印者也。封背麻絲黏著，往往可見。
>
> 在昔不見於箸錄，自吳荷屋《筠清館金石》拓錄六枚稱爲印埴，誤

〔註25〕此書輯錄封泥總數爲 304 枚，然前人另有 148 枚之說。考見本文附錄二。

〔註26〕鄭广之「广」於前人文獻中有寫作「广、厂和盦」，筆者行文時一律使用「广」字，徵引時則依原典寫法。

〔註27〕王獻唐〈臨淄封泥文字敘〉云：「晚近上虞羅叔言，景印濰縣高氏舊蓄，爲《鄭厂所藏封泥》。」（頁 282）應修正爲「景印濰縣郭氏舊蓄」。

〔註28〕羅振玉：《齊魯封泥集存》，頁 32。

〔註29〕孫氏文獻，依序見孫慰祖：〈古封泥述略〉，頁 5；孫慰祖：《封泥發現與研究》，頁 27；孫慰祖：〈中國古代封泥研究的歷史、現狀和展望〉（收錄於孫慰祖：《可齋論印新稿》（上海：上海辭書出版社，2003 年）），頁 129；孫慰祖：《中國古代封泥》，頁 7。

〔註30〕此書輯錄封泥總數爲 165 枚，前人均作 114 枚。考見本文附錄二。

以爲鑄印之范也。〔註31〕

「苞苴」類似今天的包裹，乃是古人把送人的物品以苞苴包裝起來，劉鶚認爲「泥封」就是古人要封苞苴時，放上泥塊並加印封之的東西。即使這樣的說法跟現今的認知有些差距，但至少他也已經完全擺脫吳榮光以來的「印範」之說。

　　光緒三十年秋，吳式芬次子吳重憙，將他父親與陳介祺合輯的封泥，薈成《封泥考略》一書刊行。書中收錄 846 枚封泥（含 3 枚泥印）〔註32〕，多出自四川和陝西，另有數枚出自山東。是編輯錄封泥的數量居光緒三十年之前封泥譜錄之冠，而且還將封泥輔以《史記》、《漢書》和傳世印章做了考釋，使人們除了對封泥的性質有了初步的認識外，更注意到封泥在印證史籍、補充史籍的重要性。有關此書的內容，本文第參章之後會有詳細論述，在此先針對該書中對「封泥」性質的介紹。《封泥考略》在卷一「左司馬聞翌私鈢」、「粕□□□」和「皇帝信璽」封泥，卷二「河間王璽」封泥與卷九「篤固里附城」封泥皆有稍微談及封泥的性質，茲依序列舉如下：

泥下有細紋，不似版痕，似非施於簡牘者。（卷一，頁一）

似是封於酒器者，非簡牘之用也。（卷一，頁二）

《漢舊儀》曰：「……璽皆以武都紫泥封，青囊白素裹，兩端無縫，尺一板，中約署……。」……則漢時詔策書疏皆以木簡，亦曰板、版，均可名牘，皆有封泥。此封泥色紫，背有版痕、繩痕，當是以版入中，上以繩緘其口，以泥入繩至版，然後加以封印，外加青囊囊之，兩端無縫，以護封泥，如藏玉牒於石檢，金繩縢之，石泥封之，印之以璽也。中約署，當是束牘之中而署字以爲識也。《東觀漢記・鄧訓列傳》：「又知訓好以青泥封書……。」（卷一，頁三至四）

此封泥色紫，中有繩孔，背有版紋。（卷二，頁二）

〔註31〕〔清〕劉鶚輯：《鐵雲藏陶》，收錄於《中國古代陶瓷文獻輯錄》（北京：全國圖書館文獻縮微複製中心，2003 年，抱殘守缺齋所藏三代文字之二），第 5 冊，頁 2389。

〔註32〕羅振玉《齊魯封泥集存・序》云：「海豐吳仲憙中丞，又印《封泥考畧》十卷，則吳、陳二家所藏囊求之十年不可得者，一旦盡得披覽，其都數七百餘，去其復尚得五百餘。」（頁 32）此段說《封泥考略》收錄封泥總數 700 餘，去其復（複）得 500 餘，後者之數是沒問題（詳本文第參章版本部分），但前者應修正爲「八百餘」才正確。

形如半丸，土色正紫。（卷九，頁一）

由以上敘述可得知封泥的性質有：1、封泥施於公文、書信和酒器上。2、封於書牘者泥背會有版紋和繩孔的遺跡。3、泥形有半丸之類的。4、封泥有紫色和青色的。這四點都只能算是對封泥的初步認識，首先，有關封泥的使用方式，《封泥考略》中只談到書囊制度的其中之一。王國維《簡牘檢署考》云：

> 檢之與牘同大小者，亦謂之梜，又謂之檢柙。……漢時書牘，其於牘上施檢者，則牘檢如一，所謂檢柙是也。然大抵以囊盛書，而後施檢……以上所引書牘之封，恆在囊外，惟《西京雜記》所云：「中書以武都紫泥爲璽室，加綠綈其上」，又似封而後加囊者。案，漢詔皆重封，《獨斷》：「凡制書，有竹使符，下遠近，皆璽封，尚書令重封。」殆璽封在囊內，而尚書令印封在囊外。……古牘封處，多在中央，《漢舊儀》所謂「中約署」是也。〔註33〕

「皇帝信璽」條的封書方式說明，即王國維書中所說「以囊盛書」中的第二種，但是卻又不完全相同，因爲它只封一次，裹囊之後未封第二次，且未加說明如何束囊。接著對「中約署」的解釋，則語焉不詳，乃是他們不明封檢的方式。王獻唐對《漢舊儀》：「璽皆以武都紫泥封，青囊白素裹，兩端無縫，尺一板中約署」（《後漢書・輿服志》「乘輿黃赤綬……五百首」注引）〔註34〕的解讀爲：「左右裹疊，中間爲縫，入牘之後，折其上下兩端，覆於縫上，中加以檢，適壓囊之兩端中縫，檢有繩道，約繩束之，亦有印槽，以印泥封署。」〔註35〕王獻唐說的即是王國維「以囊盛書」的第一種封書方式，且敘述更爲具體，但是《封泥考略》中的敘述，卻游移在「以囊盛書」的兩種方式中。此外，封檢的方式，又有直接施於檢上，以及在檢上刻一印齒（封泥匣）或印槽置放封泥而後抑印等方式，封泥上的繩孔又是如何形成？〔註36〕在《封泥考略》中皆沒有說明。

其次，書中只觸及泥背的痕跡爲繩紋、版痕或封酒器之跡，卻未加注意背痕的形式排比。據孫慰祖「封泥斷代與辨僞」的研究成果〔註37〕，可以知

〔註33〕王國維原著，胡平生、馬月華校注：《簡牘檢署考校注》（上海：上海古籍出版社，2004年），頁85、92、95、98。

〔註34〕〔劉宋〕范曄撰，〔唐〕李賢等注，〔晉〕司馬彪補志：《後漢書》，頁3673。

〔註35〕王獻唐：〈臨淄封泥文字敘〉，頁239。

〔註36〕有關封檢與繫繩的方式可參考孫慰祖：〈古封泥述略〉，頁4；孫慰祖：《封泥發現與研究》，頁54～55、58～59。

〔註37〕詳見孫慰祖：〈古封泥述略〉，頁22～23；孫慰祖：《封泥發現與研究》，頁57、

道泥背的版痕、繩痕甚至是泥形，都可以做爲判斷封泥時代和眞僞的重要因素之一，然而《封泥考略》卻未曾加以注意。即便如此，在清末對封泥面貌的揭示與封泥研究上，它的地位是無可替代的。

宣統元年（1909），山東滕縣之紀王城又發現官私封泥 300 餘枚，悉歸羅振玉。民國二年（1913），羅振玉將從紀王城所得 300 餘枚封泥，去其重複再去其與前人著錄重複者得 64 枚，合以郭聞庭藏 311 枚、劉鶚藏 74 枚，共 449 枚，編成《齊魯封泥集存》一書。封泥編排由王國維負責，編排方式多仍《封泥考略》，但是並未如《封泥考略》逐枚考釋，只在序文談了封泥在考證古代官制地理上有何重要性，並輔以該書封泥舉例說明。

四〇年代以前出版的封泥著錄還有陳寶琛《澂秋館藏古封泥》（1924 年出版）、周明泰《續封泥考略》、《再續封泥考略》（1928 年出版）、吳幼潛《封泥彙編》（1931 年出版）、國立北京大學《封泥存眞》（1934 年出版）〔註 38〕和山東省立圖書館《臨淄封泥文字》（1936 年出版）〔註 39〕等書，〔註 40〕其中周明泰《續封泥考略》和《再續封泥考略》兩書，依《封泥考略》的方式逐枚考釋。《臨淄封泥文字》原本也是要照《封泥考略》逐枚考釋，但因時間因素而未果。

封泥從道光二年於四川首次出土，之後同治、光緒年間陝西和山東等地亦陸續出土。從原本被視爲「印範」，經由劉喜海正名，再經由《封泥考略》初步說明它的性質，使世人對它有了更深刻的認識。《封泥考略》的刊行，除了揭示早期四川、陝西出土封泥的面貌，更呈現出封泥可資應用的面向。其後出版的封泥譜錄專著，不是仿其編次體例，如王國維、羅振玉《齊魯封泥集存》，就是模其編次和考釋體例，如周明泰《續封泥考略》和《再續封泥考略》，以及山東省立圖書館《臨淄封泥文字》（原欲逐枚考釋，後未果），因此，《封泥考略》可以說是封泥研究史上的承先啓後之作。

90～145；孫慰祖：《中國古代封泥》，第三至第四章；孫慰祖：〈封泥的斷代與辨僞〉，《上海博物館集刊》第 8 期（2000 年），頁 187～210（復收於孫慰祖：《可齋論印新稿》，頁 92～118。）；孫慰祖：〈西漢官印、封泥分期考述〉，收錄於孫慰祖：《孫慰祖論印文稿》（上海：上海書店出版社，1999 年），頁 26～59。

〔註 38〕 此書輯錄封泥總數爲 177 枚，前人另有 170 枚之說。考見本文附錄二。

〔註 39〕 此書輯錄封泥總數爲 465 枚，然編者卻算得 464 枚。考見本文附錄二。

〔註 40〕 以上各書的介紹，可參閱孫慰祖：〈古封泥述略〉，頁 5～6；孫慰祖：《封泥發現與研究》，頁 27～29；孫慰祖：《中國古代封泥》，頁 9。

二、《封泥考略》的成書過程

對於《封泥考略》的成書過程，孫慰祖在〈古封泥述略〉、《封泥發現與研究》、《中國古代封泥》、〈中國古代封泥研究的歷史、現狀和展望〉、〈簠齋印事七題——關於《十鐘山房印舉》和《封泥考略》〉、〈漢官私印泥封考略解題〉〔註 41〕等專書與文章中，已對《封泥考略》的成書過程稍作梳理，內容詳略互見，其中以《封泥發現與研究》敘述最為詳盡，但是孫氏在引用陳介祺致王懿榮、鮑康、吳雲、吳大澂和潘祖蔭等人的書札，仍有闕誤與不足之處，筆者在文中會適時予以校正，並輔佐其他書信資料，使整個論述更為完整。首先，我們先探索吳式芬與陳介祺收集封泥的數量與來源，其次再談論《封泥考略》的成書過程。

（一）吳式芬、陳介祺藏封泥的數量及來源

吳式芬於道光後期已編成《海豐吳氏藏漢封泥考釋》四冊，分官私兩類，並對官印做出考釋，咸豐初年，陳介祺《簠齋印集》十二冊本已收入封泥 137 枚，〔註 42〕可知吳、陳二人在道光、咸豐間已著手進行封泥的收集，我們可以從吳式芬、陳介祺《漢官私印泥封考略》手稿中，陳介祺所撰「題記」進一步證實：

> 道光年間關中出方泥，上有印文，下有繩穿及竹版文，識者考之為泥封，前人所未曾見也。吳子苾六兄與余先後各得三百餘為最多。子苾視學浙中，以所藏為《考略》，而翁叔均大年校之，未刊而子苾沒，未及余之所藏也。同治壬申余既編《印舉》，屢屬子苾之子，吾

〔註41〕以上各書或文章談及《封泥考略》成書過程的部分，可參見孫慰祖：〈古封泥述略〉，頁 4；孫慰祖：《封泥發現與研究》，頁 30～34；孫慰祖：《中國古代封泥》，頁 12、18（附註 26）；孫慰祖：〈中國古代封泥研究的歷史、現狀和展望〉，頁 130～133；孫慰祖：〈簠齋印事七題——關於《十鐘山房印舉》和《封泥考略》〉（見孫慰祖：《可齋論印三集》（上海：上海辭書出版社，2007年）），頁 170～172；孫慰祖：〈漢官私印泥封考略解題〉（收錄於《上海圖書館未刊古籍稿本》（上海：復旦大學出版社，2008 年），第 30 冊），頁 3～11。

〔註42〕參閱孫慰祖：〈簠齋印事七題——關於《十鐘山房印舉》和《封泥考略》〉，頁 170。另孫慰祖：〈漢官私印泥封考略解題〉頁 6 中，將「《海豐吳氏藏漢封泥考釋》」寫作「《海豐吳氏藏漢封泥》」，並無「考釋」二字，據內容敘述，所指為同一本是可以確定的。按〔日〕橫田實：《中國印譜解題》（東京：二玄社，1976 年），頁 95 作「《海豐吳氏藏漢封泥》」，因此本文之後若再引到此書，一律作「《海豐吳氏藏漢封泥》」。此外，若參閱前面所引胡琨《泥封印古錄·序》，可推知陳介祺《簠齋印集》收入的封泥應多是來自陝西長安。

倩仲飴以余藏考補合編摹刻，與《印舉》同行矣。甲戌三月取子苾
所箸讀而訂之，復以所藏校而識之，以寄仲飴。長夏無事，乞早成
之，刊時當令次兒從事校字也。甚企！甚企！四月廿八庚子祺記。
〔註43〕

由「題記」可知，道光年間關中已出土封泥，吳、陳先後各得 300 餘枚。吳
式芬於視學浙中（咸豐四年至五年）時，將之前所得 300 餘枚封泥加以考釋
成《考略》一書，並經翁大年（字叔均）校刊，吳氏未及刊行而歿，且陳介
祺的藏品也未附入。因此在吳式芬下世（卒於咸豐六年）前，他所收集的封
泥數量為 300 餘枚，當時陳介祺封泥的藏量也在 300 餘枚。直到同治十二、
三年（1873～4），吳、陳兩家的收藏仍是各 300 餘，可從陳介祺〈同治十二
年癸酉八月廿九日致鮑康書〉：「再則弟與小倩仲飴之泥封六百餘枚。」（《秦
前文字之語》，頁 170）〔註44〕 與〈同治十三年甲戌二月廿二日致吳雲書〉：「敝
藏泥封與子苾閣學所藏共六百餘」（《秦前文字之語》，頁 264）兩書札知曉。
吳大澂在〈光緒元年十二月三日致陳介祺書〉云：

前示泥封可得三百餘種（種），別為一集，未知已摹刻否，亦祈拓寄
全本，當由廉生處繳價。當時陽甲城內鄉民，于頹垣中掘得泥封數
百，蘇七（蘇億年）蓋得之以歸尊處，外間流傳絕少，以後亦無出
土者。大澂訪諸鄉間，僅搜得二十種耳。〔註45〕

由信中所說「前示泥封可得三百餘種」、「陽甲城內」（在今陝西西安）〔註46〕

〔註43〕 〔清〕吳式芬、陳介祺：《漢官私印泥封考略》，《上海圖書館未刊古籍稿本》，
第 30 冊，頁 13～14。

〔註44〕 孫慰祖：《封泥發現與研究》，頁 32～33；孫慰祖：〈簠齋印事七題——關於《十
鐘山房印舉》和《封泥考略》〉，頁 172 均引此信說明吳、陳二人所藏共 600
餘枚，但孫氏在文章又說「其中四百餘枚為陳介祺所藏」，不知所據為何。

〔註45〕 〔清〕吳大澂著，謝國楨編：《吳愙齋大澂尺牘》（臺北：文史哲出版社，民
國 72 年），頁 82。尺牘編年據該書末謝國楨〈吳陳兩家尺牘編年表〉。

〔註46〕 陽甲城，即漢長安城的別稱。據〔元〕李好文《長安志圖·卷上·漢故長安
城圖》云：「漢城，惠帝時築，後趙石虎亦嘗修之……隋開皇三年遷都龍首川
（《通鑑》作龍首山），此城遂廢，至今民呼猶曰楊家城。」（〔元〕李好文：《長
安志圖》，《洛陽伽藍記（外七種）》（上海：上海古籍出版社，1993 年），卷上，
頁六（總頁 475））另在卷中〈圖志雜說〉：「《志》稱下馬陵訛為蝦蟆陵……不
特是耳。至以漢城為陽甲城……。」下按云：「有人嘗言，于京師一朝官家見
一雜書載陽甲城之說曰：『陽生于子而天方開，甲，始也。漢有天下，是為一
代開天之始，如陽始生，以期福祿於未艾，觀其宮名未央可見愚。』按此說
似為有理，然如其言，則是陽甲之名漢已有之，何故傳記皆無一言稱之，且

和「以後亦無出土者」,再對照前述胡琨《泥封印古錄‧序》與陳介祺從咸豐六年至同治十三年之間的封泥藏量皆是 300 餘來看,吳大澂所謂的「當時」亦是指「道光年間關中出方泥」之時。

咸豐年間,吳、陳二人封泥藏量皆在 300 餘枚,直到同治末年仍是如此。光緒元年後,兩家封泥藏量又有變化,茲分述如下:

1、吳式芬下世後家藏封泥數量

吳式芬自咸豐六年逝世後,他的次子吳重憙(字仲飴)仍有繼續收藏封泥,所以他的家藏封泥數量,由原本的 300 餘,至光緒六年已增至 500 餘枚。陳介祺〈光緒六年庚辰七月廿日致吳雲書〉即云:「封泥於齊魯間亦得一二,皆共吾兄賞之。唯陳州守小倩吳仲飴家藏五百餘,僅見目考,未獲拓本。」(《秦前文字之語》,頁 270)〔註47〕從文中也能得知此時山東仍陸續有封泥的出土,但數量不多。

2、陳介祺光緒元年後的封泥藏量

光緒元年(1875),陳介祺的封泥藏量可能已增至 400 餘枚,他在〈光緒元年乙亥二月十四日致潘祖蔭書〉:「近泥封四百餘已上蠟試拓。」(《秦前文字之語》,頁 49)但是從陳介祺〈光緒二年丙子五月廿五日致吳大澂書〉所說:「泥封敝藏者拓畢,唯小倩仲飴水部舊藏拓不至,合之六百餘。子苾有成書,再有亦當補入。」(《秦前文字之語》,頁 299)封泥藏量似又仍維持在 300 餘,或許前說「四百餘已上蠟」並非全指他的藏品。

光緒二年(1876),陳介祺新得一枚出土於山東的「姑幕丞印」封泥,

陽甲,殷王,漢固不當以古帝王之名目其城也。宋次道《長安志》極為精博,亦不見取,但言隋遷都此城遂廢,俗呼曰楊廣城。此說是也。」(卷中,頁十三至十四(總頁 488～489))〔清〕談遷《北游錄‧趙崡游略》敘述長安城時亦稱「陽甲城」,書云:「西安安定門外西北二十里。陽甲城之外,無其郭,其寨曰白日為都。出城二十里,至胭脂陂,則董仲舒墓,墓在陽甲城東南隅。今西安蓋唐都而小,唐城則包曲江,陽甲則北枕渭涘,涘並天津渭。又五里則陽甲之皇門,皇門者,宮城門也。又村數里,曰古未央地。」(〔清〕談遷撰,汪北平點校:《北游錄》(北京:中華書局,1997 年),頁 296。)由以上敘述可知陽甲城是漢長安城的別稱,地點在今陝西省西安市西北。

〔註47〕 孫慰祖:《封泥發現與研究》,頁 32 據此信說明「吳式芬家藏」500 餘枚,這樣的說法是適當的。但孫氏在〈古封泥述略〉,頁 4 與《中國古代封泥》,頁 2 卻說「吳式芬的封泥數量」在光緒六年達 500 餘枚,按吳式芬辛於咸豐六年,此時他的封泥藏量在 300 餘枚,之後增至 500 餘枚,應是吳重憙陸續收集所增,故說「家藏」500 餘枚比較恰當。

他在〈光緒二年丙子七月四日致吳大澂書〉:「東土竟亦有泥封,文曰姑幕丞印,未及拓。」(《秦前文字之語》,頁302),這也是目前見得山東出土封泥最早的紀錄。光緒五年(1879),陳介祺封泥的藏量已達500餘枚,直至光緒六年仍是如此,我們從陳介祺〈光緒五年己卯九月十九日致吳大澂書〉:「附上封泥拓全分五百餘紙」(《秦前文字之語》,頁325),以及吳雲〈光緒六年庚辰四月廿八日致陳介祺書〉:「承惠各種拓本,一一領到,敬謝敬謝。中間古泥封五百餘紙,得未曾有,尤為感幸……然非吾簠齋兄積四十年心力,冥訪旁搜,斷不能萃此大觀。」(《兩罍軒尺牘》,卷九,頁五十一(總頁735))皆可證實。〔註48〕而從吳雲致陳氏書札中,我們可以知道陳介祺至少在道光二十年(1840)前後開始收集封泥。〔註49〕此後陳介祺的封泥藏量就持續維持在500餘枚,因為他在光緒八年(1882)撰寫〈十鐘山房印舉事記〉仍云:「壬午(光緒八年)仲冬廿八日庚戌記……《封泥考略》,海豐吳氏有專書,余藏亦附焉。今止附自藏有五百餘而已,考見專稿。」〔註50〕

由上述可知,吳、陳二人在道光、咸豐年間已各得300餘枚封泥,而吳式芬於咸豐六年下世後,他的次子仍繼續收集,至光緒六年時增至500餘枚。陳介祺也是由原本的300餘枚封泥,自光緒二年至光緒五年陸續增至500餘枚,此後就維持在如此的數量上。吳式芬的封泥來自陝西為主,陳介祺的封泥則有來自陝西和山東,亦是以陝西為主。此外,兩人應還有來自四川的封泥,因為劉喜海得自四川和陝西的30枚封泥,之後大部分轉歸陳介祺,再對照這30枚封泥,其中「東郡太守章、臨淮太守章、新都長印、大官丞印、涪長之印、嚴道長印、嚴道橘丞、廣漢左尉、雒右尉印、嚴道左尉和嚴道橘園」

〔註48〕 孫慰祖:《封泥發現與研究》,頁32;孫慰祖:〈簠齋印事七題——關於《十鐘山房印舉》和《封泥考略》〉,頁172中均說陳介祺的封泥收藏於光緒四年增至500餘枚,不知據何封書信得知。筆者僅查到陳介祺〈光緒五年己卯九月十九日致吳大澂書〉和吳雲〈光緒六年庚辰四月廿八日致陳介祺書〉兩封書信可證明陳介祺在光緒五年封泥增至五百餘枚。

〔註49〕 孫慰祖:《中國古代封泥》,頁2據陳介祺〈同治十一年壬申九月四日致吳雲書〉推論吳式芬收集封泥之始當在咸豐、同治之際。按:吳式芬卒咸豐六年,所以不可能在同治時仍在收集封泥,本文所引陳介祺所撰題記更可證明吳式芬在道光年間早已開始收集封泥。另孫慰祖在〈簠齋印事七題——關於《十鐘山房印舉》和《封泥考略》〉說:「吳式芬於道光後期已編成《海豐吳氏藏漢封泥考釋》四冊」(頁170),即可修正他在《中國古代封泥》的說法。

〔註50〕 〔清〕陳介祺著,陳繼揆整理:《簠齋鑒古與傳古》(北京:文物出版社,2004年),頁21、23。

等 11 種封泥，在《封泥考略》中，吳、陳皆有收藏（詳前文），所以兩人有來自四川的封泥應是沒有問題的。

至於兩人確切的封泥收藏總數量，由於文獻都是以「幾百餘」來計算，且兩人封泥都曾幾經他手，因此是難以確定的。《封泥考略》中收錄兩人的封泥數量，吳爲 271 枚，陳爲 575 枚（含 3 枚泥印）。吳式芬所藏的封泥在民國時散出於津門，大多歸孫鼎所藏，之後孫鼎捐贈至上海博物館，但其中有一些如「丞相之印章」和「御史大夫」等並未見於捐贈藏品中，可能當時孫鼎收購時就已轉入他手，如今去向不明。陳介祺的藏品總數，據陳繼揆《秦前文字之語‧前言》所說陳藏封泥數爲「五百四十八方。」（《秦前文字之語》，頁 3），較《封泥考略》少了 20 幾枚。另外，陳介祺的藏品目前藏於東京國立博物館的數量爲 556 枚（有含泥印），則較《封泥考略》少了 19 枚，可見有 19 枚在入藏前已散失。東京國立博物館另藏有二十世紀三十年代入藏的封泥，經孫慰祖校核，有「嚴道橘園」、「虎犴將軍之印」等 10 枚亦屬陳介祺，並可見於他的《陳簠齋藏封泥考略》與《齊魯封泥考存》等書中。因此，目前可求得陳氏的封泥藏量已近 600 枚。〔註51〕茲將兩家封泥藏量的變化，列表如下：

時　　　間	吳氏藏量	陳氏藏量	說　　　明
道光末	165 枚		《海豐吳氏藏漢封泥》收入的數量
咸豐初年		137 枚	《簠齋印集》收入的數量
咸豐六年之前	300 餘枚	300 餘枚	據《漢官私印泥封考略》題記；咸豐六年吳式芬卒
同治十二年	300 餘枚	300 餘枚	據陳介祺〈同治十二年癸酉八月廿九日致鮑康書〉
光緒五年		500 餘枚	陳藏封泥數量，至光緒十年（陳氏卒）仍是此數
光緒六年	500 餘枚		吳重熹繼續收集後的數量

〔註51〕詳見孫慰祖：《封泥發現與研究》，頁 32、35～36；孫慰祖：《中國古代封泥》，頁 1～2；孫慰祖：〈簠齋印事七題──關於《十鐘山房印舉》和《封泥考略》〉，頁 172～173。此外，吳、陳二人收藏的封泥未輯入《封泥考略》的原因，亦可參考孫慰祖：《封泥發現與研究》，頁 32、35；孫慰祖：〈簠齋印事七題──關於《十鐘山房印舉》和《封泥考略》〉，頁 172。

出　版　年	吳氏藏量	陳氏藏量	說　　明
光緒三十年	271 枚	572 枚	《封泥考略》輯錄兩家的數量
1991 年		548 枚	陳繼揆《秦前文字之語·前言》所載
1998 年		556 枚	東京國立博物館的數量（可見於《中國の封泥》）

（二）《封泥考略》成書過程

　　前引陳介祺在《漢官私印泥封考略》書中所寫「題記」，可以知道吳式芬在視學浙中時（筆者按：咸豐四至五年（1854～5）），將所藏封泥撰成《考略》一書，並經翁大年校訂。然據孫慰祖研究，在此之前，吳式芬又曾撰《海豐吳氏藏漢封泥》四冊，收入官私印封泥原拓 165 枚，各頁有吳氏釋文考證手跡，原爲橫田實藏，今藏於東京國立博物館。〔註 52〕因此《海豐吳氏藏漢封泥》爲目前可知吳式芬考釋封泥的第一稿，視學浙中時所寫的《考略》則是第二稿；第一稿成於道光後期，第二稿成於咸豐四至五年。

　　現在上海圖書館所藏《漢官私印泥封考略》稿本，則是在吳式芬第二稿的基礎上，由吳重熹再增入陳介祺藏品並再加考補，又經陳介祺校訂、補編的一個本子，〔註 53〕《封泥考略》就是在這樣的情況下，開始成形。其實我們最早還可以追溯至咸豐八年（1858），陳介祺可能已有了將兩家封泥編爲一冊的想法，他在〈咸豐八年七月廿八日致吳重周書〉云：「寄示《漢封泥考》一冊，敬謝敬謝」〔註 54〕，信中說的「《漢封泥考》」，應是吳式芬的第二稿，吳式芬長子吳重周在咸豐八年將此稿寄予陳介祺，所以陳介祺看了此稿後，有可能就此萌生將他所藏封泥合輯入稿的念頭。但這只是推測，比較可以確定的是，同治十一年（1872）陳介祺就有了這樣的想法，他在「題記」談及在同治十一年壬申（1872）屢次囑付吳重熹將他的藏品與吳式芬的《考略》（第二稿）「考補、合編、摹刻」，並希望能與《印舉》同時刊行。他在之後致吳雲與鮑康的書信中，亦曾屢次談到此事，如：〈同治十一年壬申九月四日致吳雲書〉：「近來出泥封之多，余與吳子苾閣學合存數百方，亦前人所未有，叔均曾略考之。」（《秦前文字之語》，頁 220）、〈同治十二年癸酉二

〔註 52〕　參閱孫慰祖：〈簠齋印事七題──關於《十鐘山房印舉》和《封泥考略》〉，頁 170；孫慰祖：〈漢官私印泥封考略解題〉，頁 5～6。
〔註 53〕　孫慰祖：〈漢官私印泥封考略解題〉，頁 6。
〔註 54〕　轉引自陸明君：《簠齋研究》（北京：榮寶齋出版社，2004 年），頁 149。

月二十四日致吳雲書〉：「泥封擬屬小倩吳仲飴水部編刻，亦一鉅觀。」（《秦前文字之語》，頁 230）、〈同治十三年甲戌二月既望致鮑康書〉：「《印舉》久未理稿，今次兒北上，再理恐在夏秋間。前七八冊稿已定，擬再作數部，並望仲飴作《泥封考》同刻傳。」（《秦前文字之語》，頁 188）〔註55〕和〈同治十三年甲戌二月廿二日致吳雲書〉：「敝藏泥封與子苾閣學所藏共六百餘，敦促仲飴考（舊有考）刻，與《印舉》同傳。凡事愈求愈精愈緩，可見敏事成事之不易易也。」（《秦前文字之語》，頁 264）〔註56〕以上四封書信中的第一則，似乎又說明了吳、陳所藏封泥皆曾經由翁大年「略考之」，但若配合題記「（吳）以所藏爲《考略》，而翁夫均大年校之，未刊而子苾沒，未及余之所藏」來看，再加上陳介祺〈同治十三年五月二十五日致吳雲書〉又說：「胡氏琨《泥封目錄》則見於叔均參訂吳子苾《古泥封考略》中。」（《秦前文字之語》，頁 254），則叔均略考之的部分應該仍是指吳式芬的藏品，並未及陳藏的部分。〔註57〕

　　同治十三年甲戌（1874）三月，陳氏取吳式芬封泥考釋的第二稿（已經吳重憙整理）研讀校訂，並將他的藏品「校而識之」，同年四月寄予吳重憙，希望吳重憙能儘早完成後續的合編工作，進而出刊。由《漢官私印泥封考略》稿本，可看出吳重憙在吳式芬第二稿上匯入大部分陳藏封泥的考釋，並撰就凡例、目錄，此外，從陳介祺在稿本中的注記，還可以看出陳介祺又在吳重憙整理後的基礎上，對封泥所涵各類職官、各封泥所置序次做了更周密的考慮，並增加多枚新獲的封泥（多以浮簽黏貼在稿本上）分到適當類別，也對

〔註55〕孫慰祖：〈漢官私印泥封考略解題〉，頁 6 中，誤將此則訂爲「致王懿榮書」。
〔註56〕孫慰祖：〈古封泥述略〉，頁 4 中，誤將此則訂爲「致吳大澂書」。周曉陸、路東之編著：《秦封泥集》（西安：三秦出版社，2000 年），頁 9 一仍此誤，並將日期誤作「二月十二日」。
〔註57〕孫慰祖：〈古封泥述略〉，頁 4；孫慰祖：〈封泥發現與研究〉，頁 32～34；孫慰祖：《中國古代封泥》，頁 18 註26；孫慰祖：〈簠齋印事七題——關於《十鐘山房印舉》和《封泥考略》〉，頁 171 等處中，均談到吳、陳二家封泥都經翁大年略考之，所據即筆者文中所引陳介祺〈同治十一年壬申九月四日致吳雲書〉，但筆者有不同的看法，詳如文中所述，陸明君：《簠齋研究》說：「光緒三年六月，吳重憙初將《封泥考略》薈考大概，『編錄略有眉目』，寄簠齋審定。此後是否又經翁大年校釋，尚不詳。」（頁 150）則持保留態度。

原本的考釋做了部分的補訂。〔註58〕順帶一提，筆者將此稿本與《封泥考略》
對照，發現《封泥考略》收錄出土於山東地區的封泥，在稿本中皆尚未收錄，
雖然《封泥考略》卷二「左府」和卷六「臨菑丞印」在稿本中已可看到〔註59〕，
但稿本的「左府」下標「陳臧二」，《封泥考略》「左府」陳藏有三枚，其中一
枚出土於山東；稿本「臨菑丞印」未標「陳臧」，有可能原是吳式芬所藏，而
《封泥考略》「臨菑丞印」有兩枚皆為陳藏，因此吳式芬所藏封泥中應該是沒
出土自山東的，在此又可證明。

　　陳介祺於同治十三年四月將校補後的稿子寄予吳重憙後，吳重憙約在同
年底至光緒元年（1875）初就完成合編的工作，據陳介祺〈光緒元年乙亥正
月十二日致王懿榮書〉：「仲飴處有《校補封泥印文考》，可索閱。」（《秦前
文字之語》，頁96）和〈光緒元年乙亥二月十二日至十四日致王懿榮書〉：「仲
飴處《泥封考》，可索錄存之。」（《秦前文字之語》，頁101）即可知曉，但
《校補封泥印文考》也有可能是吳重憙整理他父親之前封泥著作的本子，因
已無法見到原書，且書信中前後書名多不一，故無法確定該書應當屬於何
者。〔註60〕但在這之後，他們仍繼續有所增補是可以確定的，陳介祺〈光緒
二年丙子五月廿五日致吳大澂書〉云：「泥封敝藏者拓畢，唯小倩仲飴水部
舊藏拓不至，合之六百餘。子苾有成書，再有亦當補入。」（《秦前文字之語》，
頁299）此信也告訴我們，吳、陳二家的封泥拓本是各自進行處理的。〔註61〕

〔註58〕　參考孫慰祖：〈漢官私印泥封考略解題〉，頁7。

〔註59〕　「左府」與「臨菑丞印」於稿本分別見〔清〕吳式芬、陳介祺：《漢官私印泥
　　　　封考略》，頁247、190。

〔註60〕　孫慰祖：〈漢官私印泥封考略解題〉云：「在陳氏甲戌年校補此稿後，吳重憙
　　　　當又再作整理。至光緒二年（一八七六），此書方『編錄略有眉目』，吳重憙
　　　　曾將錄目寄陳氏審定。這個本子目前未見。」（頁8）陸明君：《簠齋研究》云：
　　　　「光緒三年六月，吳重憙初將《封泥考略》鰲考大概，『編錄略有眉目』，寄
　　　　簠齋審定。」（頁150）兩文所敘皆指同一件事，但時間卻相差一年，而且未
　　　　註明「編錄略有眉目」一句的出處，故筆者在本文中不加以引用。若兩文所
　　　　敘實有所據，則可說明吳重憙在光緒二至三年時將陳氏甲戌年的校補本整理
　　　　完成，此待日後查證。

〔註61〕　孫慰祖在《封泥發現與研究》說到：「兩家的封泥，墨拓工作是分開進行的。
　　　　這從上海博物館藏《封泥考略》原拓母本（手寫供影印的底本）的紙、墨差
　　　　異中可以看出。」（頁33）更可證明這一點。另孫慰祖：《中國古代封泥》
　　　　云：「光緒六年，陳藏封泥墨拓完成」（頁18註26），按陳介祺〈光緒五年
　　　　己卯九月十九日致吳大澂書〉：「附上封泥拓全分五百餘紙，新得古匋拓數百
　　　　紙。」（《秦前文字之語》，頁325）可知陳藏封泥墨拓早在光緒五年完成。

　　到了光緒六年（1880），《封泥考略》進入正式編寫的階段，吳雲曾向陳介祺詢問該書的副本，但因爲尚未寫完，所以無法寄呈。吳雲〈光緒六年庚辰四月廿八日致陳介祺書〉云：「《泥封攷畧》尊處如有副本，乞借鈔錄。」（吳雲《兩罍軒尺牘》，卷九，頁五十一（總頁 735）），陳介祺就在〈光緒六年庚辰七月廿日致吳雲書〉回覆說：「《考略》甫編，尚未寫畢，畢再寫奉寄。」（《秦前文字之語》，頁 270）過了兩年，即光緒八年壬午（1882），《封泥考略》第十卷的目錄已完成，甚至全書的稿本可能已進入收尾的階段〔註62〕。吳大澂〈光緒八年十月十七日致陳介祺書〉云：「又《封泥攷畧》目第十卷……謹已領到，感謝曷極。」〔註63〕陳介祺〈十鐘山房印舉事記〉進一步云：「《封泥考略》，海豐吳氏有專書，余藏亦附焉。今止附自藏有五百餘而已，考見專稿。」（壬午仲冬廿八日庚戌記）〔註64〕但是直到光緒十年（1884）陳介祺去世之前，《封泥考略》仍未印行，遲至光緒三十年秋，即吳、陳分別已下世的四十八年和二十年後〔註65〕，才正式有上海石印本問世，可見《封泥考略》出版前的總成工作，是由吳重熹負責並完成的〔註66〕。

　　從上述可知，《封泥考略》中的考釋，由吳式芬於道光末年先行撰寫成《海豐吳氏藏漢封泥》（第一稿），吳氏接著在咸豐四年至五年又成《考略》（第二稿），並經翁大年校訂。咸豐八年，陳介祺已收到吳式芬《漢封泥考》，

〔註62〕孫慰祖：《封泥發現與研究》，頁 30；孫慰祖：《中國古代封泥》，頁 18 註 26；孫慰祖：〈簠齋印事七題——關於《十鐘山房印舉》和《封泥考略》〉，頁 171 等處說到《封泥考略》初輯時間在光緒二十四年（1898），不知所據爲何，故不列入本文中討論。

〔註63〕〔清〕吳大澂著，謝國楨編：《吳愙齋大澂尺牘》，頁 337。又〔清〕陳介祺著，陳繼揆整理：《簠齋論陶》（北京：文物出版社，2004 年），頁 66，亦有載錄此條，但卻未補上刪節號而徑作「又《封泥考略》目第十卷，謹已領到，感謝曷極。」

〔註64〕〔清〕陳介祺著，陳繼揆整理：《簠齋鑒古與傳古》，頁 23。

〔註65〕孫慰祖：《封泥發現與研究》，頁 30；孫慰祖：《中國古代封泥》，頁 18 註 26；孫慰祖：〈簠齋印事七題——關於《十鐘山房印舉》和《封泥考略》〉，頁 170；孫慰祖：〈漢官私印泥封考略解題〉，頁 9 均說《封泥考略》在吳、陳分別下世四十六年、二十年後印行。按：吳式芬卒於咸豐六年（1856），《封泥考略》印行於光緒三十年（1904），因此孫氏說「四十六年」應修正爲「四十八年」。

〔註66〕孫慰祖：《封泥發現與研究》，頁 33；孫慰祖：〈簠齋印事七題——關於《十鐘山房印舉》和《封泥考略》〉，頁 171；孫慰祖：〈漢官私印泥封考略解題〉，頁 9 均談到吳、陳下世後，翁大年仍健在，並據此認爲翁大年在《封泥考略》的編輯成果中具有非常重要的作用。按：翁大年較陳介祺早下世（詳本文翁大年生平有關生卒年的考證部分），故孫氏的說法需修正。

並在同治十一年計劃將自己的封泥收藏請吳重熹合編至吳式芬的著作中。接著在同治十三年，陳介祺將吳重熹已整理過的稿本做了校補而有《漢官私印泥封考略》稿本，之後又陸續補入新獲的封泥。光緒六年《封泥考略》正式進入編寫階段，光緒八年《封泥考略》第十卷目錄已完成，全書編輯應該也進入收尾階段，但遲至光緒三十年秋才由吳重熹正式刊行於上海。茲將《封泥考略》成書過程整理如下表：

時　　間	成　書　過　程	備　　註
道光末年	吳式芬撰成《海豐吳氏藏漢封泥》（第一稿）	今藏於東京國立博物館
咸豐四、五年	吳式芬《考略》（第二稿）成書，未刊行	翁大年參與校訂
咸豐六年	吳式芬卒	
同治十一年	陳介祺囑付吳重熹將他的藏品與吳式芬的第二稿考補、合編	
同治十三年四月	《漢官私印泥封考略》稿本	在吳式芬第二稿的基礎上，由吳重熹再增入陳介祺藏品，又經陳介祺校訂、補編的本子
光緒六年	《封泥考略》正式編寫	據陳介祺〈光緒六年庚辰七月廿日致吳雲書〉
光緒八年	《封泥考略》第十卷目錄完成	據吳大澂〈光緒八年十月十七日致陳介祺書〉
光緒十年	陳介祺卒	
光緒三十年秋	《封泥考略》刊行	

第二節　《封泥考略》輯者生平

　　《封泥考略》書中所著錄的封泥蒐藏者，由書中每卷目錄首頁，以及封泥拓片下的鈐印，即可知道係「吳式芬」和「陳介祺」二人。而參與考編的，據孫慰祖《封泥發現與研究》的考證，除吳式芬、陳介祺外，尚有吳重熹、翁大年和胡義贊（字石查）。〔註67〕然筆者在前面已提到，翁大年應該只有參與吳式芬封泥考釋的部分，並未觸及陳介祺的封泥。另《漢官私印泥封考略》稿本陳介祺附紙題記云：「長夏無事，乞早成之，刊時當令次兒從事校字也。」

〔註67〕孫慰祖：《封泥發現與研究》，頁31～34。

則知陳介祺希望《封泥考略》將出刊時，能由他的次子陳厚滋從事校字，但《封泥考略》最後編定時他的次子是否參與校字的工作，則無進一步的文獻可供證明。〔註68〕

　　吳重憙和翁大年確實有參與考釋《封泥考略》是無庸置疑的，然而胡義贊是否確有參與此事，筆者則持保留的態度。〔註69〕筆者翻閱陳繼揆整理的《秦前文字之語》，談及胡義贊與《封泥考略》的書信只有一封，即〈光緒元年乙亥正月十二日致王懿榮書〉：「仲飴處有《校補封泥印文考》，可索閱，不得，則倩胥錄寄，與石查訂正之。」（《秦前文字之語》，頁96）據文意應是陳介祺要王懿榮與胡義贊訂正吳重憙校補吳式芬所寫的《封泥印文考》（即吳式芬將己所藏封泥所做的考釋著作），若孫慰祖是據此封書札得出（因孫氏書中無明確指出為何時書札），則參與考編的人應該還有王懿榮。但是從之後如〈光緒元年乙亥二月十二日至十四日致王懿榮書〉：「仲飴處《泥封考》，可索錄存之。」（《秦前文字之語》，頁101）和〈光緒元年乙亥三月二十八日致王懿榮書〉：「《封泥考》當寫寄，唯不可仿八比，瑣事詢過再復。」（《秦前文字之語》，頁106）的書信中所述內容，實難證實胡義贊有參與考編《封泥考略》的工作，反倒是王懿榮參與的可能性較高，但由於缺乏更明確的證據來證明，故仍持保留的態度。因此，本文只介紹《封泥考略》可確定的輯者和參與者的生平，即吳式芬、陳介祺、吳重憙和翁大年等四人。

一、吳式芬生平

　　吳式芬之生平資料，可從《清代樸學大師列傳・金石學家列傳》〔註70〕、《詞林輯略》卷六〔註71〕、《昭代名人尺牘續集小傳》卷十三〔註72〕、《皇

〔註68〕詳見孫慰祖：〈漢官私印泥封考略解題〉，頁9。

〔註69〕孫慰祖：〈簠齋印事七題——關於《十鐘山房印舉》和《封泥考略》〉，頁169〜171；孫慰祖：〈漢官私印泥封考略解題〉，頁3〜7等處中，敘述參與《封泥考略》的考編者，並無提及胡義贊，或許已有修正。

〔註70〕支偉成：《清代樸學大師列傳》，收錄於周駿富輯：《清代傳記叢刊》（臺北：明文書局，民國74年），第12冊，卷十八，頁五一○至五一一（總頁574〜575）。

〔註71〕朱汝珍輯：《詞林輯略》，收錄於周駿富輯：《清代傳記叢刊》，第16冊，卷六，頁十五（總頁344）。

〔註72〕陶湘：《昭代名人尺牘續集小傳》，收錄於周駿富輯：《清代傳記叢刊》，第33冊，小傳卷十三，頁一（總頁132）。

清書史》卷六〔註 73〕、《續碑傳集》卷十七〔註 74〕、《山東省無棣縣志》卷十〔註 75〕、《山東通志》卷一百七十一〔註 76〕、《清國史·大臣畫一續編》卷一〇六〔註 77〕、《清代官員履歷檔案全編》〔註 78〕、《清代科舉人物家傳資料匯編》〔註 79〕、《歷代日記叢鈔·出都日記提要》〔註 80〕、《吳式芬年譜》〔註 81〕和《人名權威——明清人物傳記資料查詢系統》〔註 82〕等資料得知。以上資料中，部分內容有誤，如支偉成《清代樸學大師列傳》寫吳式芬爲「道光甲午進士」（應爲乙未）；孫葆田等撰《山東通志》寫吳式芬任職「江南南昌遺缺、廣東右江道」（應爲江西南昌、廣西右江道），若要引用需特別注意。茲以彭蘊章〈內閣學士兼禮部侍郎銜吳公墓志銘〉〔註 83〕一文爲主，輔以其他資料來了解吳式芬的生平。

　　吳式芬，字子苾，號誦孫，山東海豐縣（今無棣縣）人。生於清仁宗嘉慶元年（1796）二月二十四日，卒於文宗咸豐六年（1856）十月八日，享年六十一歲。他出生於「進士世家」，從吳氏十世祖光祿大夫吳永孕，到十九世孫中憲大夫吳峋，其中科貢舉人二十名，進士九人，〔註 84〕吳式芬亦是其中

〔註 73〕　李放：《皇清書史》，收錄於周駿富輯：《清代傳記叢刊》，第 83 冊，卷六，頁六（總頁 194）。

〔註 74〕　〔清〕繆荃孫：《續碑傳集》，收錄於周駿富輯：《清代傳記叢刊》，第 115 冊，卷十七，頁二至三（總頁 808～810）。

〔註 75〕　張方墀等纂：《山東省無棣縣志》，收錄於《中國方志叢書·華北地方》（臺北：成文出版社，民國 57 年，據民國十四年鉛本影印），第 1 冊，卷十，頁十四（總頁 327～328）。

〔註 76〕　孫葆田等撰：《山東通志》（臺北：華文書局股份有限公司，民國 58 年，據民國四年重印本影印），第 8 冊，頁 4947。

〔註 77〕　清國史館編：《清國史》（北京：中華書局，1993 年，嘉業堂鈔本），第 9 冊，卷一〇六，頁 724。

〔註 78〕　秦國經主編：《清代官員履歷檔案全編》（上海：華東師範大學出版社，1997 年），第 3 冊，頁 169～170。

〔註 79〕　來新夏主編：《清代科舉人物家傳資料匯編》（北京：學苑出版社，2006 年），頁 396。

〔註 80〕　李德龍、俞冰主編：《歷代日記叢鈔》（北京：學苑出版社，2006 年），附一本，頁 128。

〔註 81〕　孫才順、于長鑾：《吳式芬年譜》（http://www.wdwb.cn/html/36/0/237/1.htm）。

〔註 82〕　中央研究院歷史語言研究所：《人名權威——明清人物傳記資料查詢系統》（http://archive.ihp.sinica.edu.tw/ttsweb/html_name/）。

〔註 83〕　〔清〕繆荃孫：《續碑傳集》，卷十七，頁二至三（總頁 808～809）。

〔註 84〕　孫才順、于長鑾：《吳式芬年譜》。

一位。他於道光二年（1822）成舉人，道光十五年（1835）成進士，翌年散館授編修，之後歷任江西南安府知府，江西建昌府知府，廣西右江道，廣西、河南按察使，河南、直隸、貴州、陝西布政使，陝西按察使等職，累官至內閣學士兼禮部侍郎銜。

他為官盡責，體察民情，深受世人敬重。任職南安知府時，南安為抗英的軍餉供應重地，他能「措置裕如，不擾民而供億無誤」。此外，他又捐廉銀買義山，使南安境內停柩多年之家得以安葬親人。道光二十五年（1845）署廣西按察使時，廣西殺傷之案頻傳，一個月數十起，然而經由他「案必親鞫，務覈其實」的用心治理，治安終於好轉。〔註85〕

吳式芬生平喜好收藏、研究金石文字，凡鼎彝碑碣，漢甄唐鏡之文，皆拓本藏於家，成為山東著名金石收藏者之一。梁啓超在《近代學風之地理的分布》就曾讚道：

> 山左金石最富，自顧亭林來游，力為提倡。厥後黃小松易宦斯土，搜剔日廣。斯土學者亦篤嗜之，有以名其家者，海豐吳子苾式芬、諸城劉燕庭喜海、濰縣陳簠齋介祺、黃縣丁彥臣彥臣〔註86〕、福山王蓮生懿榮皆收藏甚富，而考證亦日益精審，故咸同光間金石學度越前古，而山東學者為之魁。〔註87〕

他的金石著作有《攈古錄》、《攈古錄金文》、《金石彙目分編》、《陶嘉書屋鐘鼎彝器款識目錄》和《雙虞壺齋藏器目》等書。《攈古錄》，分二十卷為二十冊，每冊均於冊前書衣之上標題其朝代，書中收錄三代至元朝 18000 餘種金石目錄。各目之下，金類則悉錄原文，惟於不能識之鏡銘從闕。兩漢以下，並分別記其書體，石類則磚瓦之屬，悉錄原文。石刻則詳記書體年月日，及其題額書

〔註85〕參考張方墀等纂：《山東省無棣縣志》，卷十，頁十四（總頁 327～328）；董金艷：《海豐（無棣）吳氏文化望族研究》（濟南：山東師範大學碩士論文，2008年），頁 57～58。

〔註86〕筆者按：丁彥臣（字筱農）乃浙江歸安人，且其餘人名，皆是「姓＋字＋名」方式呈現，此處人名有誤至為明顯。筆者認為此處應是黃縣丁樹楨（字幹圃），他除了是山東人外，據王獻唐〈臨淄封泥文字敘〉載云：「封泥之在山左，其以收藏名家者，先後不過數人耳，為劉燕庭、為陳簠齋、為吳子苾、為郭申堂、為高翰生、為王廉生、為丁幹圃，而燕庭尤為開山……幹圃所存，又歸秋浦周氏。」（頁 283～284）可知他與陳介祺和吳式芬等人皆是當時封泥的蒐藏家，與梁氏之文互參，梁氏文中的「丁彥臣」應為「丁幹圃」之誤。

〔註87〕梁啓超：《近代學風之地理的分布（附論中國地理之大勢）》（臺北：臺灣中華書局，民國 45 年），頁 14。

體碑陰諸刻，並均註明屬在某地，藏於某人。其但據摹本列入者，亦註明從某書或某人摹本，其中舊有誤釋誤記者，亦隨目加以訂正。以前出版金石並錄之目，從未有如此目詳且備者，實爲超前軼後之作。惟如此鴻篇鉅製，其成書年月，未經敘及，其刊書年月，亦未曾著明，不能知其編中所列之目，其所藏所見，迄於何時而止。然而據金類目錄所列毛公鼎和兩盂鼎，是書應成於咸豐二年壬子（1852）以後，同治十三年甲戌（1874）以前。〔註88〕

《攈古錄金文》，共三卷，每卷又分三冊，凡九冊，著錄商周青銅器銘文 1334 器〔註89〕，按銘文字數之多寡爲序，由文一文二，以迄文 497 字各有釋。每一器先摹錄銘文，然後釋義，最後是考證。採錄諸家之說，以許瀚、徐同柏之說爲多。光緒二十一年（1895）刊成，王懿榮稱此書出阮元《積古齋鐘鼎彝器款識》、吳榮光《筠清館金文》二書之後，尤爲賅備。又說自宋明以來諸家譜錄集摹古文之夥，無逾此書。光緒二十九年（1903），孫詒讓著《古籀餘論》，校訂此書凡 105 器。民國十五年後，容庚、戴家祥先後校刊孫氏稿本，補苴錯訛千餘字，讀此書者，應參考容氏等人之作。〔註90〕

《金石彙目分編》，二十卷，著錄歷代碑刻，因「鐘鼎甎瓦，流傳本無定所」〔註91〕故不收載青銅甎瓦。編排以碑刻所在地分卷，一般一省一卷，而碑刻較多之直隸、陝西和四川各爲二卷，河南爲四卷，山東爲三卷，京師、盛京、江蘇、安徽、江西、浙江、福建、山西、甘肅、湖北、湖南、廣東、廣西、雲南和貴州各爲一卷。每省之中，又按州縣排列。每種記其時間、地點、字體、形制等事，有些還作簡要考證。一卷末並附朝鮮、日本碑刻。各卷末並附待訪碑目，以俟進一步查考。書前有自序，談及此書是在孫星衍（1753～1818）《寰宇訪碑錄》一書的基礎上，將內容和體例做進一步的調整、增損，序中云：

〔註88〕 參考王雲五主持：《續修四庫全書提要》，第 8 冊，頁 3255～3256；趙永紀主編：《清代學術辭典》（北京：學苑出版社，2005 年），頁 414～415。

〔註89〕 孫才順、于長鑾：《吳式芬年譜》；趙景利：《山東無棣吳式芬故居旅遊開發研究》（濟南：山東大學碩士論文，2007 年），頁 20；董金艷：《海豐（無棣）吳氏文化望族研究》，頁 92，皆寫 1329 件。筆者再次統計後，實爲 1334 件（卷一共收 672 件，卷二共收 538 件，卷三共收 124 件）。

〔註90〕 參考王雲五主持：《續修四庫全書提要》，第 8 冊，頁 3282～3284；李學勤主編：《中華漢語工具書書庫》（合肥：安徽教育出版社，2002 年），第 98 冊，頁 79；趙永紀主編：《清代學術辭典》，頁 415。

〔註91〕 〔清〕吳式芬：《金石彙目分編》，收錄於《石刻史料新編》（臺北：新文豐出版股份有限公司，民國 71 年），第 1 輯，第 27 冊，頁 20654。

> 國朝著作尤爲緐富，其間薈萃諸家總爲目錄者，惟孫伯淵《寰宇訪
> 碑錄》一書最爲大備，惜乎條目重複，釐別未能淨盡，時地不免舛
> 譌，且以編年爲體，欲求一地之碑，撿尋不易，而其間石刻，遺漏
> 復多，暇日因取其書，分地爲編，刪其重複，正其舛誤。凡有新獲，
> 輒爲增益……。〔註92〕

吳式芬考慮到孫星衍《寰宇訪碑錄》所收碑刻條目重複、部分碑刻時地記載
有誤，且該書以編年的體例編輯致使翻檢不易，故有《金石彙目分編》一書
的產生。

《陶嘉書屋鐘鼎彝器款識目錄》和《雙虞壺齋藏器目》則是他的藏器目
錄，前者八卷，後者一卷，而以前者較詳盡，著錄吉金鼎彝拓本 560 種，兼
及器物共爲 626 種。在當時的收藏名家之中，吳式芬所藏數量並不多，但其
名竟與陳介祺不相上下，乃因他精於鑑賞之緣故。〔註93〕

他在古璽封泥的研究上，有開創之功。在《雙虞壺齋印存》正式標出「古
璽」的類目，並分出「古璽官印」、「古朱文印」等項，將它們列在秦印、漢
印之前。〔註94〕而他與陳介祺合輯之《封泥考略》，乃是中國第一部比較系統
的著錄並考釋封泥的專著，在古封泥學術史上具有開創性的意義，成爲後來
幾部封泥著錄的範例。〔註95〕書中共收封泥 846 枚，其中吳藏 271 枚，陳藏
575 枚（含 3 枚泥印）。（關於本書的詳細討論，可參閱第參、肆、伍章）順帶
一提，吳式芬是山東著名的封泥收藏者之一，但他是否有收集到山東出土的
封泥，則可商榷。王國維《齊魯封泥集存・序》云：「嗣時齊魯之間，出土愈
多，大率歸陳壽卿編修與吳子苾閣學，始知爲古代封泥，於是有《封泥考略》
之作。」〔註96〕羅振玉《齊魯封泥集存・序》云：「嗣於虎林，遇關中估人董
伸爲言：『同光朝，山左所出至多，殆十百倍於蜀中，皆歸吳子苾閣學、陳壽

〔註92〕〔清〕吳式芬：《金石彙目分編》，頁 20653。
〔註93〕參考〔清〕吳式芬：《金石彙目分編》，頁 20656〜20657；董金艷：《海豐（無
棣）吳氏文化望族研究》，頁 93；郭妍伶：《許瀚之金文學研究》（臺南：國立
成功大學中國文學系碩士論文，民國 97 年），頁 54。
〔註94〕周曉陸、路東之編著：《秦封泥集》，頁 4〜5。
〔註95〕孫慰祖：《封泥發現與研究》，頁 27、30。
〔註96〕王國維著，趙利棟輯校：《王國維學術隨筆》（北京：社會科學文獻出版社，
2002 年），頁 37。

卿太史。』」〔註97〕孫慰祖《封泥發現與研究》：「山東臨淄一地早期所出的封泥，大多爲陳介祺、吳式芬兩家收得。」〔註98〕孫慰祖《中國古代封泥》：「山東地區發現封泥時間較晚……早期所出封泥爲陳介祺、吳式芬和劉鶚等人所得。」〔註99〕和孫慰祖〈中國古代封泥研究的歷史、現狀和展望〉：「山東臨淄所出先期大多爲陳介祺、吳式芬兩家收得。」〔註100〕等文皆說臨淄出土的封泥，吳式芬有收得。但山東出土封泥始於同治、光緒之際，而吳式芬於咸豐六年（1856）早已下世，根本未經歷山東封泥的出土。再則《封泥考略》中註明出土山東者，全爲陳介祺藏品，無一例外，更可證明王、羅、孫三人說法不當之處。

　　吳式芬能在清代金石文字和古璽印封泥的收藏和研究上有舉足輕重的地位，主要歸於他與友人間的切磋。據先前學者研究，他與陳介祺、許瀚、龔自珍、何紹基等人皆有交流，例如他與陳介祺合輯《封泥考略》；與許瀚、何紹基共同審定陳介祺《簠齋印集》；與龔自珍共同搜尋金石碑版拓片，參與吳榮光《筠清館金石文字》之成書。〔註101〕而《封泥考略》的考編者「翁大年」（傳詳後文），與吳式芬應有所來往，但前人未加敘述，且文獻記載不多，筆者就此從略。

二、陳介祺生平

　　陳介祺，除了是吳式芬的金石好友，兩人也是親家（吳式芬次子吳重憙是陳氏之婿）。他的生平資料，可從《清代樸學大師列傳・金石學家列傳》〔註102〕、《詞林輯略》卷六〔註103〕、《昭代名人尺牘續集小傳》卷十五〔註104〕、《皇清書史》卷九〔註105〕、《碑傳集補》卷九〔註106〕、《山東通志》卷一百七十七

〔註97〕羅振玉：《齊魯封泥集存》，頁31。
〔註98〕孫慰祖：《封泥發現與研究》，頁25。
〔註99〕孫慰祖：《中國古代封泥》，頁5。
〔註100〕孫慰祖：〈中國古代封泥研究的歷史、現狀和展望〉，頁128。
〔註101〕參考孫才順、于長鑾：《吳式芬年譜》；郭妍伶：《許瀚之金文學研究》，頁54～56；趙景利：《山東無棣吳式芬故居旅遊開發研究》，頁20～21。
〔註102〕支偉成：《清代樸學大師列傳》，卷十八，頁五一一至五一二（總頁575～576）。
〔註103〕朱汝珍輯：《詞林輯略》，卷六，頁二八（總頁370）。
〔註104〕陶湘：《昭代名人尺牘續集小傳》，卷十五，頁二（總頁280）。
〔註105〕李放：《皇清書史》，卷九，頁三（總頁281）。
〔註106〕閔爾昌纂錄：《碑傳集補》，收錄於周駿富輯：《清代傳記叢刊》，第120冊，

〔註107〕、《濰縣志》卷三十〔註108〕和《清史稿》卷三百六十五〔註109〕等資料得知，今人更有對他的家世、當官經歷、交友、收藏、學術研究和著作做深入的研究〔註110〕。由於前人研究已相當豐碩，本文在此僅就陳介祺的生平、收藏、著作和交友等幾方面做介紹。

陳介祺，字壽卿（一作受卿），又字酉生，號簠齋、伯潛，山東濰縣（今濰坊市）人，生於清仁宗嘉慶十八年（1813），卒於德宗光緒十年（1884），享年七十二歲。道光十五年（1835）舉人，二十五年（1845）成進士，散館授編修。咸豐十一年（1861），協助籌措軍餉，累加侍講學士三品卿銜，賜二品頂戴。居官期間，對官場的黑暗凶險深惡痛絕〔註111〕，咸豐四年（1854）藉母喪歸里，自此不再為官，遂致力於金石文字的收藏與研究。

陳介祺身處清代金石研究的全盛期，由於他家產豐足，對古物有極大的嗜好，再加上謹慎的做學問態度，遂成為當時富有聲名的收藏家和鑑賞家，《清史稿》讚道：「介祺續學好古，所藏鐘鼎、彝器、金石為近代之冠。」〔註112〕商承祚在〈古代彝器偽字研究〉更是推崇他的鑑賞水平：

> 因其眼力太好了，其一生收藏的銅器等，不下幾千件，沒有一件是假的。他的論證與品評，不但高出當時同輩一等，簡直可以說「前無古人，後無來者」。此人是誰？就是山東濰縣陳介祺，字壽卿，號簠齋老先生。〔註113〕

他所收藏的器物，上溯夏商周，下至元明清，種類有青銅器、璽印、封泥、

卷九，頁四至五（總頁 548～550）。筆者按：此書所收陳介祺傳記，即是支偉成《清代樸學大師列傳》書中的陳介祺傳記，但支氏一書將陳介祺的友人「李竹朋太守」（即李佐賢）寫作「李竹明太守」（有可能是排版印刷之誤），閔氏一書則無誤。

〔註107〕 孫葆田等撰：《山東通志》，第 9 冊，頁 5078。

〔註108〕 陳鶴儕、劉東候、丁倬千纂修：《濰縣志》，《新修方志叢刊》（臺北：臺灣學生書局，民國 57 年，民國三十年鉛印本景印本），第 87 冊，卷三十，頁三十五至三十六（總頁 1895～1897）。

〔註109〕 趙爾巽等撰：《清史稿》（北京：中華書局，1998 年），第 3 冊，卷三六五，頁一一四三九（總頁 2937）。

〔註110〕 詳見鄧華主編：《清代大收藏家陳介祺》（北京：文物出版社，2005 年）；陸明君：《簠齋研究》。

〔註111〕 詳見陸明君：《簠齋研究》，頁 12～13。

〔註112〕 趙爾巽等撰：《清史稿》，第 3 冊，卷三六五，頁一一四三九（總頁 2937）。

〔註113〕 商志譚編：《商承祚文集》（廣州：中山大學出版社，2004 年），頁 65。

陶器、陶文、銅鏡、碑碣、古磚、瓦當、古幣、泉範、兵器、鏃範、銅造像、
書畫、古籍等，數量達一萬五千件左右。〔註114〕他的藏品特點，陸明君歸納
出四項：其一，重三代秦漢之器；其二，重文字之器；其三，重精藏；其四，
注重考證記載藏品的出土地點、時間、流傳經過及形狀、特點、尺寸等，並
及時精拓。〔註115〕

他所藏的青銅器中，以毛公鼎最富盛名。因爲它的銘文長達 497 字〔註
116〕，是迄今所發現的青銅器中銘文最多的，對研究西周歷史有極重要之價
值。陳氏得毛公鼎後，曾做了初步的考釋，後又將拓片寄給徐同柏、許瀚請
其考釋，陳氏參考兩家之說，又撰寫〈周毛公厝鼎考釋〉。〔註117〕另外，由於
他收藏了 10 件鐘，故名其書齋爲「十鐘山房」。〔註118〕

陳介祺又是陶文發現、鑑定和考釋的第一人。他於同治十一年（1872）
始發現陶文，並於光緒二、三年間收集到大量陶文。所藏陶器陶片，以齊地
出土爲多，臨淄爲最，魯地、鄒、滕次之，部分來自關中，洛陽出土亦有。
陳氏在鑑定陶文後，將之付拓，拓墨之後，隨作印記，用「三代古陶軒」者，
指該陶文屬秦前文字，用「寶康瓡室」，則屬兩漢文字。珍重之品，則加印

〔註114〕國家圖書館金石拓片組編，袁玉紅編撰：《國家圖書館藏陳介祺藏古拓本選
編·瓦當卷》（杭州：浙江古籍出版社，2008 年），前言，頁 1。各種藏器的
約略數量，可參考〔清〕陳介祺著，陳繼揆整理：《秦前文字之語》，頁 3；
陳小波〈清代大收藏鑑賞家陳介祺〉、劉秉信〈萬印樓〉，見鄧華主編：《清代
大收藏家陳介祺》，頁 4、35；以及陸明君：《簠齋研究》，頁 46～59。

〔註115〕陸明君：《簠齋研究》，頁 40～41。

〔註116〕筆者按：支偉成《清代樸學大師列傳》說毛公鼎「文幾七百餘字」（卷十八，
頁五一一（總頁 575）），讀者引用時需留意。

〔註117〕參考陸明君：《簠齋研究》，頁 47～48。

〔註118〕據陳介祺〈同治十一年壬申九月四日致吳雲書〉：「吉金以鐘鼎爲重器，敝藏
有十鐘，因名齋爲十鐘山房。」（《秦前文字之語》，頁 218）筆者按：筆者因
閱讀郭妍伶：《許瀚之金文學研究》註135（頁 60）得知有此札的記載。前人
的說法，多是說陳介祺在他收藏的 11 件商周古鐘中，取其整數，把他的書齋
稱爲「十鐘山房」。據《簠齋藏器目》，確實載有 11 件鐘（楚公鐘（三件）、
井人鐘、兮仲鐘、己矦鐘、盧鐘、旅鐘、虢鐘、編鐘前後、僕兒鐘），然筆者
在〈同治十二年癸酉八月廿九日致鮑康書〉：「十鐘拓本一分（楚公三，虢叔
編一，兮仲一，盧一，又編一釐伯即盧、奇字編、余義編、己矦），察存，與
伯寅同取之，不足則付目拓寄。」（《秦前文字之語》，頁 170。因原書標點有
誤，筆者已重新標點。奇字編即《簠齋藏器目》的編鐘前後，余義編即僕兒
鐘）此書札中，發現陳介祺在給鮑康的十鐘拓片，並無包含「井人鐘」。因此
陳介祺說「敝藏有十鐘」，在命名之初有可能是實指，而非取整數來稱之。

「古陶主人」、「齊東陶父」、「簠齋先秦文字」等印。曾撰有《陶文釋存》（十六冊，稿本現藏山東省博物館）和《陶器造像化布雜器考釋》等陶文考釋的書稿，惜未刊行。〔註119〕

　　陳介祺在璽印和封泥的收藏上，更是領先群雄。他對大量古璽和封泥反覆進行鑑別整理，首先編寫了一部《簠齋印集》。同治十一年，他將自己所藏古璽（達7000餘紐）匯集吳雲、吳式芬、吳大澂、李佐賢和鮑康等收藏，鈐拓印集十部，每部五十冊，定名為《十鐘山房印舉》（壬申本，亦稱六十歲本）。此後經多次編定，又有一百零八冊本、七十二冊本、二十二冊本、一百九十一冊本和一百九十四冊本等等，最後編定之本為光緒九年（1883）時增訂，稱癸未本，也稱七十歲本，每部一百九十四冊。陳氏針對前人印譜雜亂無序、查閱不便的弊病，開創新的編排方法，將古璽、官印、周秦印、姓名印作為本書的四大要類，並按印式、印材分門別類。〔註120〕而他在封泥的收藏上，數量皆比當時的藏家還多，還做了簡單的考釋，與吳式芬合輯《封泥考略》（參見吳式芬生平）。

　　陳介祺的收藏特點之一，就是他的器物拓本精良，這與他對傳拓技術的鑽研有關，《傳古別錄》一書即是他傳拓經驗的累積。此書不分卷，內容有四類：一為拓字之法，二為拓字之目，三為拓字損器之弊，四為剔字之弊。另外他還有〈訪碑拓碑筆札〉〔註121〕，內容在敘述可做碑拓的碑刻種類，以及拓碑的步驟與注意事項。由於陳氏藏品甚富，傳拓又精，一時達官貴人及各地的金石愛好者紛紛慕名索求金石拓本。〔註122〕葉昌熾在《語石》中讚道：

> 濰縣陳簠齋前輩，拓法為古今第一，家藏石刻，皆以拓尊彝之法拓
> 之。定造宣紙，堅薄無比，不用椎拓，但以綿包輕按，曲折坳垤，
> 無微不到，墨淡而有神，非惟不失古人筆意，并不損石。齊魯之閒，
> 皆傳其法。〔註123〕

陳介祺能在金石研究上有豐碩的成果，除了本身的興趣與致力鑽研外，擁

〔註119〕詳見陳繼揆：〈簠齋論陶序〉，收錄於鄧華主編：《清代大收藏家陳介祺》，頁23～25；陸明君：《簠齋研究》，頁84～88。

〔註120〕參考陳小波〈清代大收藏鑑賞家陳介祺〉、劉秉信〈萬印樓〉，見鄧華主編：《清代大收藏家陳介祺》，頁2、36；陸明君：《簠齋研究》，頁152～157。

〔註121〕《傳古別錄》和〈訪碑拓碑筆札〉皆有收錄於陳介祺著，陳繼揆整理：《簠齋鑒古與傳古》一書中。

〔註122〕陸明君：《簠齋研究》，頁78。

〔註123〕〔清〕葉昌熾：《語石》（臺北：臺灣商務印書館，民國72年），頁315。

有一群金石好友，更是不可或缺的因素之一。與他交往最密切的金石之友有吳式芬、劉喜海、李佐賢、許瀚、張廷濟、徐同柏、何紹基和葉志詵等人，另外潘祖蔭、王懿榮、鮑康、吳雲和吳大澂等人與陳氏有大量的書札往還〔註124〕，書札內容多是有關古文字之研究，金石之考證，器物之出土流傳及著錄，對我們研究陳介祺的金石學和交友，有極大的幫助。

第三節　《封泥考略》參與考編者生平

一、吳重憙生平

　　《封泥考略》的成書與刊行，吳重憙（一作憙）扮演了總編輯的角色，若沒有他的參與，《封泥考略》很可能現在仍是稿本而未刊行。他的生平資料，可從《皇清書史》卷六〔註125〕、章鈺〈海豐吳撫部墓志銘〉〔註126〕、《近代名人小傳》〔註127〕、《山東省無棣縣志》卷十〔註128〕、《清代科舉人物家傳資料匯編》〔註129〕、《清代官員履歷檔案全編》〔註130〕和《清人詩集敘錄》卷七十七〔註131〕得知。本文以章鈺〈海豐吳撫部墓志銘〉一文為主，再輔以其

〔註124〕陳氏六世孫陳繼揆，以潘祖蔭編輯之《秦前文字之語》，再參以家藏書札，整理成《秦前文字之語》一書，書分五卷，卷一致潘祖蔭書，卷二致王懿榮書，卷三致鮑康書，卷四致吳雲書，卷五致吳大澂書。此外，陳介祺與吳式芬等人的交游，陸明君《簠齋研究》第一章第三節（頁18～38）有專文討論，其他如郭妍伶：《許瀚之金文學研究》，頁59～62、高書勤：《晚清金石學視野中的吳大澂》（上海：復旦大學歷史學系碩士論文，2005年），頁14～22、張其鳳：〈劉喜海對陳介祺的影響視繹〉（《南京藝術學院學報（美術與設計版）》第1期（2006年），頁28～31）、徐在國：〈讀《吳憙齋尺牘》箚記〉（《古籍整理研究學刊》第6期（2001年），頁7～8）、呂偉達：〈王懿榮與陳介祺〉（鄧華主編：《清代大收藏家陳介祺》，頁88～92）等文亦有述及。
〔註125〕李放：《皇清書史》，卷六，頁九（總頁199）。
〔註126〕汪兆鏞纂錄：《碑傳集三編》，收錄於周駿富輯：《清代傳記叢刊》，第125冊，卷十六，總頁103～108。
〔註127〕費行簡：《近代名人小傳》，收錄於周駿富輯：《清代傳記叢刊》，第202冊，頁624。
〔註128〕張方墀等纂：《山東省無棣縣志》，卷十，頁十六（總頁331～332）。
〔註129〕來新夏主編：《清代科舉人物家傳資料匯編》，頁387。
〔註130〕秦國經主編：《清代官員履歷檔案全編》，第5冊，頁30～31；第6冊，頁534～535；第7冊，頁328～330；第27冊，頁411。
〔註131〕袁行雲：《清人詩集敘錄》（北京：文化藝術出版社，1994年），第3冊，卷

他資料來介紹。

吳重憙，字仲懌（又作仲怡、仲飴），號蓼舸、石蓮、甦園，吳式芬次子，陳介祺之婿。山東海豐縣（今無棣縣）人。生於清宣宗道光十八年（1838）二月七日，卒於民國七年（1918）六月二十二日，享壽八十一歲。〔註132〕同治元年（1862）舉人，光緒五年（1879）以工部郎中選授河南陳州府知府，之後歷任開封府知府、江安督糧道、福建按察使、江甯布政使、直隸布政使、護理直隸總督、駐滬電政大臣、倉場侍郎、郵傳部侍郎和河南巡撫等職。〔註133〕任陳州知府以「振興文學爲先務」，任開封知府「審結全省重案，無枉無縱」（筆者按：應是勿枉勿縱），光緒二十六年（1900）庚子之變時，因護駕有功擢福建按察使，爲官四十餘載，可謂盡心盡力，深受敬重。〔註134〕

吳重憙與其兄重周皆受學於日照許瀚（字印林），從他的父親和泰山處，亦獲益良多。因爲有好的學習對象和環境，使他在文學和金石學上皆有不錯的成績。此外，他在藏書和刻書的貢獻上，更是值得讚許。他的藏書多是珍品，有古本、手抄本和稿本，善本有42種，其中手抄本30種，而且多經過名家珍藏、批校和題跋。他所刊刻的《石蓮庵匯刻山左人詞》和《石蓮庵匯刻九金人集》皆校勘精嚴，爲當時刊刻文集中的佼佼者。他還將家族的文獻整理成集，有《吳氏文存》、《吳氏詩存》、《吳氏世德錄》和《吳氏試藝》（此四本被稱爲吳氏「小四庫全書」），吳式芬的《攈古錄》、《攈古錄金文》、《金石匯目分編》和《封泥考略》等著作即收在《吳氏文存》，吳重憙保存家族重

77，頁2689〜2692。筆者按：此書將「濰縣陳介祺」誤作「淮縣陳介旗」。
〔註132〕此處吳重憙之生卒年，乃據章鈺〈海豐吳撫部墓誌銘〉一文而來。然若據來新夏主編《清代科舉人物家傳資料匯編》，頁387所載，則他的生年爲「道光庚子年（1840）二月初七日」，兩者相差兩年。此外據秦國經主編《清代官員履歷檔案全編》，第5冊（頁30〜31）、第6冊（頁534〜535）、第7冊（頁328〜330）和第27冊（頁411）所載年歲推算，亦得出他的生年爲「道光二十年庚子」。何者才是正確的生年，筆者暫時無法論斷，先以章鈺所撰墓誌銘做爲論述依據。
〔註133〕有關吳重憙歷任官職，整理自章鈺〈海豐吳撫部墓誌銘〉、張方墀等纂：《山東省無棣縣志》和秦國經主編：《清代官員履歷檔案全編》三文。另，孫慰祖〈漢官私印泥封考略解題〉，頁3載吳重憙爲同治六年（1867）舉人，按前三文，皆是作「同治元年（壬戌）舉人」，其他研究文獻，亦無作「同治六年」者，故孫氏之文引用有誤至爲明顯。
〔註134〕張方墀等纂：《山東省無棣縣志》，卷十，頁十六（總頁331）。

要文獻可說厥功至偉。〔註135〕另外，對於許瀚、吳式芬和陳介祺等人著作的
整理、校訂和刊行，他亦是功不可沒。如許瀚《攀古小廬雜著》十二卷（刊
刻未完，書版燬於祝融）、吳式芬《攗古錄》〔註136〕和吳式芬與陳介祺《封泥
考略》等書，若沒有他的努力與促成，恐怕難以出刊。

　　吳重熹本身著作以文學爲主，有《石蓮闇詩》十卷和《石蓮闇詞》一卷，
他的詩多以金石考據爲題材，如《題魯太康銅匜》三首、《題東魏興和五年劉
目連告觀世音像》等詩，以詩的形式來敘述藏弆源流制度，袁行雲《清人詩
集敘錄》說吳重熹此類金石詩，更勝劉喜海和李佐賢之作。〔註137〕

二、翁大年生平

　　吳式芬對所藏封泥的考釋，曾受過翁大年初步的考證或校訂。陳介祺則
曾多次索求瞿氏《集古官印考證》與翁氏《續考證》（即《瞿氏印考辨證》），
可見翁氏對璽印考證的造詣，吳、陳都相當敬佩。可惜的是，翁大年的生平
記載相當少，僅《皇清書史》卷一〔註138〕、《吳江縣續志》〔註139〕、《再續印
人傳》〔註140〕、《廣印人傳》〔註141〕、《篆刻年歷 1051～1911》〔註142〕、《中
國人名大辭典》〔註143〕、《中國美術家人名辭典》〔註144〕和孫慰祖〈漢官私

〔註135〕詳見董金艷：《海豐（無棣）吳氏文化望族研究》，頁 95～98。

〔註136〕詳見郭妍伶：《許瀚之金文學研究》第貳章；董金艷：《海豐（無棣）吳氏文
　　　　化望族研究》，頁 95～98 和陸明君：《簠齋研究》，頁 31～32。

〔註137〕袁行雲：《清人詩集敘錄》，第 3 冊，卷 77，頁 2690。

〔註138〕李放：《皇清書史》，卷一，頁十一（總頁 60）。

〔註139〕〔清〕金福曾等修，熊其英等纂：《吳江縣續志》，《中國地方志集成・江蘇府
　　　　縣志輯》（南京：鳳凰出版社，2008 年，據清光緒五年刻本影印），卷二十二，
　　　　頁七至八（總頁 457）；卷三十五，頁四（總頁 536）。

〔註140〕〔清〕葉銘：《再續印人傳》，伏見沖敬等編：《印人傳集成》（東京：汲古書
　　　　院，1976 年），頁二（總頁 104）。

〔註141〕〔清〕葉銘：《廣印人傳》，伏見沖敬等編：《印人傳集成》，卷一，頁四（總
　　　　頁 155）。

〔註142〕黃嘗銘編著：《篆刻年歷 1051～1911》（臺北：真微書屋出版社，2001 年），
　　　　頁 388、433、437、445、493、510、519、528、786。

〔註143〕臧勵龢主編，許師慎增補：《中國人名大辭典》（臺北：臺灣商務印書館股份
　　　　有限公司，民國 79 年），頁 834。

〔註144〕文史哲出版社編輯部編：《中國美術家人名辭典》（臺北：文史哲出版社，民
　　　　國 76 年），頁 749。

印泥封考略解題〉〔註145〕等文獻有比較完整的介紹，但內容多重覆，因此筆者就現有的資料並參考翁氏著作的序跋來做介紹。

　　翁大年（？～？）〔註146〕，字叔（一作未）均，號陶齋，廣平（字海琛）子，江蘇吳江（今吳江市）人，享年六十六歲（或六十七歲）。受他父親博學嗜古的影響，他喜好金石考據，並工篆刻。與張廷濟（字叔未）、韓崇（字履卿）、吳式芬、許槤（字叔夏）和劉喜海等人並著稱於道咸年間。〔註147〕他有許多著作，但多是手稿未刊刻出版，羅振玉於民國四年（1918）在上海購得翁氏手稿十餘冊，計有《陶齋金石略》、《古官印考略》、《瞿氏印考辨證》、《古兵符考略》〔註148〕和《封泥考》等書，其中《陶齋金石略》僅跋尾數篇，其

〔註145〕孫慰祖：〈漢官私印泥封考略解題〉，頁9。

〔註146〕翁大年的生卒年，據筆者目前收集到的資料，黃嘗銘編著：《篆刻年歷 1051
　　　　～1911》，頁 1065；孫慰祖：〈中國古代封泥研究的歷史、現狀和展望〉，頁
　　　　131；孫慰祖：〈漢官私印泥封考略解題〉，頁9三處均標為「1811～1890」，
　　　　不知他們所根據的文獻為何。按：〔清〕瞿中溶在《舊館壇碑考‧序》說：「叔
　　　　均年纔踰三十，而好古力學已為儕輩所傾囊……道光十有八年，歲次戊戌仲
　　　　春既望，嘉定赤蓮里木居士瞿中溶，書於古泉山館之吉羊鐙室，時年七十。」
　　　　（〔清〕瞿中溶：《舊館壇碑考‧序》，收錄於新文豐出版公司編輯部：《石刻
　　　　史料新編》（臺北：新文豐出版股份有限公司，民國 75 年），第 3 輯，第 34
　　　　冊，頁 619。）可知道光十八年（1838）翁大年疑為三十一歲，據此推算，
　　　　他的生年應為嘉慶十三（1808），並非嘉慶十六年（1811）。
　　　　卒年，據吳雲〈同治十二年癸酉四月十日致陳介祺書〉：「翁赤均示我毛公鼎
　　　　拓本，云此鼎在尊處，今查寄示收藏目錄，無此器，究竟世間有此鼎否？竊
　　　　願悉其輮跡，祈示知。」（《兩罍軒尺牘》，卷九，頁八（總頁 649））及陳介
　　　　祺〈同治十二年癸酉八月廿四日致吳雲書〉：「瞿木夫古官印考證及叔均兄所
　　　　續輯者，昔年只得目錄，乞敦致翁世兄為鈔副本見寄（能即假尤妙）。」（《秦
　　　　前文字之語》，頁 242）可知翁氏於同治十二年（1873）八月尚在世。再據〈同
　　　　治十三年甲戌四月八日致吳雲書〉：「瞿氏印證究可假鈔否，念切。翁世兄處
　　　　望託人代致，至企至企，不敢奪其舊藏與均兄遺著也。」（《秦前文字之語》，
　　　　頁 253）可知翁氏於同治十三年（1874）四月之前應已下世。又據吳雲〈光
　　　　緒六年庚辰四月廿八日致陳介祺書〉：「未均棄世兩嗣，君相繼云：殘篇斷簡，
　　　　盡化煙雲，言之可慨。」（《兩罍軒尺牘》，卷九，頁五十一（總頁 735））「兩
　　　　嗣」之意不明，但至少可知翁氏在光緒六年（1880）之前早已下世，而且不
　　　　可能於光緒十六年（1890）前後還在世。因此我們可以得出翁氏應於同治十
　　　　二年末至十三年初過世，卒年為 1873 或 1874 年。

〔註147〕翁大年與陳介祺也有來往，由〈同治十三年五月二十五日致吳雲書〉：「《古印
　　　　考證》，仍乞在念，叔均曾寄《續考》印目，當必有說。」（《秦前文字之語》，
　　　　頁 253～254）可推知。

〔註148〕此殘稿有收錄於羅振玉：《羅雪堂先生全集四編》（臺北：大通書局有限公司，
　　　　民國 61 年），第 2 冊，頁 863～892。

他書的目錄雖已寫好，但是仍未完成。羅振玉將《陶齋金石略》中的跋尾輯錄成《陶齋金石文字跋尾》一書，書中輯錄〈商唐子觶銘跋〉、〈白矩方鼎銘跋〉、〈毛白壺蓋銘跋〉、〈虢季子白盤銘跋〉、〈尹氏簋銘跋〉、〈盄中敦蓋銘跋〉、〈魯侯角銘跋〉、〈庚羆卣銘跋〉、〈漢菑川鼎銘跋〉、〈信都食官行鐙銘跋〉、〈新莽權銘跋〉、〈光和量銘跋〉、〈宋楊和王家廟爵拓本跋〉、〈裴岑立海祠石刻跋〉、〈吳黃武買地券跋〉、〈改修延陵季子廟碑跋〉和〈桑盤金城王廟石香爐題字跋〉等十七則金石跋文。〔註149〕

　　翁氏還撰有《舊館壇碑考》。「舊館壇碑」，南朝陶弘景造，標目題名廿四字爲陶弘景書，其餘皆孫文韜所書。碑立於梁天監十七年（518），明嘉靖初（1522）毀於祝融。拓本多已失傳，所幸潘稼堂〔註150〕藏有舊拓本，雖經窮裱，但字均尚在。翁大年獲見此拓本，假歸詳閱，並考證碑之源流和古今學者對此碑之論說，兩年而成此書。瞿中溶在《舊館壇碑考·序》讚道：

> 因得攷定其文第一行二十四字爲隱居手自書，其後皆孫文韜書。碑立於梁之天監十七年，其陰之文則刻於普通三年也。言言有據，事事求實，遠可補歐陽棐《集古錄目》之說，近可訂顧亭林《金石記》之譌，詢（筆者按：應作洵）可謂是碑之功臣也。〔註151〕

吳榮光亦讚道：

> 蓋古刻一經裁裱，行款尺寸校正爲難，今見叔均先生《舊館壇碑考》，詳審精密，殆無憾也。〔註152〕

可見翁氏考證嚴謹，不拘泥舊說的治學態度。翁氏寫成此書時才年過三十，難怪瞿中溶（當時瞿氏已七十歲）會認爲他「則其他日學問之奧博，詎有涯涘之可量哉！」〔註153〕

　　翁大年亦有封泥考釋的著作，但皆是未完成的稿本。一爲《續封泥考略》〔註154〕，一爲《泥封印古錄》〔註155〕。《續封泥考略》，據該書目錄，乃是由

〔註149〕此段介紹，詳見〔清〕翁大年：《陶齋金石文字跋尾》及羅振玉：《陶齋金石文字跋尾·後記》，收錄於新文豐出版公司編輯部：《石刻史料新編》（臺北：新文豐出版股份有限公司，民國71年），第26冊，頁19825～19830。

〔註150〕即潘耒（1646～1708），其字次耕，號稼堂。

〔註151〕〔清〕瞿中溶：《舊館壇碑考·序》，頁619。

〔註152〕〔清〕吳榮光：《舊館壇碑考·跋》，收錄於新文豐出版公司編輯部：《石刻史料新編》，第3輯，第34冊，頁631。

〔註153〕語出〔清〕瞿中溶：《舊館壇碑考·序》，頁619，年歲記載亦同。

〔註154〕〔清〕吳重憙考藏，翁大年編釋：《續封泥考略》，文海出版社輯：《清代稿本

吳重憙考藏，翁大年編釋，可見該書的封泥是吳重憙家所藏，編輯和考釋的
部分主要是由翁大年負責。書名稱「續」《封泥考略》，應是依照《封泥考略》
的體例來進行此書的編輯，閱讀是書的敘述和體例，確實與《封泥考略》相
似，只是尚未附上封泥拓片。全書分爲四卷，卷一收錄古鉨、漢朝官印、漢
諸侯王印、漢王國官印、漢侯國官印、漢州郡國官印和漢侯印等類封泥，約
113 種；卷二收錄漢縣邑道官印（上）並附無考丞印封泥，約 124 種；卷三收
錄漢縣邑道官印（下）、漢縣邑道掾史印、漢方士印、漢縣邑道鄉官印和新莽
朝僞官印等類，約 85 種；卷四收錄漢臣名印並附無姓名印信、一字姓印、及
篆印和殘封泥，約 64 種，總計約 386 種（以上封泥數目，皆據目錄計算而來，
該書文中會另外標註該封泥的數量）。而《泥封印古錄》，則將封泥列成目錄，
並在各封泥名下略加考釋（並非每一封泥），總計收錄漢朝官印、侯國官印、
縣邑道官印和新莽朝僞官印封泥約 190 種。

　　翁大年其他的著作還有《陶齋印譜》和《秦漢印型》〔註156〕，雖未能見
到原書，但由書名可知，翁氏在璽印的收輯與鑽研上，一定下了很大的功夫。

　　封泥於道光二年出土，不過近兩百年之事，人們起初誤認它爲「印範」，
直到《封泥考略》的出版，人們對封泥的性質才有了初步的認識，也不再將
它視爲「印範」。《封泥考略》輯錄吳式芬、陳介祺兩家所藏封泥，來源除四
川、陝西外，亦有部分出自山東（只限於陳氏藏品）。《封泥考略》是在吳式
芬咸豐四、五年撰寫的《考略》基礎上，再由吳重憙於同治十一年左右陸續
補進陳介祺的藏品和考釋逐漸成形，一直到光緒三十年才正式出版。《封泥考
略》的輯者兼考釋者爲吳式芬和陳介祺，參與考編者有吳重憙和翁大年，是
書的總成者則爲吳重憙。藉由本章之敘述，相信對《封泥考略》所處的時空
背景、它扮演的角色與地位，以及該書的成書過程與編輯群皆有深入的認識。

　　　百種彙刊》（臺北：文海出版社，民國 63 年），史部，第 43 冊（全二冊）。
〔註155〕該書收錄於〔清〕翁大年：《金石著錄考（稿本）》，《天津圖書館孤本秘籍叢
　　　書》（北京：中華全國圖書館文獻縮微複製中心，1999 年），史部，第 8 冊，
　　　頁 633～637。
〔註156〕此據〔清〕金福曾等修，熊其英等纂：《吳江縣續志》，卷三十五，頁四（總
　　　頁 536）得知。《中國人名大辭典》（頁 834）和《中國美術家人名辭典》（頁
　　　749）也有記載。另中央研究院歷史語言研究所傅斯年圖書館藏有翁氏輯〔清〕
　　　端方藏的陶文拓片《陶齋藏陶》一冊（索書號：A996.4363），共收 109 張陶
　　　文拓片，並無考釋、序跋。

第參章 《封泥考略》研究（上）

　　本章分爲三個部分，第一部分要探討《封泥考略》版本間的個別差異；第二部分則是歸納《封泥考略》的體例；最後比較在《封泥考略》中，吳式芬、陳介祺所輯封泥之異同。

第一節 《封泥考略》的版本

　　《封泥考略》的版本，前人皆未曾加以詳細分析，本節就《漢官私印泥封考略》、光緒三十年後刊行的各式出版品、中國國家圖書館的館藏及幾部「善本書目」的記載來一一說明，並著重於光緒三十年後刊行的各式出版品來探討。

一、《漢官私印泥封考略》與《封泥考略》之別

　　《封泥考略》於光緒三十年（1904）出版前未完成的稿本，就筆者目前可看到的只有上海圖書館藏的《漢官私印泥封考略》〔註1〕，本文第貳章談及此本是陳介祺校訂吳重憙整理吳式芬原來的封泥考釋著作，並已匯入陳介祺部分藏品的稿本。雖然此稿本與正式出刊的《封泥考略》有多處的不同，卻是認識《封泥考略》成書過程的重要文獻之一，茲就兩者在卷數、封泥的品目數量和考釋起始語上的差異作分析。

〔註1〕　〔清〕吳式芬、陳介祺：《漢官私印泥封考略》，收錄於《上海圖書館未刊古籍稿本》編輯委員會編：《上海圖書館未刊古籍稿本》（上海：復旦大學出版社，2008年），第30冊。

（一）卷　數

在卷數方面，《漢官私印泥封考略》原將官、私印分爲兩書，官印分上、中、下三卷，私印一卷，陳介祺校訂後將兩者合爲一書，官印分成四卷，私印一卷，編次按《漢書·百官公卿表》，並定名爲《漢官私印泥封考》。〔註2〕其中輯錄的新莽官印封泥多未考釋，僅具封泥名稱，私印封泥更是僅有封泥名稱，尚未附上考語。《封泥考略》共分十卷，官印分成九卷，私印一卷，編次一樣按《漢書·百官公卿表》（詳本章第二節），各封泥下皆有考語。

（二）封泥品目的數量

在封泥品目的數量上，就筆者統計，《漢官私印泥封考略》未經陳介祺校訂前已約有 360 多種品目的封泥，校訂後又增加約 110 多種品目，合計約 470 餘種品目。《封泥考略》約有 580 多種品目，較前者多了約 110 餘種品目〔註3〕，包含有卷一古鈢封泥與皇帝信璽封泥、卷四的幾枚秦印封泥、卷十私印封泥和各卷殘泐封泥。此外，《封泥考略》還增加了各枚封泥的拓片，並在拓片下鈐以「雙虞壺齋封泥」、「簠齋臧古封泥」印記來區別輯者。另外，《漢官私印泥封考略》收錄的封泥中，約有 25 種品目是後來《封泥考略》沒有收錄的，其中緣故不詳。這 25 種〔註4〕有「眞定相印章（頁 36）、將作大匠章（頁 67）、上郡太守章（頁 115）、臨淮都尉章（頁 139）、江關都尉章（頁 143）、蘄春長印（頁 152）、□陽令印（頁 162）、□武□印章（頁 216）、安成侯家丞（頁 237）；御史大夫丞（頁 57）、□西守印（頁 125）、臨淮丞印（頁 127）、頻陽令印（頁 149）、梁令之印（頁 151）；南郡太守章（頁 97）、大安長丞（頁 192）；相安里附城（頁 221）、陽廣里附城（頁 230）、□□左田（頁 248）、□施□印（頁 249）、任何人（頁 251）、笱弢漢（頁 251）、趙慶餘印（頁 252）、□延萬壽□（頁 252）；矦平　神羊鈕（頁 253）」，其中「將作大匠章、上郡太守章和江關都尉章」等 3 枚孫慰祖在〈漢官私印泥封考略解題〉已指出（頁 10），「眞定相印章」至「安成侯家丞」封泥爲陳介祺校補前就有的，且有考釋；「御史大夫丞」至「梁令之印」封泥爲陳介祺後來貼

〔註2〕　參閱〔清〕吳式芬、陳介祺：《漢官私印泥封考略》，頁 27、250。

〔註3〕　孫慰祖〈漢官私印泥封考略解題〉云：「（《封泥考略》）溢出稿本所見品目一百餘枚。」與筆者統計的數量相當。文見《上海圖書館未刊古籍稿本》，第 30 冊，頁 10。

〔註4〕　此 25 枚排列順序，依據本文後面說明次序而定。

上的黏籤，且有釋文；「南郡太守章」與「大安長丞」封泥爲陳介祺後來貼上的黏籤，只有封泥名，沒有釋文；「相安里附城」至「□延萬壽□」封泥爲陳介祺校補前就有的，但沒有釋文；「矦平　神羊鈕」亦是陳介祺校補前就有的，且沒有釋文，然從它標註「神羊鈕」，或許是枚「泥印」，不過現在已不得而知。另外《漢官私印泥封考略》載有兩枚讀序不同的「牛鞸丞印」（頁 189），一爲右起縱讀，一爲右起橫讀，《封泥考略》僅收一枚右起橫讀的「牛鞸丞印」（卷六，頁五十六），且爲陳介祺藏品。

（三）考釋起始語

在敘述體例上，《漢官私印泥封考略》未經陳氏校訂前，封泥考釋的起始語皆是以「右＋印文＋泥封」的型式起頭，如「右定陶相印章泥封」；校訂後，則改爲「右＋泥封印文曰＋印文」的型式，如「右泥封印文曰：定陶相印章」。我們從陳介祺在稿本的注記：「右泥封文曰某某，是宜從之，改爲一律。」（《漢官私印泥封考略》，頁 254）即可了解改變的型式。而《封泥考略》封泥考釋的起始語，則變成「右＋封泥幾字＋印文曰＋印文」的型式，如「右封泥五字，印文曰：定陶相印章」，將「泥封」改稱「封泥」，並多了印文字數的說明。

兩書的差異，除了呈現在上述三點的不同外，還表現在考釋文字的增損上，孫慰祖在〈漢官私印泥封考略解題〉已舉出「淄川王璽」、「梁于里附城」與「湯官飲監」（頁 10）等三枚做說明，其中「淄川王璽」與「梁于里附城」兩枚爲增加考釋文字之例，「湯官飲監」爲簡省之例，可進一步參閱，筆者在此不贅述。

二、光緒三十年後各出版社印行的本子

探討光緒三十年後各出版社印行的《封泥考略》有何差別，在先前的出版品和研究中，多是說《封泥考略》有光緒三十年上海石印本，初看來是沒有問題的，因爲在《封泥考略》的書名頁就題了「海豐吳氏濰縣陳氏所藏輯成十卷光緒甲辰之秋印于滬上」等字，之後出版社再次刊行這本書時，多有據實的附上書名頁，但有些則沒有附上原書的書名頁，而是在出版頁註明據清光緒三十年版影印。然而筆者逐一核對各種出版品後發現，即使是據「清光緒三十年版」影印，不論在版式、行款和排版上，仍是有差別的。以下先

列出在臺灣可見的七種出版品的出版資料，接著再分組敘述其中之差異：

1、清・吳式芬、陳介祺輯：《封泥考略》（臺北：藝文印書館，民國 63 年），據清光緒甲辰（1904）刊本影印。

2、清・吳式芬、陳介祺輯：《封泥考略》，嚴一萍編輯：《封泥考略彙編》（臺北：藝文印書館，民國 71 年），第 1～2 冊。

3、清・吳式芬、陳介祺輯：《封泥考略》（北京：中國書店，1990 年），據清光緒三十年版影印。

4、清・吳式芬、陳介祺輯：《封泥考略》，《續修四庫全書》（上海：上海古籍出版社，2002 年，據復旦大學圖書館藏清光緒三十年石印本影印），第 1109～1110 冊。

5、清・吳式芬、陳介祺輯：《封泥考略》，《中國古代封泥考略（匯編）》（北京：全國圖書館文獻縮微複製中心，2005 年），第 1～2 冊。

6、清・吳式芬、陳介祺輯：《封泥考略》，《山東文獻集成》（濟南：山東大學出版社，2007 年，據山東省博物館藏清光緒三十年上海石印本影印），第 2 輯，第 22 冊。

7、明・戈汕輯：《封泥考略》，《中國基本古籍庫》（合肥：黃山書社，2009 年），清光緒三十年石印本。（電子資源）

　　以上七種出版品，只有第 3 和第 7 本沒有附書名頁，其餘各種皆有。《續修四庫全書》載原書版框高 185 毫米，寬 230 毫米，若就此標準來檢核，則以上 1 至 6 本中，第 1 本據原版大小影印，第 5 本放大影印，其餘四本皆縮版影印。然第 2、5 本行款為「9 行 21 字」，原書版框是否同《續修四庫全書》記錄的版式，筆者無法得知，若據第 5 本出版前言所說該書乃放大 1.13 倍影印，換算之後，則版框較《續修四庫全書》記載的數字小。茲將以上第 1 至 6 本（皆據清光緒三十年石印本影印。第 7 本由於是電子書，故不列入下表中）的版本資料，略微整理如下表：

本	出版品冊　數	書名頁	行　款	魚尾開口方向	缺　漏　或　特　徵
1	十冊	有	9 行 24 字	同向	無
2	二冊	有	9 行 21 字	不同向	卷一「丞相之印章」封泥，載錄頁碼與他本不同；

					卷三頁三十〔註5〕「千乘太守」封泥拓片印文方向爲左右，而非上下； 卷四頁四十六「成都庫」封泥拓片有損； 卷五目「河內郡」置於「右扶風」後，「弘農郡」之前，且「漆令之印」誤置於「河內郡」條下； 卷七「□黃□」泥印，載錄頁碼與他本不同； 卷八「師尉大夫章」至「操武男印章」等21枚封泥，載錄頁碼與他本不同。
3	一冊	無	9行24字	同向	卷十目缺頁五。
4	二冊	有	9行24字	同向	卷二缺頁三十九； 卷七目編碼有誤。
5	二冊	有	9行21字	不同向	同第2本。
6	一冊	有	9行24字	同向	卷七目編碼有誤； 卷八頁五重出。

據上表可知，以上七本可再分成三大組，甲組：第2、5本；乙組：第1、3、4、6本；丙組：第7本。

甲組扉頁後皆有書名頁，前半頁題書名：「封泥考略」，後半頁題作者名和刻版時間：「海豐吳氏濰縣陳氏所藏輯成十卷光緒甲辰之秋印于滬上」。行款爲9行21字，雙魚尾（魚尾開口不同向）。此組兩本的缺漏或特徵甚多，茲依卷數敘述如下：

（1）卷一「丞相之印章」封泥，載錄頁碼與他本不同。此組載於頁五 a，乙組則載於頁四 b。

（2）卷三頁三十〔註6〕「千乘太守」封泥拓片印文方向爲左右，而非上下。

（3）卷四頁四十六「成都庫」封泥拓片有損。

（4）卷五目「河內郡」置於「右扶風」後、「弘農郡」之前，且「漆令之印」誤置於「河內郡」條下（據是書正文及《漢書‧地理志》應置於「右扶風」條下），按是書正文編次爲「京兆尹、右扶風、弘農郡、太原郡、

〔註5〕　拙著〈《封泥考略》的作者、版本和輯錄封泥數量辨析〉誤植「千乘太守封泥」於「卷三頁十」，在此更正之。文見《東方人文學誌》，第9卷第4期（2010年12月），頁197。

〔註6〕　同前註。

河內郡」（《漢書・地理志》順序也是如此），目錄卻作「京兆尹、右扶
風、河內郡、弘農郡、太原郡」。

（5）卷七「□黃□」泥印，載錄頁碼與他本不同。此組載於頁四十八 a，乙
組則載於頁四十七 b。

（6）卷八「師尉大夫章」至「操武男印章」等 21 枚封泥，載錄頁碼與他本
不同，如下表所示：

No.	卷八載錄頁碼不同之封泥	甲組載錄頁碼	乙組載錄頁碼
01	師尉大夫章	五 a	五 b
02	師尉大夫丞	五 b	六 a
03	豫章南昌連率	六 a	六 b
04	河南大尹章	八 a	八 b
05	吾符大尹章	八 b	九 a
06	鉅鹿大尹章	九 a	九 b
07	泰山大尹章	九 b	十 a
08	文陽大尹章	十 a	十 b
09	鴈郡大尉章	十一 a	十一 b
10	富成宰之印	十一 b	十二 a
11	□□矦印章	十二 a	十二 b
12	通睦子印章	十二 b	十三 a
13	愿睦子印章	十三 b	十四 a
14	豐睦子印章	十四 a	十四 b
15	盈睦子印章	十四 b	十五 a
16	秩睦子印章	十五 a	十五 b
17	進睦子印章	十五 b	十六 a
18	相安子印章	十六 a	十六 b
19	傅符子印章	十六 b	十七 a
20	□□子印章	十七 a	十七 b
21	操武男印章	十七 b	十八 a

以上 6 種缺漏或特徵，均是與其他本子的區別之處。

乙組中，除第 3 本沒有書名頁外，餘三本皆有，書名頁與甲組相同。行
款四本皆為 9 行 24 字，雙魚尾（魚尾開口同向）。乙組若再依據卷七目的頁

數編碼來分，又可分成乙（1）和乙（2）兩小組，乙（1）組爲第 1、3 本，兩本卷七目的頁數編碼爲「頁一、二、三、四、五、六、七」；乙（2）組爲第 4、6 兩本，兩本卷七目的頁數編碼爲「頁一、二、三、五、六、七、八」〔註 7〕。兩組總頁數相同，內容也相同，差別在於乙（2）組在編卷七目的頁碼時，將原本的第四頁編爲第五頁，之後依此類推，所以才造成有第八頁（原本應爲第七頁）出現。

　　丙組爲電子書，共十卷一〇四頁，然而出版商卻誤題時代與作者爲「明・戈汕」。筆者從它的卷數（十卷）、版本（清光緒三十年石印本）和考釋內容文字，發現確爲清・吳式芬、陳介祺的《封泥考略》一書，而且明代尚未出現封泥的專門譜錄，因此錯誤是明顯的。該電子書的特色是能夠全文檢索，方便檢閱，版面有豎排和橫排兩種選擇，可依自己的喜好設定。可惜的是，它的封泥拓片不是非常清晰，加上又有浮水印，封泥拓片顯得更加模糊。此外，很多字由於是古字，所以在電腦上都呈現出空格的情形，若要引用，必須注意缺字的問題。

　　此外，第 1 至 6 本中，第 3 本的編排順序較爲特別，它先將各卷的目錄編在一起，接著才是各卷的正文（也就是卷一目、卷二目……卷一正文、卷二正文……），應是出版商重新調整版面順序所造成。其餘五本則是按「各卷目＋各卷正文」來編輯（也就是卷一目、卷一正文、卷二目、卷二正文……）。第 4 本卷二缺頁三十九〔註 8〕，該本將卷二頁二十九誤置於卷二頁三十九，以致卷二頁二十九重出，卷二頁三十九則闕如的情況，應是排版之誤。第 6 本則是卷八頁五重出〔註 9〕，應該也是排版之誤。而這六本皆存有相同的錯字情況（如卷三目作「丹陽」，卷三頁四十六則作「丹楊」等等），但因不影響版本的分類，故筆者不在此討論。

　　因此，從上述版本可以得知，《封泥考略》清光緒三十年的石印本（不含電子書），至少有兩大系統，三種本子，試看下圖即可明白：

〔註 7〕　第 4 本見《續修四庫全書》（上海：上海古籍出版社，2002 年，據復旦大學圖書館藏清光緒三十年石印本影印），第 1110 冊，頁 2～4。第 6 本見山東文獻集成編纂委員會編：《山東文獻集成》（濟南：山東大學出版社，2007 年，據山東省博物館藏清光緒三十年上海石印本影印），第 2 輯，第 22 冊，頁 351～352。

〔註 8〕　見《續修四庫全書》，第 1109 冊，頁 587、592。

〔註 9〕　見山東文獻集成編纂委員會編：《山東文獻集成》，第 2 輯，第 22 冊，頁 381～382。

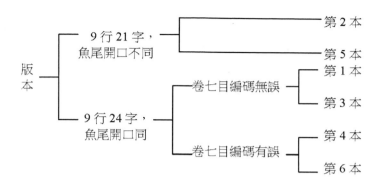

三、中國國家圖書館館藏及幾部「善本書目」的記載

筆者從中國國家圖書館的網站〔註10〕上搜尋到如下幾種本子：

1、清・吳式芬、陳介祺藏並輯，清・翁大年考編：《封泥考略》十卷（縮微製品），抄本（十冊），（ID 號 602001015979）。

2、清・吳式芬、陳介祺藏並輯，清・翁大年考編，清・陳介祺校：《封泥考略》十卷（縮微膠片）（北京：全國圖書館文獻縮微中心，2001 年），清光緒抄本（十冊），（ID 號 003013994）。

3、清・吳式芬、陳介祺藏並輯，清・翁大年考編：《封泥考略》十卷（善本），稿本〔註11〕（十冊），（ID 號 412000013151）。

4、清・吳式芬、陳介祺輯：《封泥考略》十卷（普通古籍）（滬上，清光緒三十年，石印本十冊），9 行 24 字白口四周單邊雙魚尾，（ID 號 002310930）。

5、清・吳式芬、陳介祺輯：《封泥考略》十卷（普通古籍）（上海，清光緒三十年，石印本十冊），9 行 24 字白口四周單邊雙魚尾，（ID 號 002317283）。

6、清・吳式芬、陳介祺輯：《封泥考略》十卷（普通古籍）（上海，清光緒三十年，石印本十冊），9 行 24 字白口四周單邊雙魚尾，（ID 號 002317289）。

以上六本，由於筆者無法見到原書，只能就網路上提供的資訊做如下分

〔註10〕中國國家圖書館：http://www.nlc.gov.cn/。

〔註11〕此筆資料，筆者於 2010 年 5 月查詢時，資料顯示爲「抄本」，然而據翁連溪編校：《中國古籍善本總目》（北京：線裝書局，2005 年），第 2 冊，頁 756，此書則爲「稿本」。筆者求證於中國國家圖書館後，確定《中國古籍善本總目》的資料才是正確的，中國國家圖書館業已修正。

析。這六本可以分成抄本、稿本和石印本三類，三類皆爲十卷十冊，抄本及稿本還特別將考編者翁大年寫出。

　　另外，筆者從《中國古籍善本總目》、《北京圖書館古籍善本書目》和《香港中文大學圖書館中國古籍目錄》找出下列幾條紀錄：

1、《封泥考略》十卷，清‧吳式芬、陳介祺藏并輯，翁大年考編，稿本，清陳介祺校。（國家圖書館藏）〔註12〕

2、《封泥考略》十卷，清‧吳式芬、陳介祺藏並輯，翁大年考編，清光緒抄本，陳介祺校，十冊。〔註13〕

3、《封泥考略》十卷，清‧吳式芬、陳介祺輯，清光緒三十年（1904）海豐吳氏濰縣陳氏上海石印本，十冊。（聯合書院胡忠多媒體圖書館藏、崇基學院牟路思怡圖書館藏）〔註14〕

　　從以上所有出版品和網路搜尋的資料可知，《封泥考略》的版本（不含《漢官私印泥封考略》）有三大類型：抄本、稿本和石印本。其中抄本和稿本皆有考編者之名，而石印本僅題輯者姓名。另外，臺灣可見的六種紙本出版品中，若據行款和魚尾的開口方向來分，則可分成兩大系統，三種本子，這是先前研究未加以說明的地方。

第二節　《封泥考略》的體例

　　本文在第貳章曾談到《封泥考略》的編次與考釋體例，被後來的羅振玉輯，王國維編次《齊魯封泥集存》，以及周明泰《續封泥考略》和《再續封泥考略》所承繼。本節就針對《封泥考略》的編次與考釋體例做具體的陳敘。

　　《封泥考略》的體例，孫慰祖在〈古封泥述略〉曾簡略說明，他說：

> 《考略》的體例，參酌了瞿中溶的《集古官印考證》，編次則按《漢書‧百官公卿表》與《地理志》爲綱分別部居，表明了以實物證史的主旨。〔註15〕

〔註12〕翁連溪編校：《中國古籍善本總目》，第 2 冊，頁 756。

〔註13〕北京圖書館編：《北京圖書館古籍善本書目》（北京：書目文獻出版社，1987年），第 2 冊（史部），頁 1112。

〔註14〕香港中文大學圖書館系統編：《香港中文大學圖書館中國古籍目錄》（香港：中文大學出版社，2004 年），頁 218。

〔註15〕孫慰祖主編：《古封泥集成》（上海：上海書店出版社，1994 年），頁 8。

孫慰祖〈簠齋印事七題——關於《十鐘山房印舉》和《封泥考略》〉〔註16〕與陸明君《簠齋研究》〔註17〕等文也引用此段文字來說明，孫慰祖《封泥發現與研究》〔註18〕、《中國古代封泥》〔註19〕兩書則用類似此段的文句來介紹，可惜的是，他們並沒有進一步敘述具體的體例為何，而且這段敘述《封泥考略》編次的部分，其實僅止於書中卷一至卷七的部分，因為卷八至卷九為王莽朝官印封泥，卷十為私印封泥，並不適於將兩者直接對照，而且卷八至卷十封泥編次，應該僅是就印文分類排列，故在此暫不細論。在探討《封泥考略》的體例之前，我們先了解為何孫慰祖等文會說《封泥考略》的體例是參酌瞿中溶《集古官印考證》，編次則按《漢書》中的〈百官公卿表〉與〈地理志〉，並藉此證明孫氏所言是否屬實。

一、《封泥考略》的體例依據

（一）《封泥考略》體例依據瞿中溶《集古官印考證》

瞿中溶（1769～1842），字莨生，號木夫，江蘇嘉定（今上海市嘉定區）人，為錢大昕（1728～1804，字曉徵，號竹汀、辛楣）之婿。所著《集古官印考證》一書，開考證璽印專書之先河，他在《集古官印考證・自序》中云：

> 古銅印章始著錄於宋徽宗、王順伯（王厚之）、王子弁（王俅）。洎乎元、明，則有趙文敏（趙子昂）、吾子行（吾丘衍）、楊宗道（楊遵）、葉景脩、錢舜舉、吳孟思、沈潤卿、郎叔寶、顧汝脩（顧從德）諸譜錄，然皆官、私並收，有圖無說。即間有論斷，如《學古編》亦止就其篆刻形制求之，惟顧氏《集古印譜》一書，稍知蒐玫，而於私印，既未免以意牽合，官印則疏畧甚多。凡此十數家之書，壒堪供鑒賞之具，要無關於學問也。予自弱冠留意金石文字之學，因旁及印章，手模古今譜錄，又博訪收藏之家，證以正史中官制、地理，為之分別時代，辨其同異，正其譌繆。三十餘年來，自漢、魏訖於宋、元，集有官印九百餘種，釐為十七卷，又附《虎符魚符》一卷。展玩之下，於歷代文字之變更，與夫制度之因革，皆可一覽

〔註16〕孫慰祖：〈簠齋印事七題——關於《十鐘山房印舉》和《封泥考略》〉，《可齋論印三集》（上海：上海辭書出版社，2007 年），頁 173。

〔註17〕陸明君：《簠齋研究》（北京：榮寶齋出版社，2004 年），頁 150～151。

〔註18〕孫慰祖：《封泥發現與研究》（上海：上海書店出版社，2002 年），頁 63。

〔註19〕孫慰祖：《中國古代封泥》（上海：上海人民出版社，2002 年），頁 12。

　　而知庶幾，亦攷古者之一助歟！〔註20〕

瞿氏自序中談到，從宋至明已有十餘本著錄璽印之書，但多未加以研究、考釋，其中或有一、二本對璽印進一步研究，然不是著重於印章的形制，如元吾丘衍《學古編》，就是考證疏漏甚多，以意牽合，如明顧從德《集古印譜》，對於璽印研究助益不大，僅具鑒賞之功。瞿氏有鑑於此，將集自舊譜和當代收藏家之九百餘種從漢至元的官印，分成十七卷，依時代分卷，並驗證正史記載的官制、地理（主要爲《漢書·百官公卿表》、《漢書·地理志》和《續漢書·百官志》），辨析印章與史書兩者之同異、正誤。可惜的是，書中絕大部分的印章摹本，仍未刻上，故現在所見的刊本均可見當時預留印章摹本的位置。

　　《集古官印考證》爲古璽印考證開山之著，《封泥考略》則爲封泥考證開山之作。前者寫成於道光十一年（1831），同治十三年（1874）才開雕〔註21〕；後者則於同治十一年（1872）始具雛形，至光緒三十年（1904）才刊行。兩書在考釋體例上，有前後繼承的關係，我們可從以下幾點來了解：

1、吳式芬、陳介祺和翁大年曾參校《集古官印考證》

　　從《集古官印考證》目錄前〈寄贈《集古官印》姓氏〉、〈寄贈參校姓氏〉、〈參校《集古官印考》姓氏〉和〈《集古官印攷》參校姓氏〉等文中〔註22〕，可知吳式芬、陳介祺和翁大年皆曾參校《集古官印考證》，而且三人應該也藏有是書未剞劂之本（實際上應只有翁氏，詳下文）。《集古官印考證》能付諸

〔註20〕〔清〕瞿中溶：《集古官印考》，收錄於《續修四庫全書》（據北京大學圖書館藏清同治十三年刻本影印），第1109冊，頁245。筆者按：《續修四庫全書》將此書題爲「集古官印考」，無「證」字，然據該書書名頁，應題「集古官印考證」爲宜，故行文時一律題《集古官印考證》，註明引文出處時則依《續修四庫全書》。

〔註21〕此書寫成之年，筆者據作者自序記年；開雕之年，陸明君：《簠齋研究》，頁176載《集古官印考證》於「光緒二年（1876）其子樹鎬於西安爲之開雕。」然而據吳雲〈同治十三年甲戌五月（或六月）致陳介祺書〉：「瞿木夫《古官印攷證》，昨得伯寅書，知其嗣君瞿經學樹鎬已在西安授梓。去年經學曾回里門，或覓得原稿，眞快事也。」可知是編應在同治十三（含）之前已開雕，復據瞿樹鎬《集古官印考證·後跋》：「（同治）甲戌（十三）歲五月開雕。」所云，則知是書確於同治十三年五月開雕，故陸書所載有誤。吳氏書信見〔清〕吳雲《兩罍軒尺牘·卷九》收錄於沈雲龍主編：《近代中國史料叢刊》（臺北：文海出版社，民國57年），第27輯，第264冊，第2本，卷九，頁十八至十九（總頁670～671）；瞿文見〔清〕瞿中溶：《集古官印考》，頁520。

〔註22〕以上文章，詳見〔清〕瞿中溶：《集古官印考》，頁251～253。

刊刻，實爲吳式芬促成，刻版所據的本子則是翁大年的藏本，瞿樹鎬（瞿中溶子，字經孳）《集古官印考證‧後跋》云：

> 先箸《集古官印攷》十七卷之得存秦中行篋也，實山左吳子苾先生成之。道光庚戌（三十年），樹鎬試吏西安時，小濤、叔珍、心芷諸先兄，均里居守護父書，不欲遠攜他出。咸豐壬子（二年）歲，子苾先生開藩關輔，詢及此書，欲謀鋟板，時方專人迎養先太恭人入秦，遂囑五兄向吳門翁叔均丈家取歸。兄善摹印，亦請奉母同來，俾呈先生鑒定。乃癸丑（咸豐三年）春先生方事讐校，而五兄病歿。未幾，先生與張詩舲中丞俱內召，其時同志，如何子貞文督學西川，亦以言事去職，一時之謀助刻資者，風流雲散，此議遂輟……庚申（咸豐十年）之變，家藏之名書善畫吉金樂石悉付劫灰，即遺稿瘞諸土中，亦經搜掘焚燬，一慟天涯不知，涕之竟趾，因思區區一編，向非子苾先生議刻，則亦決不能獨存。〔註23〕

吳式芬於咸豐三年（1853）春始讐校《集古官印考證》，後雖未成，但足資證明吳式芬閱過此書（所閱爲翁大年藏本，故吳氏應未獲贈成書之稿）。此外，陳介祺著有《古官印考證》校注（稿本，山東省圖書館藏）〔註24〕，翁大年亦著有《瞿氏印考辨證》（已佚，詳本文第貳章翁大年生平），因此吳、陳、翁三人對於印章的考證方式，多少會受到瞿氏一書的影響。

　　另外，我們從陳介祺致友人的尺牘中，更能感受陳介祺對此書的看重，茲臚列幾則以供參考：

> 〈同治十一年壬申九月四日致吳雲書〉：「瞿木夫先生《古官印考》，有處借鈔否。」（《秦前文字之語》，頁218）
>
> 〈同治十二年癸酉二月二十四日致吳雲書〉：「瞿木夫《集古官印考證》，有刻本寫本可假鈔否，（翁叔均有《古官印考略》，曾寄一目），與吳侃叔《商周文字拾遺》諸書，均乞切爲訪致。」（《秦前文字之語》，頁230）
>
> 〈同治十二年癸酉八月廿四日致吳雲書〉：「瞿木夫《古官印考證》及叔均兄所續輯者，昔年只得目錄，乞敦致翁世兄爲鈔副本見寄（能即假尤妙）。」（《秦前文字之語》，頁242）

〔註23〕 文見〔清〕瞿中溶：《集古官印考》，頁520。
〔註24〕 詳見陸明君：《簠齋研究》，頁176。

〈同治十三年甲戌四月八日致吳雲書〉：「瞿氏《印證》究可假鈔否，念切，翁世兄處望託人代致，至企至企，不敢奪其舊藏與均兄遺著也。」（《秦前文字之語》，頁 253）

〈同治十三年甲戌七月晦致潘祖蔭書〉：「頃得瞿經孼兄來書，即當作復求寄。翁叔均有《續考證》，當附刻。」（《秦前文字之語》，頁 31）

〈同治十三年甲戌十月晦致鮑康書〉：「瞿木夫《官印考證》已刊，甚慰。擬寄廿金求二部，未審清卿可借交由京還之否。」（《秦前文字之語》，頁 201）

〈光緒元年乙亥九月十日致吳大澂書〉：「木夫先生《古官印考證》，當已刻就，曾贈經孼三十金，求二部，以摹印未成未得，近摹亦甚失眞，願求無印者二部（訂而不必裁），乞切致。如經孼力無暇及，則乞付印費（由廠中印），如少不肯印，即十部亦可，與同人分，佳處原在考也。」（《秦前文字之語》，頁 295）

〈光緒三年丁丑七月七日致吳大澂書〉：「瞿刻《集古官印考證》，摹印是其次，經孼竟不克壽，不傳其父書，奈何奈何。如尚能從坊中得之，則求無印者數部，乞留意。」（《秦前文字之語》，頁 306）

〈光緒四年戊寅十一月十四日致吳大澂書〉：「瞿氏《古官印考證》，不必有印，急思一讀，乞留意。」（《秦前文字之語》，頁 323）

從以上數則書信中，我們可得知：

（1）雖然《集古官印考證》的寄贈姓氏有陳介祺之名，但陳介祺實際上並未獲贈成書之稿，所以陳介祺才屢向友人詢問。另外，我們也可以間接推知吳式芬應該也沒有該書之成稿，若有，則陳介祺直接向他的女婿吳重憙商借即可，無需四處求索。

（2）翁大年在瞿氏《集古官印考證》寫成後，又做了續考、續輯。當《集古官印考證》付梓時，陳介祺還希望翁氏的《續考證》能一併附刻。

（3）瞿氏《集古官印考證》由於刊刻時摹印部分較難完成，然因陳介祺亟需一覽，因此退而求其次，只求無印者數部。但直至光緒四年，仍未見得刊印之本。（筆者按：陳介祺至光緒八年才取得刊印之本（摹印部分仍未完成），他在《古官印考證》校注書中題記云：「光緒壬午（八年，1882）

十二月廿七日己卯立春，蘇景璵自長安寄至。」〔註25〕〕

（4）陳介祺認為《集古官印考證》「佳處原在考也」。

從前面所敘，我們可以更加確定吳式芬、陳介祺和翁大年三人均曾校訂過此書，所以他們對於《集古官印考證》的考釋體例一定有所認識。然而是否因此影響到他們在《封泥考略》的考釋體例，我們從下段分析就能了解。

2、《集古官印考證》與《漢官私印泥封考略》、《封泥考略》考釋內容對照

前引瞿樹鎬《集古官印考證‧後跋》一文，我們得知吳式芬在咸豐三年（1853）春時校訂《集古官印考證》。咸豐四至五年時，吳式芬著成《考略》（第二稿），翁大年參與校訂。同治十三年（1874），在吳式芬《考略》的基礎上，吳重熹再增入陳介祺藏品，並經陳介祺校訂、補編成《漢官私印泥封考略》（稿本）。光緒三十年（1904），《封泥考略》正式刊行。

若吳式芬撰寫《考略》時，就已受瞿氏《集古官印考證》考釋體例的影響，那麼吳重熹在將陳介祺封泥增入至吳式芬《考略》時，應該仍是繼續沿著相似的體例繼續增補，因此《漢官私印泥封考略》的考釋體例，應該也會有瞿氏《集古官印考證》考釋體例的痕跡。《封泥考略》又是在《漢官私印泥封考略》的基礎上，經過多年的增補和整理形成，所以應該也會有類似的體例。茲將《集古官印考證》、《漢官私印泥封考略》和《封泥考略》三書中的考釋內容各舉一例，以資對照：

（1）瞿中溶《集古官印考證》卷一「東平王璽」

東平 王璽	張氏寶漢齋銅印

右東平王璽。案《漢書‧地理志》：「東平國，故梁國，景帝中（元）六年別為濟東國，武帝元鼎元年為大河郡，宣帝甘露二年為東平國。」攷〈諸矦王表〉東平思王宇：「宣帝子，甘露二年十月乙亥立。」又「煬王雲，王開明元始二年薨，亡後。」又後漢光武子蒼，建安十五年四月封東平公，十七年十月進為王，傳五世，詳《後漢書》本傳。又〈百官公卿表〉：「諸矦王，高帝初置，金璽盭綬。」顏師古曰：「璽之言信也，古者印璽通名，今則尊卑有別。《漢舊儀》曰：『諸矦王黃金璽，橐佗鈕，文曰璽，謂刻云某王之璽。』」〔註26〕

（筆者按：囿於本文排版且為了方便讀者閱讀，故在此以左上起橫書排印，原文則為右起直書，以下兩書均同，不復註。）

〔註25〕轉引自陸明君：《簠齋研究》，頁176。

（2）《漢官私印泥封考略》「廣陽相印章」

> 廣陽　陳藏一
> 相印
> 章
>
> 右泥封印文曰：廣陽相印章。案《漢書・地理志》：「廣陽國，高帝燕國，昭帝元鳳元年爲廣陽郡，宣帝本始元年更爲國。」攷〈諸侯王表〉廣陽：「本始元年頃王建以燕剌王子紹封」，傳四世，此其相之印也。〔註27〕

（筆者按：此書爲稿本，尚未有封泥拓片，僅在考釋文字前依印文順序寫出封泥品目，若陳介祺有該封泥藏品，則在下註明「陳藏一（或二、三……）」。）

（3）《封泥考略》卷二「廣陽相印章」（頁七b）

> 廣陽相封泥
>
> 廣陽　　齋
> 相印　籃古
> 　　　臧封
> 章　　　泥
>
> 右封泥五字，印文曰：廣陽相印章。按《漢書・地理志》：「廣陽國，高帝燕國，昭帝元鳳元年爲廣陽郡，宣帝本始元年更爲國。」〈諸矦王表〉廣陽：「本始元年頃王建以燕剌王子紹封」，傳四世，此其相之印也。

　　由以上三則引文，我們可以知道這三本書的考釋體例有幾點共通處：①先附上印章（或封泥）的摹本（或拓片），並在印章（或封泥）下註明來源（或收藏者）。②考釋內容，皆先隸定出印章（或封泥）的文字，再加以說明。經過實際對照後，《封泥考略》的考釋體例，確實有受到瞿中溶《集古官印考證》的影響，應該是沒有問題的。

（二）《封泥考略》封泥的編次依據

　　《封泥考略》輯錄 843 枚封泥，其中次序如何安排，孫慰祖已做出解釋，惜無具體證據。茲舉證如下：

1、《漢官私印泥封考略》陳介祺的眉批或校語

　　《漢官私印泥封考略》是了解《封泥考略》成書過程的一部重要著作，陳介祺在書中的眉批或校語，往往提供許多重要的訊息。陳介祺在書中題記

〔註26〕　〔清〕瞿中溶：《集古官印考》，卷一，頁一至二（總頁272）。
〔註27〕　〔清〕吳式芬、陳介祺：《漢官私印泥封考略》，頁38。

的校語中云:「印文引〈表〉……郡次宜依〈志〉爲先後。」又在該書總目加注眉批云:「依〈表〉,則公卿、公卿屬官爲卷一;諸侯王爲卷二,監御史、郡守、郡尉、關都尉長、縣令長爲卷三;新莽爲卷四。以依〈表〉次爲是。」〔註28〕由此就可以了解,《漢官私印泥封考略》的封泥編次,陳介祺囑明吳重憙整理時要依《漢書·百官公卿表》和《漢書·地理志》所載官制、地名順序再整理,因此《封泥考略》的封泥編次應該也是依此原則來呈現。此外,《封泥考略》卷三目「郡太守上」下加按語云:「依〈地理志〉分爲二卷」(卷三目,頁一 b),《漢書·地理志》分上、下二卷,《封泥考略》卷三、四郡太守封泥的部分也依此分成二卷,更可證明此點,下文會再詳加說明。

2、對照《漢書·百官公卿表》和《漢書·地理志》

若要確定《封泥考略》封泥的編次體例是否按照《漢書·百官公卿表》〔註29〕和《漢書·地理志》〔註30〕來編排,直接將兩者比對是最清楚的。茲先將《漢書·百官公卿表》所載職官順序與《封泥考略》卷一至卷七部分(因卷八、九爲王莽朝官印封泥,卷十爲私印封泥,難以直接對照)的職官順序做對照,藉以了解兩者是否有關係。需說明的是:

(1)表中只列職官初名,該職官之屬官及更名則不另註,以省繁瑣。

(2)表中順序,爲〈百官公卿表〉第七上所載職官之次。《封泥考略》職官順序,則在該欄職官名稱後加( )註明。

(3)〈百官公卿表〉第七上所有職官皆列出,《封泥考略》職官則依目錄次序填入〈百官公卿表〉第七上具有之職官。

(4)《封泥考略》據〈百官公卿表〉第七下、《續漢書·百官志》和作者自行判斷所補職官的部分,因只佔極少部分,故不在此表呈現。

順序	百官公卿表	封泥考略	順序	百官公卿表	封泥考略
01	相國、丞相	丞相(01)	02	太尉	
03	御史大夫	御史大夫(02)	04	太傅	

〔註28〕以上兩段原文,依次見〔清〕吳式芬、陳介祺:《漢官私印泥封考略》,頁 15、27。

〔註29〕本文據〔漢〕班固撰,〔唐〕顏師古注:《漢書》,楊家駱主編:《新校本漢書并附編二種》(臺北:鼎文書局,民國 72 年),第 1 冊,卷十九上,〈百官公卿表〉第七上,頁 721～744 來對照。

〔註30〕同前註,第 2 冊,卷二十八上、下,〈地理志〉第八上、下,頁 1523～1674 來對照。

05	太師、太保		06	奉常	奉常（03）
07	郎中令	郎中令（04）	08	衛尉	衛尉（05）
09	太僕	太僕（06）	10	廷尉	廷尉（07）
11	典客	典客（08）	12	宗正	宗正（09）
13	治粟內史		14	少府	少府（10）
15	中尉	中尉（11）	16	太子太傅、少傅	
17	將作少府	將作少府（12）	18	詹事	詹事（13）
19	將行		20	典屬國	典屬國（14）
21	水衡都尉	水衡都尉（15）	22	內史	內史（16）
23	主爵中尉	主爵中尉（17）	24	護軍都尉	
25	司隸校尉		26	城門校尉	
27	奉車都尉、駙馬都尉		28	諸侯王	諸侯王、王國（18）
29	監御史		30	郡守	郡守（19）
31	郡尉	郡尉（20）	32	關都尉、農都尉、屬國都尉	關都尉（21）
33	縣令、長、丞、尉	縣令、長、丞、尉（22）			

　　由表中可知，《封泥考略》官印封泥的編次，的確是依據《漢書·百官公卿表》來排列，而且〈百官公卿表〉第七上所載 33 種職官，《封泥考略》就已輯有 22 種的職官封泥，可見《封泥考略》所輯封泥品目相當豐富。

　　再比對《漢書·地理志》與《封泥考略》卷三、四郡太守封泥編次的順序如下表。需說明的是：

（1）表中只列各郡之原名，其後更改之名，不在表中呈現，若有必要會另予加註說明。

（2）表中順序爲《漢書·地理志》上、下所載之次。《封泥考略》郡、侯國名順序，則在該欄郡、侯國名稱後加（　）註明。

（3）《漢書·地理志》所載郡、侯國名全數列出；《封泥考略》封泥編次，爲方便對照，僅列出卷三、四「郡名＋太守（章）」封泥的部分，並省略「太守（章）」二（或三）字，殘渤封泥則不列入。

（4）《漢書·地理志》與《封泥考略》所載文字寫法不同的部分，在此不討論，將另文說明。

順序	地理志上	封泥考略卷 三	順序	地理志上	封泥考略卷 三	順序	地理志上	封泥考略卷 三
01	京兆尹		02	左馮翊		03	右扶風	
04	弘農郡		05	河東郡	河東（01）	06	太原郡	太原（02）
07	上黨郡	上黨（03）	08	河內郡	河內（04）	09	河南郡	河南（05）
10	東郡	東（06）	11	陳留郡		12	潁川郡	潁川（07）
13	汝南郡	汝南（08）	14	南陽郡		15	南郡	
16	江夏郡	江夏（09）	17	廬江郡	廬江（10）	18	九江郡	九江（11）
19	山陽郡	山陽（12）	20	濟陰郡	濟陰（13）	21	沛郡	沛（14）
22	魏郡	魏（15）	23	鉅鹿郡	鉅鹿（16）	24	常山郡	常山（17）
25	清河郡	清河（18）	26	涿郡	涿（19）	27	勃海郡	
28	平原郡		29	千乘郡	千乘（20）	30	濟南郡	濟南（21）
31	泰山郡	泰山（22）	32	齊郡	齊（23）	33	北海郡	北海（24）
34	東萊郡	東萊（25）	35	琅邪郡	琅邪（26）	36	東海郡	東海（27）
37	臨淮郡	臨淮（28）	38	會稽郡	會稽（29）	39	丹揚郡	丹陽（30）
40	豫章郡	豫章（31）	41	桂陽郡	桂陽（32）	42	武陵郡	
43	零陵郡		44	漢中郡	漢中（33）	45	廣漢郡	廣漢（34）
46	蜀郡	蜀（35）	47	犍爲郡	犍爲（36）	48	越嶲郡	跋巂（37）
49	益州郡	益州（38）	50	牂柯郡		51	巴郡	巴（39）

順序	地理志下	封泥考略卷 四	順序	地理志下	封泥考略卷 四	順序	地理志下	封泥考略卷 四
01	武都郡	武都（01）	02	隴西郡	隴西（02）	03	金城郡	
04	天水郡	天水（03）	05	武威郡		06	張掖郡	
07	酒泉郡		08	敦煌郡	敦煌（04）	09	安定郡	
10	北地郡	北地（05）	11	上郡		12	西河郡	西河（06）
13	朔方郡	朔方（07）	14	五原郡		15	雲中郡	雲中（08）
16	定襄郡	定襄（09）	17	鴈門郡		18	代郡	
19	上谷郡	上谷（10）	20	漁陽郡	漁陽（11）	21	右北平郡	右北（12）
22	遼西郡	遼西（13）	23	遼東郡		24	玄菟郡	元兔（14）〔註31〕
25	樂浪郡		26	南海郡		27	鬱林郡	

〔註31〕據《封泥考略》卷四，頁十五封泥拓片，應作「玄兔」。原作「元兔」，「元」應是避諱字，「兔」則爲訛字。

28	蒼梧郡		29	交趾郡		30	合浦郡	
31	九眞郡	九眞（15）	32	日南郡		33	趙國	
34	廣平國		35	眞定國		36	中山國	
37	信都國		38	河間國		39	廣陽國	
40	膠東國	膠東（16）〔註32〕	41	高密國〔註33〕	膠西（17）	42	城陽國	
43	淮陽國	淮陽（18）	44	梁國		45	東平國〔註34〕	大河（19）
46	魯國		47	楚國		48	泗水國	
49	廣陵國		50	六安國		51	長沙國	

　　由表中可知，《封泥考略》卷三、四郡太守封泥編次，確實是依照《漢書・地理志》所載郡、侯國名來排列。雖然本表中只呈現卷三、四郡太守封泥的部分，但是筆者實際核對《封泥考略》卷三「郡守」；卷四「郡尉、郡都尉、郡司馬」；卷五「縣令長」；卷六「縣丞」；卷七「縣尉」；卷八「新莽郡大尹」等部分封泥後，更加證實《封泥考略》依《漢書・地理志》爲封泥編次的體例。不過卷四「郡司馬」封泥的編次卻出現矛盾，該部分收錄 4 枚封泥，排除殘泐及未詳郡名的封泥，輯錄次序爲「豫章司馬、琅邪司馬」，然而對照上表，我們知道「琅邪郡」是在「豫章郡」之前，所以兩者次序應對調。

二、《封泥考略》的體例

　　從前段諸多舉證，我們已可確定孫慰祖所言不假。不過，他的說明尚不夠細緻，本文會層層剖析。《封泥考略》內容編排次序，依次爲某卷目、某卷正文，底下就分成目錄體例與正文體例來說明：

（一）目錄體例

　　茲以卷二目頁一爲例來介紹《封泥考略》的目錄體例，該頁目錄如下圖：

〔註32〕《封泥考略》卷四輯錄的「膠東太守章」（頁十七 a）爲僞品，詳本文第肆章第二節。
〔註33〕《漢書・地理志》：「高密國，故齊，文帝十六年別爲膠西國，宣帝本始元年更爲高密國。」文見〔漢〕班固撰，〔唐〕顏師古注：《漢書》，第 2 冊，頁 1635。
〔註34〕《漢書・地理志》：「東平國，故梁國……武帝元鼎元年爲大河郡，宣帝甘露二年爲東平國。」文見同前註，第 2 冊，頁 1637。

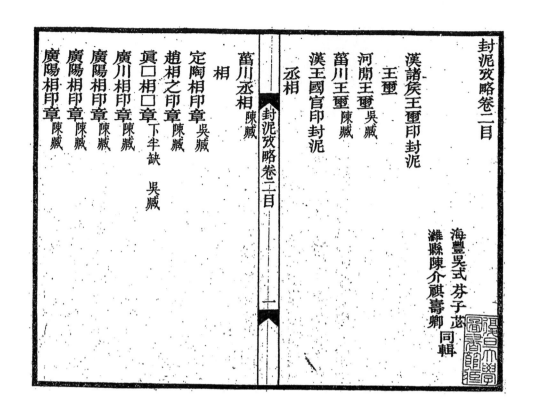

從上圖中，我們可以看出《封泥考略》目錄的體例為：

1、首題某卷目名，如「卷二目」；接著題封泥輯者姓名，如「海豐吳式芬子苾、濰縣陳介祺壽卿」同輯。

2、次題該卷封泥類別名，如「漢諸矦王璽印封泥」、「漢王國官印封泥」。

3、封泥類別名下，再依封泥品目分類，如「王璽」、「丞相」、「相」。

4、最後一層列出各封泥品目類內輯錄吳臧或陳臧的封泥細目，如在王璽下列「河閒王璽」並註明「吳臧」，丞相下列「菑川丞相」並註明「陳臧」。順帶一提，對於多枚同品目封泥（如「廣陽相印章」之類）的排列，是吳臧在前，還是陳臧在前並無一定規律，但以陳臧列前居多數。

（二）正文體例

茲以卷三「河內守印」（頁一）、「上黨太守章」（頁十至十一）為例來介紹《封泥考略》的正文體例，內容依次如下圖：

封泥攷略卷三
河內守封泥

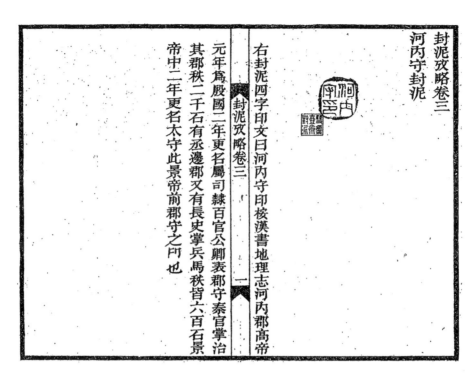

右封泥四字印文曰河內守印楼漢書地理志河內郡高帝

封泥攷略卷三

一

元年爲殷國二年更名屬司隸百官公卿表郡守秦官掌治
其郡秩二千石有丞邊郡又有長史掌兵馬秩皆六百石景
帝中二年更名太守此景帝前郡守之印也

上黨太守封泥

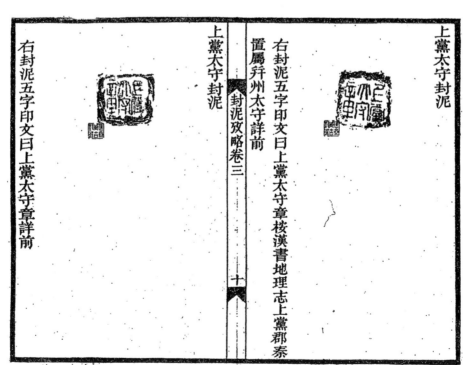

右封泥五字印文曰上黨太守章楼漢書地理志上黨郡秦
置屬幷州太守詳前

封泥攷略卷三

十

上黨太守封泥

右封泥五字印文曰上黨太守章詳前

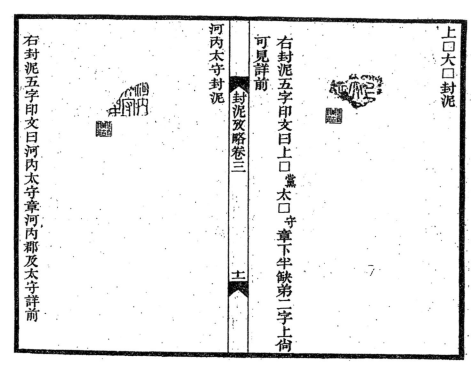

經由以上內容，可以看出《封泥考略》正文的主要體例爲：

1、首題封泥品目，以「某某（某某）＋封泥」表示，並省去「印、章」
（其他還有之印、印章）等字，如「河內守印」就題爲「河內守封泥」。

2、次列封泥拓片，並在拓片下鈐輯者之章，若爲吳式芬藏品，鈐「雙虞壺
齋封泥」，若爲陳介祺藏品，則鈐「簠齋臧古封泥」。

3、再次爲封泥印文考釋。考釋文字開頭皆以「右封泥幾字，印文曰：『某某
某某』」起筆，接著再詳加引證說明。如：「右封泥五字，印文曰：『上黨
太守章。』」若該枚封泥爲「半通印」，則會以「右封泥幾字，半通印文曰……」
來起首。

4、封泥印文若因殘泐無法辨識，封泥題名會以「□」表示，若該泐字稍微
可辨或是可臆測，則在考釋隸定的「□」下標注小字，如「上□大□封泥」
爲題名，考釋隸定爲「上□黨太□守章」。

5、考釋的內容（如郡名、職官等），若在之前的封泥已談過，徑以「詳前」
處理，不贅述。如「上黨太守章」所示。

（三）《封泥考略》目錄、正文體例不一之情形

前列《封泥考略》目錄、正文體例，可視爲該書的通則，不過由於此書

乃經多人之手又歷年多時才完成，仍有前後不協之處，茲說明如下：

1、正文封泥題名誤標類別名

正文開頭均在右上角以「某某（某某）＋封泥」，並省去「印、章」等字來標示該頁要考釋的封泥，但有幾處卻標成「封泥類別名」（如「漢王國官印封泥」之類），計有以下幾例：

（1）卷一中的「左司馬聞翌私鈢」（頁一 a）、「宋連私鈢」（頁二 a）、「粨□□□」（頁二 b）等三枚，均標爲「古鈢封泥」。

（2）卷十所有封泥中，除第一枚「臣光封泥」（頁一）按原則標示外，餘均標成「封泥類別名」，如「臣禹」（頁二 a）、「臣忠」（頁二 b）、「臣信」（頁三 a）等枚開頭均題爲「臣名封泥」；「妾聖」（頁九 b）、「妾喻」（頁十 a）、「妾連期」（頁十 b）等枚開頭均題爲「妾名封泥」。

2、考釋起筆語省略

考釋文字開頭皆以「右封泥幾字，印文曰：『某某某某』」起筆，接著再詳加引證說明。然有幾例卻省略「幾字」，而徑說「右封泥印文曰」，如：

（1）卷二「□平□相」（頁四十二 a）考釋開頭說：「右封泥印文曰」，應改爲：「右封泥四字印文曰」體例才統一。

（2）卷六中「□□丞印」（頁六十九 a）考釋開頭說：「右封泥印文僅存『丞印』二字，同上。」按上枚「□□丞印」（頁六十八 b）云：「右封泥四字，印文僅存『丞印』二字，附丞後。」可知起句應改爲「右封泥四字……。」

（3）卷七「□水右尉」（頁十七 b）考釋開頭說：「右封泥印文曰」，亦應改爲：「右封泥四字印文曰」。

（4）卷九「福于□□□」（頁二 b）（含）以下共 55 枚封泥，開頭皆以「右封泥印文曰」始，應改爲「右封泥五字印文曰」才符合體例。

3、徑標示殘泐封泥的考釋隸定

封泥印文若因殘泐無法辨識，封泥題名會以「□」表示，若該泐字稍微可辨或是可臆測，則在考釋隸定的「□」下標注小字，不過仍有例外：

（1）卷三「北□太守章」（頁三十八 b），作者若認爲□即海字，應在考釋隸定的「□」下標一小字「海」，再說詳前，但是卻沒有標小字而徑說詳前。參看同卷「上黨太守章」（頁十）與「上□太守章」（頁十一 a）；「廬江太守章」（頁十九 b、二十 a）與「廬□太□章」（頁二十 b）；「常山太守章」（頁二十八 b）與「常山□□□」（頁二十九 a）；「豫章太守章」（頁

四十七 a）與「豫□太□章」（頁四十七 b）、「□章□守章」（頁四十八 a）等例即可知曉。

（2）卷四「□□太守章」（頁二十四 b、二十五 a），「太」字完全看不出來，應先標□，再加小字「太」。同卷「平原都尉章」（頁三十三 a）中的「都」字亦是如此。

（3）卷七「汴邟右尉」（頁四 b）為上半殘封泥，除了封泥題名應改題作「□邟□尉」外，考釋隸定中的「汴、右」二字，應改為「□」再標小字，而不是逕予隸出。

（4）卷八「奉新公家丞」（頁二十九 a）中的「丞」字完全殘泐，由於可以推知，故封泥題名應改為「奉新公家□」，並在考釋隸定中「□」下標小字來處理。

（5）卷九「□恩里附城」（頁二十四 a）、「□逆里附城」（頁二十四 b）中的「里、城」二字，雖皆殘泐尚可推知。兩者封泥題名應分別改為「□恩□附□」、「□逆□附□」，考釋隸定則改為「□恩□里附□城」、「□逆□里附□城」。

（6）卷十「崔敞私印」（頁二十八 b）中的「私」字幾乎全泐，無法判斷為何字，應以「崔敞□印」標示即可。

4、詳前體例不一

考釋的內容（如郡名、職官等），若在之前的封泥已談過，逕以「詳前」處理，不贅述。與此通則有違的封泥計有以下幾例：

（1）卷一「御史大夫章」（頁七 a）談到五字章的問題，然在「丞相之印章」（頁五 a）就已出現五字印章封泥，應在「丞相之印章」就討論此問題，接著在「御史大夫章」再以「詳前」說明即可。卷二「定陶相印章」（頁四 b）同樣又談了一次五字章的問題，應標「詳前」即可。

（2）卷三「潁川太守章」（頁十五 b）重複說明「潁川郡」，「潁川太守」（頁十五 a）已說明，故應直接說「詳前」即可。同卷「沛郡太守」（頁二十四 a）與「沛郡太守章」（頁二十四 b）後枚就是如此處理。

（3）卷四「南郡發弩」考釋云：「此為上下橫讀之式，漢印無之。」（頁五十一 b）但同卷「雒陽武庫」（頁四十五 a）、「漁陽太守章」（頁十二 b 至頁十三，「漁陽太守」四字亦是上下橫讀）已有出現，為何不先說明？更早之前「長陵丞印」（卷一，頁十七）、「上林丞印」（卷一，頁五十 b 至頁

五十一 a）亦是上下橫讀之例，實應在卷一就予以說明。

（4）卷五「懷令之印」（頁四 b）重複說明「懷縣」，改爲「詳前」即可。

（5）卷七「徙右尉印」（頁二十三 a）說徙字寫法史書有誤，但前兩枚「徙尉之印」（頁二十二 a-b）已可看出，應提早說明。

（6）卷九「里附城」的說明在「梁于里附城」（頁一 b）才說明，應在第一枚「篤固里附城」（頁一 a）即說明，之後標註「詳前」即可。

（7）卷十「田充之印」（頁二十四 a）、「笤勝之印」（頁二十四 b）特別說明印文讀法爲「旋讀」，同卷「李乃始印」（頁十九 a）、「鄭延年印」（頁十九 b）、「丁方渠印」（頁二十 b）亦是旋讀，爲何不先予註明。值得一提的是，有標註「旋讀」的爲陳藏，未註明的是吳藏，可見吳重熹在將陳藏封泥補入至吳式芬《考略》時，只注意封泥置放的次序，並未注意到將兩者考釋內容做細部的統一。

5、目錄封泥名、正文封泥題名與考釋隸定封泥名不一

一部著作，目錄與正文的標題應該是一致的，然而《封泥考略》卻有許多例外，茲列表如下：

No.	卷	目錄標題（A）	目錄頁碼	正文標題（B）	考釋隸定（C）	正文頁碼	正 確
01	一	皇帝信璽	一 a	皇帝信璽	皇帝信璽	三 a	AC，印文「璽」字從「土」
02	一	□史□夫章	一 b	御史大夫（章）	□御史□大夫章	八 a	AC
03	一	光□勳□章	三 a	光祿勳（印章）	光□祿勳□印章	二十一 a	AC
04	一	衛□丞□	三 b	衛士丞（印）	衛□丞□	二十三 b	AC
05	二	□平□印章	二 b	□平相（印章）	□平相印章	十八 a	A
06	二	□郎□印	三 a	吳郎中（印）	□吳郎□中印	二十 b	AC
07	三	上□太守章	二 a	上□大□（章）	上□黨太□守章	十一 a	C
08	三	穎川太守	二 b	穎川太守	穎川太守	十五 a	BC
09	三	穎川太守章	二 b	穎川太守（章）	穎川太守章	十五 b	BC
10	三	穎川太守章	二 b	穎川太守（章）	穎川太守章	十六 a	BC
11	三	穎川太守章	二 b	穎川太守（章）	穎川太守章	十六 b	BC
12	三	廬□太□章	三 a	廬江太守（章）	廬□江太□守章	二十 b	AC
13	三	濟陰太守章	三 b	濟陰太守（章）	□濟□陰太守章	二十三 b	C

14	三	沛□太□章	四a	沛□大□（章）	沛□郡太□守章	二十六b	AC
15	三	丹陽太守章	六a	丹楊太守（章）	丹楊太守章	四十六a	BC
16	三	丹陽太守章	六a	丹楊太守（章）	丹楊太守章	四十六b	BC
17	三	楗爲□守□	七a	楗爲太守（章）	楗爲太守□章	五十四a	AC
18	三	跋蠢太守	七b	跋巂太守	跋巂太守	五十四b	BC
19	四	武都太□章	一b	武都太守（章）	武都太□守章	三a	AC
20	四	定襄太□□	二a	定襄太守（章）	定襄太□守□章	十一b	AC
21	四	漁陽□□章	二b	漁陽太守（章）	漁陽□太□守章	十三b	AC
22	四	元兔太守章	二b	玄兔太守（章）	玄兔太守章	十五a	BC。A中「玄」作「元」字乃避諱造成
23	四	元兔太守□	二b	玄兔太守（章）	玄兔太守章	十五b	三者皆誤，應作「玄兔太□守□章」
24	五	絲竹長印	三b	絲竹長（印）	絲竹長印	十八b	BC
25	五	絲竹長印	四a	絲竹長（印）	絲竹長印	十九a	BC
26	五	道人令印	六a	衍人令（印）	衍人令印	三十七b	BC
27	五	□陽邑令	六b	□陽□令	□陽□似邑令	四十b	BC
28	六	霸陵丞印	二a	勒陵丞（印）	霸陵丞印	七b	AC
29	六	臨□丞印	九b	臨汜丞（印）	臨汜丞印	六十四b	A或BC擇一即可
30	七	白水左尉	三a	白水左尉	白水右尉	十六b	AB
31	八	弟武男印□	三b	弟武男（印章）	弟武男印章	十九b	A
32	八	安□任□□	四a	安陸任（之印）	安□陸任□之印	二十六a	A
33	八	奉新公家□	五a	奉新公家丞	奉新公家丞	二十九a	A
34	九	壹腸里附城	一b	壹陽里附城	壹陽里附城	六b	BC
35	九	樂豈里附城	二a	樂豈里附城	樂豈里附□城	八b	C
36	九	脩光里附城	二a	脩光里附城	脩光里附城	九b	A或BC擇一即可
37	九	弘光里附□	二a	弘光里附城	弘□光□里□附□城	十a	C
38	九	心定里附□	二a	心定里附城	心定里附□城	十b	AC
39	九	□定□附	二a	□定里附城	□定□里□附□城	十一a	C

40	九	修恥里附□	二 b	脩恥里附城	脩恥□里□附□城	十三 a	C
41	九	綽衡里附城	二 b	綽衡里附城	綽衡里附城	十五 b	BC
42	九	□衡里附城	二 b	□衡里附城	□衡里附城	十六 a	BC
43	九	莊□里□□	二 b	莊□里附城	莊□□里□附□城	十六 b	AC
44	九	敬□里□□	三 a	敬□里附城	敬□里□附□城	十七 a	AC
45	九	思守里附□	三 a	思守里附城	思守里附□城	十七 b	AC
46	九	□守□附□	三 a	□守里附城	□守□里附□城	十八 a	AC
47	九	思濟里附□	三 a	思濟里附城	思濟里附□城	十九 a	AC
48	九	善田里□□	三 b	善田里附城	善田□里□附□城	二十二 a	AC
49	九	□恩□附□	三 b	□恩里附城	□恩里附城	二十四 a	A
50	九	蔡□里□□	四 a	蔡□里附城	蔡□□里□附□城	二十六 a	AC
51	九	所□里□□	四 a	所□里附城	所□里□附□城	二十七 a	AC
52	十	王末	二 b	姓名封泥	王末	十一 b	C

由表中可知，《封泥考略》約有 52 枚封泥標題不一致的現象。需說明的是，有些字些微可辨，書中有時會徑寫，有時會以□表示再加小字注，並無一定之規則，故表中第 43、48、50 例，正確的寫法才會標出兩種不同的寫法。此外，卷七「魯共鄉」（頁四十 a）、「渭陽鄉」（頁四十 b）、「鄭鄉注」（頁四十二 b）目錄稱半通印，考釋卻說長印；同卷末三枚泥印，「黃神」（頁四十六 a）目錄有標羊鈕，「□黃□」（頁四十七 b，羊鈕）與「天帝煞鬼」（頁四十八 b，蛙鈕）目錄則未標何種鈕。

6、其 他

卷四「安□太□章」（頁七）第二字不能定，全文卻以「安定郡」來說明，據卷三「南□守印」下云：「南下一字，為陽、為郡、為海未可定，附郡守後。」（頁六 b）又「□南太守章」下云：「南上，或汝、或濟、或河未可定，坿濟南太守後。」（頁三十三 b）均將不能定的字在考釋時列出可能的情形，並非徑以某郡名做考證，故卷四「安□太□章」應照此原則處理即可。

此外，書中卷四「豫章侯印」（頁四十一）、「樴左鹽丞」（頁四十八 b）與卷十「臣光」（頁一）等封泥考釋中，另於正文下加小字注，甚為特殊，為何如此呈現則不詳。茲舉「豫章侯印」做參考：

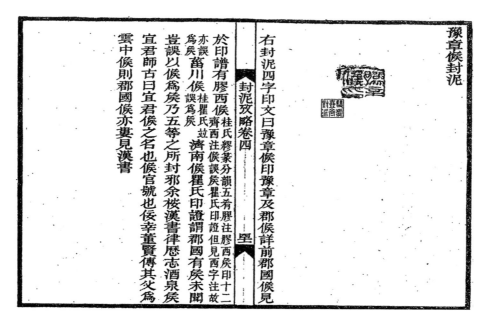

綜上所述，孫慰祖談到《封泥考略》的體例是參酌瞿中溶《集古官印考證》，編次則按《漢書》中的〈百官公卿表〉與〈地理志〉，這點是正確的，我們從「吳式芬、陳介祺和翁大年曾參校《集古官印考證》」、「《集古官印考證》與《漢官私印泥封考略》、《封泥考略》考釋內容對照」、「《漢官私印泥封考略》陳介祺的眉批或校語」和實際「對照《漢書・百官公卿表》和《漢書・地理志》」後可以證實，不過這僅止於解釋卷一至卷七的部分，其餘部分並不完全適用。此外，《封泥考略》的體例，我們從目錄與正文兩方面來觀察，其中兩者除了各自體例不一外，彼此間的用字亦有差異，已詳述如前。

第三節　吳式芬與陳介祺所輯封泥比較

《封泥考略》一共輯錄 843 枚封泥，其中吳藏 271 枚，陳藏 572 枚。吳、陳兩人的封泥有哪些共同及各別之特色，是本節討論的重點。以下就從封泥數量、封泥品目數量、封泥來源和封泥印文讀法等四點來探討：

一、封泥數量

本文在之前曾多次述及吳、陳兩人於《封泥考略》分別輯錄 271、572 枚封泥，至於兩人在書中各卷輯錄封泥之數量為何，茲列表如下：

卷數	一	二	三	四	五	六	七	八	九	十	總計	百分比%
吳藏	26	21	47	39	23	23	21	20	32	19	271	32%
陳藏	70	47	64	61	57	109	66 (-3)	29	25	47	575 (-3)	68%
小計	96	68	111	100	80	132	87 (-3)	49	57	66	846 (-3)	

　　在分析上表之前，有幾點必須說明：首先是卷七陳藏 66 枚封泥中，其實有 3 枚是泥印並非封泥，這 3 枚為「黃神」（頁四十六 a）、「□黃□」（頁四十七 b）和「天帝煞鬼」（頁四十八 b），當從總數扣除，表中以（-3）註明。其次則是卷四「□河□守章」（頁二十一 b）封泥，卷四目標為「吳臧」（卷四目，頁三 a），正文拓片卻鈐「簠齋臧古封泥」；卷十「臣當多」（頁九 a）封泥，卷十目標為「陳臧」（卷十目，頁二 a），正文拓片卻鈐「雙虞壺齋封泥」，按書中封泥拓片，兩家是各自進行的，因此應以正文鈐印為準。最後，表中的百分比只取至整數。

　　從表中統計可知，吳藏封泥共 271 枚，佔全書 32%；陳藏封泥共 572 枚，佔全書 68%，較吳藏數量多了 301 枚（36%）。正是因為陳藏較吳藏數量多了 301 枚，因此各卷封泥數量，除了第九卷新莽附城封泥吳較陳多外（7枚），其餘各卷都是陳較吳多。

二、封泥品目數量

　　了解吳、陳兩人封泥總數後，接著我們進一步探討兩人輯錄的封泥品目數量。茲先將兩人各卷的封泥品目列成下表再做說明，表中數字為大約之數（因難免有誤差值），而且不含各卷的殘泐封泥和卷七中的 3 枚陳藏泥印：

卷數	一	二	三	四	五	六	七	八	九	十	總計
吳	20	16	25	24	18	14	19	15	15	14	180
陳	55	28	39	41	30	55	45	22	17	40	372
小計	75	44	64	65	48	69	64	37	32	54	552
共同	7	6	15	6	8	8	10	0	0	0	60

　　此表顯示，《封泥考略》輯錄的完整封泥，一共約有 552 種品目，其中吳式芬的約 180 種，陳介祺的約 372 種，陳較吳多了 192 種，而兩人共同的封

泥品目僅約 60 種，可見《封泥考略》輯錄的封泥品目是相當豐富的。另外，各卷中屬於吳式芬的封泥品目數量，皆少於陳介祺，這和前一表格呈現兩人在各卷封泥數量的比較上，有著異曲同工之妙，但更為突出。

三、封泥來源

本文在第貳章第一節第二點中，曾談到吳式芬、陳介祺兩人的封泥多是來自四川和陝西，另在同章第二節吳式芬生平的部分，說到吳式芬並沒有收集自山東出土的封泥，所以《封泥考略》註明出土山東的封泥，全為陳介祺藏品，並無屬於吳式芬的，本文「第貳章、第一節、二、（二）《封泥考略》成書過程」也再次證實此點。茲將《封泥考略》中有註明出土山東地區的封泥，詳列如下表，以供查證：

No.	封　泥	頁　碼	出　土　地	吳藏	陳藏
01	左司馬聞棨私鉩	卷一，頁一 a	臨菑		V
02	宋連私鉩	卷一，頁二 a	臨菑		V
03	菑川丞相	卷二，頁四 a	臨菑		V
04	菑川頃廟	卷二，頁十九 b	臨菑		V
05	菑川府丞	卷二，頁二十二 a	臨菑		V
06	□□□秋	卷二，頁二十三 a	臨菑		V
07	齊中尉印	卷二，頁二十四 a	臨菑		V
08	齊中廄丞	卷二，頁二十六 a	臨菑		V
09	菑川內史	卷二，頁二十七 b	臨菑		V
10	左府	卷二，頁三十 a	臨菑		V
11	左□	卷二，頁三十一 b	臨菑		V
12	守府	卷二，頁三十二 a	臨菑		V
13	□銅	卷二，頁三十二 b	臨菑		V
14	□□矦相	卷二，頁四十一 b	濰縣古營邱城		V
15	□鄒□丞	卷二，頁四十三 a	臨菑		V
16	傅陽守印	卷三，頁四 b	山左地		V
17	臨菑卒尉	卷四，頁二十九 b	臨菑		V
18	齊鐵官印	卷四，頁四十九 b	古臨菑		V
19	齊□官□	卷四，頁五十 a	臨菑		V

20	齊□官□	卷四，頁五十 b	臨菑		V
21	齊□□□	卷四，頁五十一 a	臨菑		V
22	廩工（丘）丞印	卷六，頁十九 a	臨菑		V
23	臨菑丞印	卷六，頁二十七 a	臨菑		V
24	東安平丞	卷六，頁六十 b	臨菑		V
25	下東	卷七，頁三十九 b	今（清朝）昌邑縣		V
26	阜鄉	卷七，頁四十一 b	齊地		V
27	壁鄉	卷七，頁四十二 a	齊地		V
28	天帝煞鬼（泥印）	卷七，頁四十八 b	今（清朝）壽光縣紀臺土中		V
29	司馬舜印	卷十，頁十八 a	齊地		V
30	顏房之印	卷十，頁二十一 b	齊地		V
31	宋喜之印	卷十，頁二十三 a	齊地		V
32	王罔私印	卷十，頁二十六 b	齊地		V
33	信	卷十，頁三十 a	臨菑		V
總計				0	33

表中共標示六處出土地，有「（古）臨菑（淄）」、「濰縣古營邱城」、「山左」、「昌邑縣」、「齊」和「壽光縣紀臺」等地，皆位於山東。按「臨淄」，在今山東省淄博市東北，古時原名「營丘」〔註 35〕；「濰縣」，爲今山東省濰坊市；「山左」，即山東省舊時別稱，因在太行山之左（東）得名；「昌邑縣」，爲今山東省昌邑市；「齊」，指今山東省泰山以北黃河流域及膠東半島地區；「壽光縣」，在今山東省壽光市。附上山東省地圖，便於了解各出土地位置〔註 36〕：

〔註 35〕 戴均良等主編：《中國古今地名大詞典》（上海：上海辭書出版社，2005 年），中冊，頁 2144。下文「濰縣」、「山左」、「昌邑縣」、「齊」、「壽光縣」等古今地名則分別參考自此書「下冊，頁 3169」、「上冊，頁 231」、「中冊，頁 1793」、「中冊，頁 1227～1228」和「中冊，頁 1382」。

〔註 36〕 圖片引自戴均良等主編：《中國古今地名大詞典》，上冊，山東省政區圖。

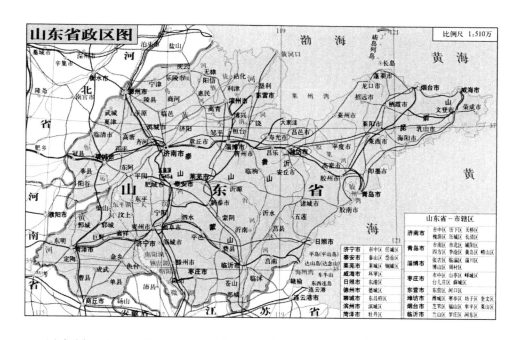

以上封泥共 33 枚，皆為陳介祺藏品，其中 1 枚為泥印，故實際上為 32 枚。註明出土臨淄者有 23 枚，濰縣者 1 枚，山左者 1 枚，昌邑縣者 1 枚，齊者 6 枚，壽光縣者 1 枚（泥印）。這些出自山東的 32 枚封泥，僅佔《封泥考略》全部封泥的 4%，可見在陳介祺去世前，山東出土封泥多是零星的，較之郭鹿庭《齊魯封泥考存》（327 枚）、羅振玉輯，王國維編次《齊魯封泥集存》（449 枚）和山東省立圖書館輯，王獻唐編《臨淄封泥文字》（465 枚）等書動輒數百枚之量，不免小巫見大巫。

四、封泥印文讀序

《封泥考略》輯錄的封泥中，少至 1 字，多至 7 字的封泥皆有，其中有些類型僅見於吳、陳其中一人的藏品。需說明的是，第一，各項印文讀序圖式，為便於繪製，皆以方形格式處理，並非《封泥考略》輯錄封泥皆作方形；第二，各封泥印文讀序的類型中，若吳、陳二人皆有且佔全書多數，該類封泥概不舉例，若吳、陳二人皆有且僅具數例，則詳列；第三，封泥後加註之數字，前一個數字代表卷，後一個數字代表頁，a、b 各指該頁上、下半頁，如「臣光」（十，一 a）指「臣光」封泥錄於卷十，頁一上半頁。以下就印文字數分別介紹如下：

（一）一字印

《封泥考略》中的一字印封泥（因殘泐而存一字者，當然不在此列）僅兩枚，分別爲「倉」（二，四十四 a）、「信」（十，三十 a），皆爲陳介祺藏品。其中「信」封泥爲一封泥上分別鈐了上豎、下橫的「信」字（如下圖），甚爲特殊。

（信）

（二）二字印

《封泥考略》中的二字印封泥一共有兩種讀序類型，如下圖所示：

（二）甲	（二）乙
1 2	2　1

（二）甲類絕大多數爲半通印，吳、陳兩人皆有；（二）乙類吳、陳也都有，而且全都是卷十的臣名、妾名和姓名類別中的封泥，吳僅 4 枚：王聞、王□、莊疆和田志；陳則有 19 枚：臣光、臣禹、臣忠、臣信、臣賜、臣寶、臣普、臣譚、臣誧、臣晨、臣憲、妾聖、妾喻、芻狀、王未、李直、齧憲、□齰、□憙。（以上封泥錄於卷十，頁十六之前，在此不分註頁碼）兩人共 23 枚。

（三）三字印

《封泥考略》中的三字印封泥一共有五種讀序類型，如下圖所示：

（三）甲	（三）乙	（三）丙	（三）丁	（三）戊
1 2 3	3　2　1	2 3　1	1 3　2	1 3　2

（三）甲類吳、陳兩人皆有，全書僅 4 枚；（三）乙、（三）丙和（三）丁三類爲陳藏封泥所獨有，（三）戊則爲吳氏獨有，各類之封泥臚列於下：

（三）甲：

　　　　屬吳者，有「渭陽鄉」（七，四十 b）、「鄭鄉注」（七，四十二 b），共 2 枚。

　　　　屬陳者，有「成都庫」（四，四十六 a）、「魯共鄉」（七，四十 a），共 2 枚。兩人共 4 枚，皆爲半通印。

（三）乙：皆屬陳，有「笞□多」（十，三十 b），共 1 枚。

（三）丙：皆屬陳，有「臣定國」（十，七 a）、「臣廣德」（十，七 b）、「臣安漢」（十，八 a）、「臣幸臣」（十，八 b）、「妾連期」（十，十 b），共 5 枚。

（三）丁：皆屬陳，有「公孫適」（十，十六 b）、「□閭樂」（十，十七 a）、「展仁印」（十，十七 b），共 3 枚。

（三）戊：皆屬吳，有「臣當多」（十，九 a），共 1 枚。

以上三字印共五類 14 枚，其中吳獨有者僅（三）戊一類，共 1 枚；陳獨有者則爲（三）乙、（三）丙、（三）丁三類，共 9 枚。此外，（三）乙、（三）丙、（三）丁和（三）戊四類封泥，皆在卷十。

（四）四字印

《封泥考略》書中輯錄的封泥，四字印封泥佔了超過一半以上的數量，印文讀法有以下四種類型：

（四）甲		（四）乙		（四）丙		（四）丁	
3	1	2	1	3	1	2	1
4	2	4	3	2	4	3	4

以上四類中，吳、陳兩人皆有，（四）甲一類爲全書四字封泥的主要類型，（四）乙次之，有 20 枚；再次爲（四）丁、（四）丙兩類，各別有 5 枚、3 枚。茲舉（四）乙、（四）丙、（四）丁三類封泥如下：

（四）乙：兩人共 20 枚

　　　　屬吳者，有「上林丞印」（一，五十一 a）、「雒陽武庫」（四，四十五 a）、「密丞之印」（六，十八 a）、「臨朐尉印」（七，十九 a），共 4 枚。

屬陳者，有「長陵丞印」（一，十七 a）、「上林丞印」（一，五十 b）、「椹
左鹽丞」〔註37〕（四，四十八 b）、「南郡發弩」（四，五十一
b）、「長安丞印」（六，二 a）、「長安丞印」（六，二 b）、「長安
丞印」（六，三 a）、「長安丞印」（六，三 b）、「□泉丞印」（六，
十 a）、「美陽丞印」（六，十二 b）、「北屈丞印」（六，十六 b）、
「葉丞之印」（六，二十二 b）、「定陶丞印」（六，二十五 b）、
「成都丞印」（六，三十五 a）、「成都丞印」（六，三十五 b）、
「牛鞸丞印」（六，五十六 b），共 16 枚。

（四）丙：兩人共 3 枚

屬吳者，有「代郡車令」（四，四十七 a），共 1 枚。

屬陳者，有「都船丞印」（一，四十三 b）、「臨薔丞印」（六，二十七 a），
共 2 枚。

（四）丁：兩人共 5 枚

屬吳者，有「李乃始印」（十，十九 a）、「鄭延年印」（十，十九 b）、「丁
方渠印」（十，二十 b），共 3 枚。

屬陳者，有「田充之印」（十，二十四 a）、「笱勝之印」（十，二十四 b），
共 2 枚。

以上三類中，共 28 枚，其中（四）乙、（四）丙兩類皆是吳較陳少。（四）乙
中屬陳者封泥，多是集中在卷六；（四）丁中的封泥，不論是屬吳或屬陳，皆
在卷十，這是比較特別的地方。順帶一提，前舉（二）乙、（三）乙、（三）
丙、（三）丁、（三）戊和本類型之（四）丁等六類封泥中，都輯錄於《封泥
考略》卷十，可見私印的讀法較官印讀法多元、自由。

（五）五字印

《封泥考略》的五字印封泥數量，僅次於四字印，讀法可分為兩種，如
下圖所示：

〔註37〕《封泥考略》原讀作「椹鹽左丞」，然實當讀作「椹左鹽丞」。詳本文第伍章
第二節說明。

（五）甲			（五）乙		
5	3	1	5	2	1
	4	2		4	3

（五）甲一類，乃《封泥考略》五字印封泥的主要讀法，吳、陳兩人皆有。
（五）乙一類爲吳式芬藏品中獨有的類型，全書僅 3 枚，有「漁陽太守章」
（四，十二 b）、「漁陽太守章」（四，十三 a）、「漁陽□□章」（四，十三 b）
等 3 枚。

（六）六字印

《封泥考略》六字印封泥讀法，共一類 3 枚，讀法如下圖：

5	3	1
6	4	2

這 3 枚中，屬吳者，有「丞相曲逆矦章」（二，三十三 a）、「豫章南昌連率」
（八，六 b）；屬陳者，有「建子城門校尉」（八，四 a）。其中「丞相曲逆矦
章」乃僞封泥（詳第肆章）。

（七）七字印

《封泥考略》七字印封泥讀法，僅一類 1 枚，乃陳藏戰國時期封泥，印
文曰「左司馬聞叴私鈢」（一，一 a），讀法如下：

6	4	1
		2
7	5	3

此外，書中另 2 枚戰國時期四字印封泥，也是陳氏藏品，吳氏並無此類之封
泥。

綜上所述，吳、陳兩人封泥，從封泥數量來說，全書共 843 枚封泥，吳
有 271 枚，陳有 572，陳較吳多了 301 枚；從封泥品目來說，全書一共約有
552 種品目，吳式芬的約 180 種，陳介祺的約 372 種，陳較吳多了 192 種，而

兩人共同的封泥品目僅約 60 種；從封泥來源來說，兩人封泥多來自四川和陝西，而陳介祺還輯有 32 枚（不含泥印）註明出土自山東的封泥；從封泥印文讀法來說，全書輯錄的種類，從一字至七字的封泥皆有，兩人各自有何種類型讀法的封泥，茲整理成下表：

封泥字數	類型	吳藏（枚）	陳藏（枚）	說　　　明
一字（一）	（一）	0	2	僅陳有
二字（二）	甲	兩人皆有（多枚）		絕大多數爲半通印
	乙	4	19	陳較吳多，均錄於卷十
三字（三）	甲	2	2	皆半通印
	乙	0	1	僅陳有，錄於卷十
	丙	0	5	僅陳有，錄於卷十
	丁	0	3	僅陳有，錄於卷十
	戊	1	0	僅吳有，錄於卷十
四字（四）	甲	兩人皆有（多枚）		全書四字印主要之類
	乙	4	16	陳較吳多，屬陳者多錄於卷六
	丙	1	2	陳較吳多
	丁	3	2	吳較陳多，皆錄於卷十
五字（五）	甲	兩人皆有（多枚）		全書五字印主要之類
	乙	3	0	僅吳有， 皆爲「漁陽太守章」（1 枚半泐）
六字（六）	（六）	2	1	吳藏「丞相曲逆疾章」爲僞品
七字（七）	（七）	0	1	僅陳有，戰國時期封泥

由表中可知，吳獨有之類，有（三）戊和（五）乙等二類；陳獨有者之類，則有（一）、（三）乙、（三）丙、（三）丁和（七）等五類，其餘之類兩人皆有，可見陳藏封泥的讀序較吳藏更有多元變化。

　　封泥考略》的版本，尤其是光緒三十年後各出版社刊行的出版品，雖然都是據「光緒三十年石印本」影印，但是經筆者實際比對後，發現仍有許多不同之處。《封泥考略》的體例是參酌瞿中溶《集古官印考證》，編次則按《漢書》中的〈百官公卿表〉與〈地理志〉，然編次部分僅止於卷一至卷七，其餘各卷並不能作如是說；書中目錄與正文，除了各自體例有牴牾之處外，兩者部分用字亦有別。《封泥考略》吳、陳兩人封泥，在數量、品目數量、來源和印文讀序類型上的個別特色，均是值得我們注意的地方。

第肆章 《封泥考略》研究（下）

本章探討《封泥考略》的內容，先敘述書中有關「戰國封泥及漢、莽朝官印和私印」的主要印文內容，次談書中考釋所呈現出研究封泥的面向，茲分幾方面敘述之。

第一節 《封泥考略》輯錄封泥之內容

《封泥考略》全書共分爲十卷，輯錄 843 枚封泥（另含 3 枚泥印）。茲先將書中各卷編者所題類名及其類目（表中類目畫斜線者，代表原書未再另題類目）整理成下表，再據印文內容分成「官印」、「私印」兩大類來介紹：

卷	印 文 內 容		官印	私印
	類 名	類 目		
一	古鉨（璽）封泥		不作歸類	
	漢帝信璽封泥		V	
	漢朝官印封泥	丞相、列將軍、雜號將軍、奉常、郎中令、衛尉、太僕、廷尉、典客、宗正、少府、中尉、將作少府、詹事、典屬國、水衡都尉、內史、主爵中尉。	V	
二	漢諸矦（侯）王璽印封泥		V	
	漢王國官印封泥	丞相、相、奉常、郎中令、僕、少府、詹事長秋、中尉、水衡都尉、內史。	V	
	漢矦印封泥	矦、矦名印。	V	
	漢矦國官印封泥	相。	V	

			V	
三	漢郡國官印封泥	郡守、郡太守。	V	
四	漢郡國官印封泥	郡太守、郡守丞、郡長史、郡尉、郡都尉、郡司馬、郡俟（候）、郡均長、郡庫令、郡武庫、郡縣庫、郡車令、郡長、郡鹽官、郡鐵官、郡發弩官、郡縣田官、關都尉、關長、關尉、塞尉、部丞。	V	
五	漢縣邑道官印封泥	令長。	V	
六	漢縣邑道官印封泥	丞（坿圜）。	V	
七	漢縣邑道官印封泥	尉。	V	
	漢縣邑道無官名印封泥		V	
	漢縣邑道掾史印封泥	獄司空、坿地名印封泥。	V	
	漢縣邑道鄉官印封泥	鄉、坿長老印封泥。	V	
	漢方士印封泥			V
	漢方士泥印			V
八	新莽朝僞官印封泥	國師、將軍都尉、納言士、校尉、城門校尉。	V	
	新莽郡國僞官印封泥	郡大夫、郡連率、郡大尹、郡大尉。	V	
	新莽縣邑道僞官印封泥	宰。	V	
	新莽僞封俟子男印封泥	俟、子、男。	V	
	新莽族女僞封號印封泥	任。	V	
	新莽諸俟以下母妻僞封號印封泥	子夫人。	V	
	新莽僞封國丞印封泥	俟國丞。	V	
	新莽僞封家丞印封泥	公家丞、男家丞。	V	
九	新莽僞封號印封泥	附城。	V	
十	漢臣名印封泥			V
	漢妾名印封泥			V
	漢私印封泥	姓名、復姓名、姓名印、復姓名印、姓名名印、姓名之印、姓名私印、姓名印信。		V
	坿古一字小印封泥			V
	坿鳥篆印封泥			V
	坿闡文印封泥			V
	坿殘封泥		不作歸類	

從表中可以大致看出各卷封泥的內容：第一卷主要是漢朝官印封泥；第二卷主要爲漢王國官印及少數疾國官印封泥；第三卷均收錄漢郡（太）守官印封泥；第四卷除了有漢郡太守封泥外，郡太守屬官均錄於此卷中；第五、六卷分別收錄漢縣邑道「令長」、「丞」官印封泥；第七卷主要收錄漢縣邑道「尉」官印封泥；第八、九卷則收錄新莽朝官印封泥，前者輯錄新莽朝中央、郡國、縣邑道、封爵等類封泥，後者均爲「附城」封泥；第十卷則多屬私印，並以漢「臣名」、「妾名」和「姓名」私印爲主。全書收錄「官印」爲主，其中標明「不作歸類」者，乃因「印文內容」難以解釋，故暫不分類。以下分作「官印」與「私印」兩大類介紹《封泥考略》的封泥，無法歸於上述兩類者，統歸爲「其他」類說明。

一、官印封泥

《封泥考略》收錄的封泥中，官印約有 770 枚，佔全書百分之九十，集中收錄於卷一至卷九，其中又以漢官印佔絕大多數，新莽官印次之，再次則爲秦官印。以下就秦官印、漢官印、新莽官印的順序來說明：

（一）秦官印

《封泥考略》封泥編排的順序，就時間來看是按「古璽、漢、新莽」來分，並沒有另別「秦」來安排，但這不意味著書中沒有收錄「秦」封泥，我們只要從《封泥考略》的目錄和考釋逐一檢核，仍是可以發現的。《封泥考略》於目錄標注「秦印」的有 3 枚，依序是「參川尉印」、「琅邪司馬」與「田窗」（秦半通印），均錄於卷四，拓片如下：

參川尉印	琅邪司馬	田窗
（卷四，頁二十七 a）	（卷四，頁三十九 b）	（卷四，頁五十二 b）

這 3 枚確是秦封泥，周曉陸、路東之《秦封泥集》均有收錄，並做了更詳細

的考釋。〔註1〕此外，《封泥考略》還有在考釋中用「疑是秦制」、「殆秦物也」、「似秦制」、「印文似秦」、「似秦物」、「似秦印」、「當秦印」等語間接點明某封泥為秦印，如前舉「參川尉印」與「田齊」外，尚有「都船丞印」（卷一，頁四十三 b）、「薔川府丞」（卷二，頁二十二）、「南郡發弩」（卷四，頁五十一 b）、「懷令之印」（卷五，頁四 a）、「□泉丞印」（卷六，頁十 a）、「東安平丞」（卷六，頁六十 b）、「公印」（卷七，頁四十三 a）等枚，然而這些封泥是否皆如作者所云為「秦印」？判別的準則是否合宜？本章第二節會再深論。非常特別的是，書中於目錄或考釋中標明為秦印的封泥，均是陳介祺藏品，毫無例外。

（二）漢官印

漢官印封泥是《封泥考略》的大宗，漢朝、王國、郡縣邑道、鄉等層級的官吏封泥皆有，收錄於書中卷一至卷七〔註2〕。漢朝及王國官印封泥的編排順序是按《漢書・百官公卿表》編次；地方官印，除了按官吏高低來安排外，最主要是依《漢書・地理志》來編次，本文第參章第二節均已說明，不贅述。

作者如何將書中大部分封泥的時代歸於「漢」，是值得我們注意的。我們知道，《封泥考略》卷一至卷七的封泥，絕大部分是按《漢書》的〈百官公卿表〉及〈地理志〉編排，凸顯而出的意義即是這些封泥的印文，多能與〈百官公卿表〉與〈地理志〉的內容互相證明，因此編者在為各卷標示類名時才會冠以「漢」字表示其時代，書中卷八、卷九的新莽朝官印封泥，也是利用相同的方式處理（詳後文）。下面就分漢朝官印、王國與侯官印、郡國與縣邑道官印等三類〔註3〕各舉數例以見其梗概：

1、朝 官

朝官印封泥，主要收錄於卷一，所含的職官有「丞相、御史大夫、奉常、郎中令、衛尉、太僕、廷尉、典客、宗正、少府、中尉、將作少府、詹事、水衡都尉、內史」等十餘種，其所屬職官則列於其中（以下王國、郡國、縣

〔註1〕 此3枚依序參周曉陸、路東之：《秦封泥集》（西安：三秦出版社，2000年），頁251、263、231。
〔註2〕 詳細封泥品目可參本文「附錄一」。
〔註3〕 《封泥考略》輯錄的鄉印封泥僅「魯共鄉、渭陽鄉、阜鄉、壁鄉、鄭鄉注」等 5 枚，內容不似其他職官層級來得多，本章第二節會另作介紹，不在此敘述。

邑道等屬官印亦是如此，不再說明）。茲引「丞相、奉常屬官、太僕屬官」以該之。「丞相之印章」下云：

> 右封泥五字，印文曰：「丞相之印章」。按《漢書·百官公卿表》：「相國、丞相，皆秦官，金印紫綬，掌丞天子助理萬機。秦有左右，高帝即位，置一丞相，十一年更名相國，綠綬。孝惠、高后置左右丞相，文帝二年復置一丞相。有兩長史，秩千石。哀帝元壽二年更名大司徒。」（卷一，頁四 b 至五 a）

「孝景園令」下云：

> 右封泥四字，印文曰：「孝景園令」。按《漢書·百官公卿表》：奉常，秦官，景帝中（元）六年更名太常，屬官有諸廟、寢、園、食官令長丞。此園令之印也。（卷一，頁十五 a）

「家馬丞印」下云：

> 右封泥四字，印文曰：「家馬丞印」。按《漢書·百官公卿表》：太僕，掌輿馬，屬官有家馬令丞尉。此其丞之印也。（卷一，頁二十五 b）

上舉三例，與《漢書·百官公卿》所載之官名均相符，因此編者將其列於漢世。

2、王國、侯國

王國、侯國官印封泥均收錄於卷二，王國除了王璽外，尚有「丞相、奉常、僕、少府、中尉、水衡都尉、內史」等近十種；侯國除了「侯印」外，僅有「相印」一種。茲舉王國「王璽、中尉」及侯國「相」以該之。「河間王璽」下云：

> 右封泥四字，璽文曰：「河間王璽」。按《漢書·地理志》：「河間國，故趙，文帝二年別爲國。」應劭曰：「在兩河之間。」《漢書·諸矦王表》：「河間，孝文二年二月乙卯，文王辟疆以趙幽王子立。薨，哀王福嗣。薨，亡後。」又「河間獻王德，景帝子，二年三月甲寅立。薨，共王不周嗣。薨，剛王基嗣。薨，頃王緩嗣。薨，孝王慶嗣。薨，王元嗣，建昭元年，廢遷房陵。建始元年正月丁亥，惠王良以孝王子紹封。薨，王尚嗣，王莽篡位，貶爲公，明年廢。」此其璽也。……《漢書·百官公卿表》：「諸矦王，高帝初置，金璽盭綬，掌治其國。有太傅輔王，內史治國民，中尉掌武職，丞相統衆

官，羣卿大夫都官如漢朝。景帝中（元）五年〔註4〕令諸侯王不得復治國，天子爲置吏，改丞相曰相，省御史大夫、廷尉、少府、宗正、博士官，大夫、謁者、郎諸官長丞皆損其員。武帝改漢內史爲京兆尹，中尉爲執金吾，郎中令爲光祿勳，故王國如故。損其郎中令，秩千石；改太僕曰僕，秩亦千石。成帝綏和元年省內史，更令相治民，如郡太守，中尉如郡都尉。」……。（卷二，頁一至二）

「齊中尉印」下云：

右封泥四字，印文曰：「齊中尉印」，出臨菑。按《史記·諸侯年表》：高帝子，齊王劉肥，肥子則。〈悼惠世家〉作側。肥子將閭，將閭子壽，壽子次昌。武帝子閎。《漢書·百官公卿表》：諸侯王，高帝初置。中尉，掌武職，羣卿大夫都官如漢朝。此印雖未能定齊何王時，自是高帝、武帝子孫王齊者之官，非田儋、韓信時物也。（卷二，頁二十四）

「平矦相印」下云：

右封泥四字，印文曰：「平矦相印」。按《漢書·地理志》：平縣，屬河南郡。〈高惠高后孝文功臣表〉平悼矦工師喜，高帝六年封，傳子至孫，坐罪免。此其相印也。「師喜」，《史記》作「沛嘉」，《廣韻》作「公師壹」。（卷二，頁三十七a）

因王國、侯國官印會牽涉到王、侯世次及地理位置，故上舉封泥中除了會引述《漢書·百官公卿表》外，還引了《漢書》的〈諸侯王表〉、〈高惠高后文功臣表〉、〈地理志〉，以及《史記·諸侯年表》作考釋，更加凸顯「印文反映的內容」時代爲漢的可能性。

3、郡國、縣邑道

郡國官印收錄於卷三、卷四，其中第三卷全爲「太守」官印，卷四除了「太守」外，還有郡「守丞、長史、尉（都尉）、司馬、候、均長、庫令、武庫、車令、長、鹽鐵官、發弩官、關都尉」等近十五種官印。縣邑道官印則收錄於卷五至卷七，其中卷五爲「縣令長」，卷六爲「縣丞」，卷七主要爲

〔註4〕《封泥考略》原作「景帝十五年」，按《漢書·百官公卿表》原作「景帝中（元）五年」（一，頁741），筆者徑予改正。〈百官公卿表〉文見〔漢〕班固撰，〔唐〕顏師古注：《漢書》，楊家駱主編：《新校本漢書并附編二種》（臺北：鼎文書局，民國72年），第1冊，頁741。

「縣尉」官印，另錄有「無官名印、掾史印、鄉官印和方士印」等類封泥。
茲舉郡太守、縣令、縣丞、縣尉以該之。「河內守印」下云：

> 右封泥四字，印文曰：「河內守印」。按《漢書・地理志》：河內郡，
> 高帝元年爲殷國，二年更名，屬司隸。〈百官公卿表〉：「郡守，秦官，
> 掌治其郡，秩二千石，有丞。邊郡又有長史，掌兵馬，秩皆六百石。
> 景帝中（元）二年更名太守。」此景帝前郡守之印也。（卷三，頁一）

「汝南太守章」下云：

> 右封泥五字，印文曰：「汝南太守章」。按《漢書・地理志》：汝南郡，
> 高帝置，屬豫州。太守，詳前。（卷三，頁十七 a）

「胡令之印」下云：

> 右封泥四字，印文曰：「胡令之印」。按《漢書・地理志》：京兆尹湖
> 縣，故曰胡，武帝建元六年更名「湖」。此「胡」字上有缺，不作「湖」，
> 建元前之令印也。〈百官公卿表〉：「縣令、長，皆秦官，掌治其縣。
> 萬戶以上爲令，秩千石至六百石。減萬戶爲長，秩五百石至三百石。
> 皆有丞、尉，秩四百石至二百石，是爲長吏」、「大率方百里，其民
> 稠則減，稀則曠，鄉、亭亦如之，皆秦制也。列侯所食縣曰國，皇
> 太后、皇后、公主所食曰邑，有蠻夷曰道。」又《續漢書・百官志》：
> 「每縣，丞各一人；尉，大縣二人，小縣一人。」（卷五，頁一）

「長安丞印」下云：

> 右封泥四字，印文曰：「長安丞印」。按《漢書・地理志》：長安縣，
> 高帝五年置，屬京兆尹。縣邑道丞，詳前。（卷六，頁一 a）

「白水尉印」下云：

> 右封泥四字，印文曰：「白水尉印」。又一曰：「白水左尉」，一曰：「白
> 水右尉」。按《漢書・地理志》：白水屬廣漢郡。漢制，每縣尉大縣
> 二人，小縣一人。據此三印，知白水於漢爲大縣，又爲小縣。（卷七，
> 頁十五 a）

從以上五例考釋可看出，他們與朝官、王國、侯國官印的處理方式是相同的，
多能符合〈百官公卿表〉、〈地理志〉的記載故列於「漢」。順帶一提，「河內
守印」及「胡令之印」，編者配合《漢書》〈百官公卿表〉和〈地理志〉的記
載作出簡易的斷代。「白水尉印」結合「白水左尉」、「白水右尉」兩印，則證
明《續漢書・百官志》對於「縣尉」的記載是正確的。

封泥的斷代，依據的線索若是越齊全，得出的結果可信度就越高。從上舉各例中，可看出《封泥考略》多是單憑史籍的記載就斷定封泥的時代，這樣當然會有錯誤的情況產生，實際例證會在之後說明。

（三）新莽朝官印

新莽朝官印封泥集中收錄於卷八至卷九，詳細封泥品目可參本文「附錄一」。《封泥考略》將一批封泥歸爲「新莽朝」，最主要是依據《漢書‧王莽傳》所記載新莽朝特有的官名、地名、爵號及封地名。王人聰〈新莽官印滙考〉一文考得 172 方新莽官印，歸納新莽官印的 12 項特點，其中第一點即是「印文署有新莽官名或地名、爵號、封地名。」〔註5〕雖然有些封泥無法僅憑此點而歸爲莽印（本文第伍章第二節有例可參），然而卻是判別的重要準則，以下就按「官名與地名」、「爵號與封地」的順序來說明：

1、官名與地名

王莽篡漢建立新朝之後，託古改制，如立「太師、太傅、國師、國將」爲四輔，《漢書‧王莽傳》中，始建國元年云：「以太傅、左輔、驃騎將軍安陽侯王舜爲太師，封安新公；大司徒就德侯平晏爲太傅，就新公；少阿、義和、京兆尹紅休侯劉歆爲國師，嘉新公；廣漢梓潼哀章爲國將，美新公：是爲四輔，位上公。」〔註6〕《封泥考略》就輯有「國師之印章」，該枚下云：

> 按《漢書‧王莽傳》：「少阿、義和、京兆尹紅休侯劉歆爲國師，嘉
> 新公。」又策羣司曰：「赤煒煩（應作頌）平，考聲以律。太白司艾，
> 西嶽國師典致時陽。」此其歆之印與。（卷八，頁一a）

編者認爲此枚封泥爲劉歆之印，根據的就是《漢書‧王莽傳》立四輔的記載。〈王莽傳〉中，天鳳元年則記載王莽改西漢郡太守之名：「莽以《周官》、〈王制〉之文，置卒正、連率、大尹，職如太守；屬令、屬長，職如都尉。置州牧、部監二十五人，見禮如三公。監位上大夫，各主五郡。公氏作牧，侯氏卒正，伯氏連率，子氏屬令，男氏屬長，皆世其官。其無爵者爲尹。」〔註7〕王莽將西漢的郡太守，依爵位高低分成「卒正」（封侯者）、「連率」（封伯者）

〔註5〕 王人聰：〈新莽官印滙考〉，收錄於王人聰、葉其峯：《秦漢魏晉南北朝官印研究》（香港：香港中文大學文物館，1990 年），頁 121。按「葉其峰」之「峰」，有作「峰」和「峯」兩種，行文時一律依據原文所題引用之。
〔註6〕 〔漢〕班固撰，〔唐〕顏師古注：《漢書》，第 5 冊，頁 4100。
〔註7〕 〔漢〕班固撰，〔唐〕顏師古注：《漢書》，第 5 冊，頁 4136。

和「大尹」（無爵者），《封泥考略》就輯錄「豫章南昌連率」、「河南大尹章」、「吾符大尹章」、「鉅鹿大尹章」、「泰山大尹章」、「文陽大尹章」（以上封泥見卷八，頁六至十一）等新莽太守封泥，所據也是《漢書·王莽傳》的記載。其中「吾符大尹章」還另外依據地名的沿革來判斷，該枚下云：

> 按《漢書·地理志》：沛郡，故秦泗水郡，高帝更名。莽曰吾符。屬豫州。大尹，詳前。（卷八，頁九a）

「吾符」、「大尹」，前為王莽時地名，後為王莽時官名，將其歸為莽印當然就順理成章。王莽還有將郡「都尉」改稱郡「太尉」〔註8〕，《封泥考略》「鴈郡大（太）尉章」（卷八，頁十一b）即是一證。

2、爵號與封地

王莽爵制依周代而行，分「公、侯、伯、子、男」五等，〈王莽傳〉中，始建國四年云：

> 州從〈禹貢〉為九，爵從周氏有五。諸侯之員千有八百，附城之數亦如之，以俟有功。諸公一同，有衆萬户，土方百里。侯伯一國，衆户五千，土方七十里。子男一則，衆户二千有五百，土方五十里。附城大者食邑九成，衆户九百，土方三十里……今已受茅土者，公十四人，侯九十三人，伯二十一人，子百七十一人，男四百九十七人，凡七百九十六人。附城千五百一十一人。九族之女為任者，八十三人。〔註9〕

又〈王莽傳〉中，始建國元年云：

> 封王氏齊縗之屬為侯，大功為伯，小功為子，緦麻為男，其女皆為任。男以「睦」、女以「隆」為號焉，皆授印韍。令諸侯立太夫人、夫人、世子，亦受印韍。〔註10〕

《封泥考略》「通睦子印章」、「愿睦子印章」、「豐睦子印章」、「盈睦子印章」、

〔註8〕 《漢書·王莽傳》中，始建國元年云：「置大司馬司允，大司徒司直，大司空司若，位皆孤卿。更名大司農曰羲和，後更為納言，大理曰作士，太常曰秩宗，大鴻臚曰典樂，少府曰共工，水衡都尉曰予虞……更名光祿勳曰司中，太僕曰太御，衛尉曰太衞，執金吾曰奮武，中尉曰軍正……改郡太守曰大尹，都尉曰太尉，縣令長曰宰，御史曰執法，公車司馬曰王路四門。」由此段引文可知。文見同前註，第5冊，頁4103。

〔註9〕 〔漢〕班固撰，〔唐〕顏師古注：《漢書》，第5冊，頁4128～4129。

〔註10〕 同前註，第5冊，頁4104。

「秩睦子印章」、「進睦子印章」（以上封泥見卷八，頁十三至十六 a）等封泥即是王莽同姓之「男」爵號印章；「厚陸任之印」、「樂陸任之印」、「永陸任之印」（以上封泥見卷八，頁二十四至二十五）等封泥則爲王莽同姓之「女」爵號印章，據此 3 枚印文可知《漢書・王莽傳》「女以『隆』」當作「女以『陸』」，《封泥考略》已在「厚陸任之印」考釋中指出（詳見本章第二節）；「渥符子夫人」（卷八，頁二十七 a）則爲「子」爵夫人之印。

　　另〈王莽傳〉上，居攝三年春云：「擊西海者以『羌』爲號，槐里以『武』爲號，翟義以『虜』爲號。」〔註11〕《封泥考略》就輯錄一些擊槐里有功受封者之印章，如「操武男印章」、「趨武男印章」、「弟武男印章」、「當武男印章」（以上封泥見卷八，頁十八至二十 a）等封泥即是。

　　王莽封地分「公、侯伯、子男、附城」四等，〈王莽傳〉上，居攝三年春云：

> 莽乃上奏曰：「……今制禮作樂，實考周爵五等，地四等，有明文……臣請諸將帥當受爵邑者爵五等，地四等。」奏可。於是封者高爲侯伯，次爲子男，當賜爵關內侯者更名曰附城，凡數百人。〔註12〕

「附城」至始建國四年，增至「千五百一十一人」〔註13〕，《封泥考略》卷九輯錄的封泥全是此類，印文結構爲「里名＋附城」，「梁于里附城」下云：「新莽里名今不可攷。古庸、墉一字，附城即仿古附庸。文附于五等之封，里名即所食之邑，以里計者也。」（卷九，頁二 a）此卷收錄的封泥，除了可證〈王莽傳〉所載封爵、封地之論可信，更可補充附城里名之闕〔註14〕。

二、私印封泥

　　《封泥考略》的私印主要集中於卷十，其中「臣名印、妾名印及姓名印」佔絕大多數。卷七末收錄 3 枚方士印封泥及 3 枚方士泥印，亦屬私印。茲各別敘述如下：

（一）臣名、妾名印

　　《封泥考略》卷十輯錄 16 枚臣名印封泥，3 枚妾名印封泥，除了「臣當

〔註11〕同前註，第 5 冊，頁 4089～4090。
〔註12〕同前註，第 5 冊，頁 4089。
〔註13〕同前註，第 5 冊，頁 4129。
〔註14〕具體例證，於本章第二節第一大點另作整理，此不贅述。

多」為吳氏藏品外，餘皆為陳氏所藏。這些臣、妾名印封泥的性質為何，我們先看《封泥考略》對「臣名印」的闡釋，它在「臣光」下云：

> 按《前漢書・傳》魯恭王餘，子安王劉光；大司馬大將軍霍光；鄭吉子嗣安遠矦光；丞相孔光。〈莽傳〉兄子衍功矦王光。此「臣光」印既大，又泥如大丸，厚於封泥兩倍，與後「臣某」者當是一時之制，其人必不甚相遠。大臣用以上書，如秦詔「臣狀、臣綰、臣斯、臣去疾」之文，似丞相、御史大夫皆有「臣某」印。用以封牘，而不以官印，特史闕不足徵耳。又《漢書・高后紀》：「丞相臣平言：『謹與絳矦臣勃、曲周矦臣商、潁陰矦臣嬰、安國矦臣陵等議。』」（師古曰：「陳平」、「周勃」、「酈商」、「灌嬰」、「王陵」）〈文帝紀〉：「羣臣從至，上議曰：『丞相臣平、太尉臣勃、大將軍臣武（服虔曰：柴武）、御史大夫臣蒼（文穎曰：張蒼）、宗正臣郢（文穎曰：劉郢）、朱虛矦臣章、東牟矦臣興居、典客臣揭（蘇林曰：劉揭也）再拜。』」言此漢曰「臣某」之證。（卷十，頁一）

編者先列舉《漢書》傳中名「光」的人物，進而舉秦詔、《漢書》〈高后紀〉、〈文帝紀〉中諸官自稱「臣某」的記載，來說明這 16 枚「臣名」封泥是大臣用以上書封牘之用。王獻唐《五鐙精舍印話》也如此認為，他在「臣字印」條云：

> 漢印有臣字，其言為臣某者，類為兩面印，或套印六面印。臣下例只為名，不加姓氏，無姓則人不能曉，故必別有一面，或另一套印，具其姓名全文。如兩面印之「臣談」，其背面則為「楊談」也……套印之「臣方」，其另印則為「董方」也。……而凡臣字諸印，其人必有秩銜，施於封牘，亦必對上峰而發，友朋通函，諒不需此。故今傳封泥，如《封泥考略》所載，「臣光」、「臣禹」、「臣忠」、「臣信」諸封泥，知皆施於君主長官，其簡牘之上，必為數封，別有姓名全文之封泥，皆可以推測而知者也。〔註15〕

可知他是贊同《封泥考略》的說法。羅福頤則不這麼認為，他在《古璽印概論》下云：

〔註15〕 王獻唐：《五鐙精舍印話》（青島：青島出版社，2009 年），頁 163～164。引文中「『臣光』、『臣禹』、『臣忠』、『臣信』」等四者間之頓號為筆者所加，原文並無。

吳氏《封泥考略》談到臣字封泥，認爲稱臣是有官職者。這是誤解。傳世漢、魏兩面印中一面刻姓名一面刻臣某者極多，知漢時稱臣原屬齊民之通稱，不限於有官職者。《史記・高祖本紀》有「呂公曰，臣少好相人」，《集解》引張晏曰：「古人相與語多自稱臣，自卑下之道，若今人相與語皆自稱僕。」〔註16〕

羅氏認爲這些「臣名」封泥不一定是有官職者，因爲漢時稱臣並不限於有官位者。小鹿《古代璽印》亦表達與羅氏相當的觀點，他說：

「臣」爲自殷商時代直至明清時代，百姓與百官相對王、皇帝、天子的自稱，常常也被男子用作自謙稱謂，所謂「臣」印常採用「臣×、臣××」的格式，一般臣字之後不帶姓，而只綴名或字。臣印在西漢初期即已出現（一說首先見於秦朝）沿用至魏晉南北朝時期。少數爲單面印，例如廣東出土西漢「臣偃」印，據考古出土看，即使單面臣印，也常伴出另一枚姓名印，如出「臣偃」印之墓，還出土一枚「辛偃」印。雙面印比較多見，一面爲姓名，一面爲臣印，例如廣東出土西漢「梁奮、臣奮」雙面印。此外，還有更爲卑謙的自稱兩種：一種爲「賤臣」……一種爲「草莽臣」……還有轉爲最爲卑謙的自稱「賤子」……。〔註17〕

《封泥考略》和王獻唐，羅福頤和小鹿，以上他們各自對「臣名」印的看法，同樣表現在對「妾名」印的解讀。《封泥考略》認爲「妾名」印是「后妃及宮中女官所用」，它在「妾聖」下云：

按此曰「妾」，當是后妃及宮中女官所用，而名不可攷已。簠齋陳氏藏有「緁伃妾趙」玉印，「妾某」銅印、鉛印；海豐吳氏藏有「妾繻」玉印，皆漢制也。（卷十，頁九 b）

王獻唐亦贊同此說，他在《五鐙精舍印話》「妾字印」條下云：

男子之稱臣，猶女子之稱妾。今漢印中有妾字者，亦多爲兩面印，妾下名上無姓，其另一面則爲姓名全文，如「妾服」背文「張服」，「妾毋放」背文「周毋放」……例與男子印相同。其於印上加妾字者，亦疑本人爲有官秩者之妻，或曾受封，或爲女官。《封泥考略》

〔註16〕羅福頤：《古璽印概論》（臺北：學海出版社，民國72年），頁122。引文中的書名號及「漢、魏」中的頓號爲筆者所添，原文並無。

〔註17〕小鹿：《古代璽印》（北京：中國書店，1998年），頁88。

有「妾聖」「妾喻」「妾連期」諸封泥，皆其用於簡牘者。《考略》云：

　　當是后妃及宮中女官所用。殆近之矣。〔註18〕

王氏認為這些「妾名」印應與「臣名」印一樣，都是有官秩者之印。相對的，羅福頤及小鹿則認為一般女子的謙稱亦能稱「妾」，並不表示身分地位，出土實物亦能證明。羅福頤及小鹿的說法依序引述如下：

　　漢、魏女子多自稱妾。《封泥考略》謂稱妾封泥當是后妃及宮中女官所用。然妾字稱謂徵諸《史記·孝文本紀》載齊太倉令淳于公有罪當刑，其少女緹縈隨父至長安，上書願沒入為官婢贖父刑罪，上書曰：「妾父為吏……妾傷夫死者不可復生……」書中稱妾者再。足見刑人之女尚可稱妾，何況齊民。由此證之，妾是一種自謙的稱謂，並不表示身份地位。稱妾之印，曾見二、三十方，北平舊藏有「周母放、妾母放」兩面印。〔註19〕

　　「妾」為古代女子自謙稱謂，妾印在西漢初期即已出現，沿用至魏晉南北朝時期。出土情況略如臣印，例如湖南出土「曹㜷」印之墓，又伴出有「妾㜷」印。〔註20〕

以上對「臣名」、「妾名」印的兩種說法，即這類印為「有官秩者」所持（《封泥考略》、王獻唐），與「並非全為有官秩者所佩，一般齊民亦得佩之」（羅福頤、小鹿）二說，就筆者目前查得的資料，尚無法判定何者說法才是適當的。再則，兩種論述所引文獻、出土文物以及推論內容，廣度、深度仍是不足的。他們所引文獻多限於史書，其他文獻中稱「臣某」、「妾某」者的身分地位為何，與史書記載是否相同？從先秦至秦漢，甚至是魏晉，稱「臣某」、「妾某」者的身分地位是否有所不同，其中演變又是如何？此外，他們所舉「臣名」、「妾名」印，除了大部分得知來自「墓葬」外，其餘來源為何交代並不清楚，然而這也是影響整個論述是否合宜的關鍵。更重要的是，即使文獻顯示漢時「齊民」亦可自稱「臣」、「妾」，然當時「齊民」也可以佩印嗎？

〔註18〕王獻唐：《五鐙精舍印話》，頁165。

〔註19〕羅福頤：《古璽印概論》，頁122～123。筆者按：文中的「淳于公」羅書引作「淳於公」，據《史記·孝文本紀》當作「淳于公」，筆者將其改正。另引文「漢魏」二字間的頓號，「封泥考略」與「史記·孝文本紀」的書名號為筆者所加。《史記》原文見〔漢〕司馬遷撰，〔劉宋〕裴駰集解，〔唐〕司馬貞索隱，〔唐〕張守節正義：《史記》（臺北：宏業書局，民國61年），頁427（總頁111）。

〔註20〕小鹿：《古代璽印》，頁88。

可以的話，使用的對象是誰？用途又是什麼呢？上述種種問題均需進一步探研。不過，由於上述問題並非短時間內能夠解決，故待日後查證，在此不做討論。

　　至於這些「臣、妾」印封泥的時代，《封泥考略》於「妾連期」下表示：「以上臣某、妾某封泥十八式與泥皆同，自是前漢物。」（卷十，頁十 b）按此說「十八式」，當不包含吳氏「臣當多」，而且「臣當多」印面爲橢圓形，其餘 18 枚臣、妾印面則爲「方形或近倒三角形」，印面形狀並不同式，孫慰祖《中國古代封泥》就根據「臣當多」的印文風格及封泥型態，將它歸爲西漢私印〔註21〕。其餘 18 枚「臣、妾」印封泥的泥形特色，「臣光」已云：「此『臣光』印既大，又泥如大丸，厚於封泥兩倍，與後『臣某』者當是一時之制，其人必不甚相遠。」（卷十，頁一 b）這些封泥的泥形特色爲「如大丸，厚於封泥兩倍」，考編者因此認爲這些封泥當是一時所制，時代相去不遠。此推測是合理的，因爲封泥的泥背型態，據孫慰祖的研究確實是有其時間特徵的。〔註 22〕只是編者認爲這些封泥「自是前漢物」，則有待商榷。這 18 枚封泥（不含臣當多），除了「妾聖」不見於《中國の封泥》，餘 17 枚皆見載〔註 23〕。據其所附泥背、泥側照片，誠如《封泥考略》所云「如大丸」且厚實，這類型的封泥孫慰祖稱爲「舌形封泥」，分作「D 式」。此式就目前資料顯示，出現於西漢末至新莽時期，且爲新莽時期的特異形式，孫慰祖《封泥發現與研究》云：

> 另有舌形封泥一枚（清河都尉章），我們另分爲 D 式……D 式也是此期（西漢晚期）新出現的形式，亦極少見，故不代表本期特點，但卻揭示了其後王莽時流行 B₂ 式、D 式的淵源……D 式在西漢末偶爾出現，但主要屬於新莽時期的特異形式。此種封泥，原陳介祺舊藏最多……《中國の封泥》所收陳氏舊藏「臣光」、「臣禹」等十七

〔註21〕孫慰祖：《中國古代封泥》（上海：上海人民出版社，2002 年），頁 198〜203。

〔註22〕孫慰祖依據封泥的形態分爲「A、B、C、D」四式，其中「A、B、C」又各分作兩式，A₁ 式流行於「秦、西漢早期」，A₂ 式流行於「西漢早期」，B₁ 及 C₁ 式流行於「西漢中期至晚期」，B₂ 與 D 式流行於「新莽時期」，C₂ 式流行於「西漢晚期、東漢及魏晉」。具體的封泥形態，詳見孫慰祖：《封泥發現與研究》（上海：上海書店出版社，2002 年），頁 90〜130。

〔註23〕見〔日〕東京國立博物館編：《中國の封泥》（東京：二玄社，1998 年），頁 150〜158。

枚私印，封泥形態與之相同，也應屬新莽時代。〔註24〕

因此這些封泥的時代應為新莽，並非如《封泥考略》所說的西漢時物。茲引《中國の封泥》「臣誧」封泥的「側、背」照〔註25〕，以見此式封泥之特徵：

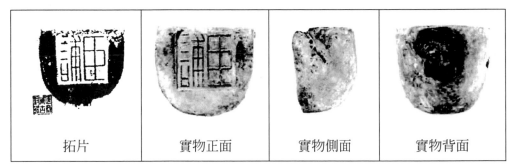

| 拓片 | 實物正面 | 實物側面 | 實物背面 |

此類封泥，在目前遺存封檢中尚未找到可與之對應的形式，它封於何種物件仍無法確知。〔註26〕《封泥考略》云其「用於封牘」，尚待相關實物出土才能檢驗其說。

最後附帶說明這批「臣名」封泥的寫法。書中 16 枚「臣名」封泥的「臣」字，若據其中畫是否有貫穿瞳孔來分，可歸成兩類，如下表所示：

寫法	舉　　例	同 寫 法 之 封 泥	總數
臣 1	臣光 （卷十，頁一 a）	卷十「臣禹」（頁二 a）、「臣忠」（頁二 b）、「臣賜」（頁三 b）、「臣寶」（頁四 a）、「臣普」（頁四 b）、「臣譚」（頁五 a）、「臣誧」（頁五 b）、「臣憲」（頁六 b）、「臣定國」（頁七 a）、「臣廣德」（頁七 b）、「臣安漢」（頁八 a）、「臣幸臣」（頁八 b）。	13
臣 2	臣信 （卷十，頁三 a）	卷十「臣晨」（頁六 a）、「臣當多」（頁九 a）。	3

〔註24〕孫慰祖：《封泥發現與研究》，頁 115～118。
〔註25〕〔日〕東京國立博物館編：《中國の封泥》，頁 154。
〔註26〕參考孫慰祖：《中國古代封泥》，頁 214。

「臣」字中畫有貫穿瞳孔者歸爲「臣1」，未貫穿者則爲「臣2」。前已證得這16枚「臣名」封泥，除了「臣當多」（臣2類）爲「西漢」封泥外，其餘均屬「新莽」。由此可見，書中新莽「臣名」封泥的「臣」字絕大多數屬「臣1」，「臣2」者僅「臣信」、「臣晨」兩枚。

季旭昇《說文新證》卷三下「臣」字條下曾云：「戰國文字中畫或貫穿瞳孔，當爲簡率寫法，故小篆不採納，後世亦未繼承此形。」〔註27〕換句話說，季氏認爲「臣1」類爲簡率寫法，小篆並不採納，後世亦未繼承。有趣的是，從《封泥考略》輯錄的新莽「臣名」封泥來看，發現新莽的「臣」字卻以「臣1」類爲主，或許與王莽喜託古改制、標新立異有關。不管實際原因爲何，就目前封泥資料顯示，「臣1」類至少在新莽時仍存在並爲主要寫法，是不可否定的。

（二）姓名印

《封泥考略》卷十的姓名印，編者按「姓＋名」（如「莊疆」）、「複姓＋名」（如「公孫適」）、「姓＋名＋印」（如「展仁印」）、「複姓＋名＋印」（如「司馬舜印」）、「姓＋名（名爲二字）＋印」（如「鄭延年印」）、「姓＋名＋之印」（如「王昌之印」）、「姓＋名＋私印」（如「成禹私印」）、「姓＋名＋印信」（如「焦殷印信」）等八種印文組合結構分類編排。

這些姓名印的時代，誠如沙孟海《印學史》所言：「私印，不似官印那樣，在歷史上有職官制度可考查，所以鑑定時代較難。」〔註28〕不過，孫慰祖《中國古代封泥》根據印文風格及封泥形態，將這些姓名印封泥的一部分歸於「西漢」與「東漢」，歸於西漢的有「王聞」〔註29〕（孫書隸作「王閒」）、「李乃始印」、「將匠綸印」、「莊疆」、「鄭延年印」、「崔敞私印」（孫書隸作

〔註27〕季旭昇：《說文新證》上冊（臺北：藝文印書館股份有限公司，民國93年），卷三下，頁211。

〔註28〕沙孟海：《印學史》（杭州：西泠印社出版社，1999年），頁50。

〔註29〕《齊魯封泥集存》錄有一枚「王簡」封泥「□」，羅振玉認爲與《封泥考略》的「王聞」封泥「□」乃同文，只是前者未殘損，後者有殘損，因此《封泥考略》的「王聞」當作「王簡」。筆者認爲，因《封泥考略》所錄是有殘損的，雖然僅存的部分確實與《齊魯封泥集存》的非常相像，但其仍存在變數，不能就此認爲兩枚是同文封泥。所以在此仍依《封泥考略》所隸行文。羅氏說明及「王簡」封泥拓片見羅振玉：《齊魯封泥集存》，收錄於《羅雪堂先生全集七編》（臺北：大通書局有限公司，民國65年），第1冊，頁50、119。

「崔敬□印」，「敬」當作「敲」）」；歸於東漢的有「爰當□印」、「周喜之印」。
〔註30〕可參。

（三）方士印（含泥印）

　　《封泥考略》卷七末收錄俗稱方士印或道家印的封泥和泥印各 3 枚。
3 枚封泥爲「天帝之印」、「天閒四通」及「黃神越章」，3 枚泥印爲「黃神」
（羊鈕）、「□黃□」（羊鈕）及「天帝煞鬼」（蛙鈕）。書中卷二「河間王璽」
曾引《抱朴子》附記道家使用封泥的記載，其云：「《抱朴子》曰：『古之人
入山者，佩黃神白章，印以封泥，著所在之四方各百步，則虎狼不敢近。』
是道家亦有封泥，坿識於此。」（卷二，頁二 b）另在「黃神」泥印進一步
云：

> 陳氏臧漢銅印有曰「黃神越章」者，有曰「黃神越章天帝神之印」
> 者，有曰「天帝使者」者。《抱朴子》說見前，「越」作「白」，異
> 於印，當是傳寫之誤；曰「印以封泥」，則硯（確）有方士封泥印
> 一種，此竟作泥封（應爲「印」字誤），則非封泥，而與入山佩印
> 文同，仍爲方士之印。按《史記・秦始皇本紀》遣方士徐士入海
> 求仙人，盧生求羨門，韓終、矦公求仙人不死之藥。方士求仙始
> 於此，其後漢武帝繼之。〈孝武本紀〉遣方士入海，求蓬萊安期生
> 之屬；亳人薄誘忌奏祠泰一方，曰：「天神貴者泰一，泰一佐曰五
> 帝」。又「拜少翁爲文成將軍」，方士自此有官名。又「作甘泉宮，
> 中爲臺室，畫天地泰一諸神，而置祭具以致天神。」此當是天帝
> 神之所由名。又欒大言：「陛下必欲致之，則貴其使者，使各佩其
> 信印，乃可使通言於神人。」此當是方士佩印之所由起。又「拜
> 大爲五利將軍。居月餘，得四金印，佩天士將軍、地士將軍、大
> 通將軍、天道將軍印。」又「刻玉印曰『天道將軍』，使使衣羽衣，
> 夜立白茅上，五利將軍亦衣羽衣，立白茅上受印，而佩『天道』
> 者，且爲天子道天神也。」又「五帝各如其色。」又「乃令越巫
> 立越祝祠，安臺無壇，亦祠天神上帝百鬼，而以雞卜。」「越章」
> 之「越」，或「越祝」之「越」與。又「泰山下祠五帝，各如其方，
> 黃帝並赤帝，而有司侍祠焉。」「黃神」二字雖無硯（確）徵，推

〔註30〕見孫慰祖：《中國古代封泥》，頁 198、200～202、241。

此亦可見矣。渠邱又出「梧城右尉」泥印一，均未詳其爲印、爲
　范（範）之用，坿漢官印封泥後。（卷七，頁四十六 a 至四十七 a）
上段文字中提出的幾點看法是值得我們注意：1、這類方士印有「銅印」、「封
泥」及「泥印」三種存世品，爲方士入山之佩印。泥印是作「印」或「範」
之用，未詳。2、佩方士印之人是有官名或封號的。3、「越章」之「越」，或
「越祝」之「越」。

　　首先，方士印有「銅印」、「封泥」及「泥印」等形式存世品，各自是否
有使用上的不同，《封泥考略》僅解釋爲「方士入山之佩印」，似乎是不甚清
楚的。而且漢代不少鎭墓陶文也有「黃神」、「黃神越章」之字，葉其峰《古
璽印與古璽印鑒定》記云：

> 漢印中還有一批俗稱方士印或道家印的印章。印文多作「黃神之
> 印」、「黃神越章」、「天帝使者」。……學者多認爲遺存的「黃神越
> 章」諸印均爲方士或道家所佩，因此定爲道家印或方士印。其實，
> 此類印章絕大多數應爲鎭墓印。漢代不少鎭墓陶文有「黃神」、「黃
> 神越章」名稱……今所謂道家印文字，與鎭墓陶文實無差別，所以
> 其性質與鎭墓陶文也應相同，並也應是埋於墓壙之物，即爲鎭墓
> 印。〔註31〕

葉氏將此類方士印定位爲「鎭墓印」，未免過於武斷，難道存世方士印的「封
泥」及「泥印」也都用於鎭墓，顯然從葉氏的說法不能得到答案，不過「鎭
墓」或爲此類方士印的其中一種用途應是可以確定的。然而這些不同形式的
方士印到底是如何產生的呢？各自的用途又爲何？王獻唐《五鐙精舍印話》
的說法或許可供參考，他在「方士印」條云：

> 余藏漢蛙鈕泥「天帝煞鬼」陽文印，亦觀亭（孫文瀾）舊藏。月前
> 新鄭趙揖武，又爲收得一漢穿帶泥印，一面作「黃神越章」，一面
> 作「天帝使者」，皆陽文。……所見泥質較多，印鈕類作羊形或蛙
> 形，銅質次之……《封泥考略》、《古印箋》率以此類印爲漢代方士
> 祠官所佩，引《史記·孝武本紀》封禪書爲證。細審其中殆有兩種，
> 銅製者或爲方士所用，泥製者則民間壓勝之物。凡銅印皆爲白文反
> 文，印出則爲陽文正文，今存封泥皆銅印所鈐，故爲陽文正文。而

〔註31〕葉其峰：《古璽印與古璽印鑒定》（北京：文物出版社，1997 年），頁 10。

凡泥印，皆朱文正文，印出則成反文，且泥易損毀，不能鈐用，彼此參證，知泥印皆從銅印鈐出製成。銅印爲白文，故此爲朱文，銅印爲反文，故此爲正文，與所鈐封泥正同。今見「天帝煞鬼」泥印，字文皆有方界，方界之外，四周皆不齊整，或寬或仄。字文若出範製，必方整齊一，此以印鈐其上，故致參差若此。余藏兩面泥印，邊文雖整，而其印側則出於削製，高低可見，蓋於鈐成之後，削之磨之，以求齊整，皆可證也。此而既明，則凡泥質印，皆從銅質者鈐出，殆方士以己銅印鈐之，布之民間，佩帶以求壓勝。……《抱朴子》古之人入山者，皆佩黃神越章之印，所住之四方各百步，則虎狼不敢近，亦即指此也。故今傳銅印泥印二種，當時實爲異用，封泥原在簡牘，殆又方士之函札，故用其佩印鈐之。凡此皆普通方士，非若《史記》武帝所封五利將軍之屬，彼輩皆有封號，與此不同，製印以金以玉，亦特隆重，不能以彼當之也。其言「黃神越章」者，《封泥考略》引《孝武本紀》，乃令越巫立越祠，疑越章之越，爲越祝之越。似近牽強。……越章猶言行章。《續漢書・輿服志》注引《漢舊儀》，皇帝六璽，一曰皇帝行璽，一曰天子行璽。謂天子行璽策拜外國，事天地鬼神，越章二字，殆變名用之。至黃神意義，考略諸書，都無確徵。〔註32〕

王獻唐認爲「銅印」爲方士所用，「封泥」爲方士通函之用，「泥印」爲民間壓勝之用，而且「封泥」及「泥印」皆爲「銅印」所鈐出，「泥印」並不用以鈐蓋，可見其「非印也非範」。筆者檢閱《中國の封泥》所附「天帝之印」及「黃神越章」封泥背面照片（見下表）〔註33〕，清楚可見版痕及繩痕，且爲孫慰祖所謂的「C_1式」封泥，即封於方形凹槽並帶有橫向繩紋，所以就目前資料顯示，方士「封泥」確爲用於「封檢」。不過，如果每位方士通函皆鈐「黃神越章」等類之印，收信人要如何知道寄信人爲何呢？或許這是我們要進一步深思的。

〔註32〕王獻唐：《五鐙精舍印話》，頁108～109。
〔註33〕圖見〔日〕東京國立博物館編：《中國の封泥》，頁132。

「天帝之印」泥背

「黃神越章」泥背

對於第二點佩方士印之人是有官名或封號，王獻唐認為並非如此，普通方士皆可佩之。筆者也如此認為，畢竟〈孝武本紀〉所記之方士是因其特有之事功而被賜予特別之身分及印章，且其印章為「金、玉」並非「銅製」，印文也非「黃神越章」之類，若強將比附，未免依據不足。因此「黃神越章」等印，應是「普通方士」即能佩帶。

至於第三點「黃神越章」中的「黃神」及「越章」當作何解，《封泥考略》只提到「越」或是「越祝」之「越」；王獻唐則認為「似近牽強」，並提出應作「行」解，「越章」猶「行璽」之變名，「黃神」則無解。

就目前研究顯示，近人對「黃神越章」的解釋方式有三種：

1、「黃神越章」是神之名

持此說法的有吳榮曾《先秦兩漢史研究》〔註34〕和方詩銘〈黃巾起義先驅與巫及原始道教的關係——兼談「黃巾」與「黃神越章」〉〔註35〕兩文，他們認為「黃神越章」是天帝的使者，由祂代表天帝到人間和地下行使權力。

2、只解釋「黃神」

有些文章談到漢代道教法印時，多會說及「黃神」一詞，且會舉出古印譜中有「黃神越章」一類的印章或封泥，但僅止於解釋「黃神」乃指「黃帝」。此類如王育成編著《道教法印令牌探奧》〔註36〕、趙振華、王木鐸〈「黃神」、「治都總攝」道教法印考〉〔註37〕及趙振華〈洛陽出土「黃神」、「治都總攝」

〔註34〕吳榮曾：《先秦兩漢史研究》（北京：中華書局，1995年），頁371。

〔註35〕方詩銘：〈黃巾起義先驅與巫及原始道教的關係——兼談「黃巾」與「黃神越章」〉，《歷史研究》第3期（1993年），頁5。

〔註36〕王育成編著：《道教法印令牌探奧》（北京：宗教文化出版社，2000年），頁12～16。

〔註37〕趙振華、王木鐸：〈「黃神」、「治都總攝」道教法印考〉，《中國道教》第1期（2006年），頁37。

道教法印考〉〔註38〕。

3、「黃神」、「越」和「章」各有所指

　　另有一類將「黃神越章」分成三部分詳作解釋，如劉昭瑞〈論「黃神越章」──兼談黃巾口號的意義及相關問題〉一文。劉氏將東漢鎮墓陶文的出土資料、古印譜的著錄與古籍文獻的記載交相印證後，提出「黃神」即「黃帝」；「越」即「越方」（越地方術）之「越」；「章」是符咒之義。茲略引劉氏的說明如下：

> 「黃神越章」中的「黃神」即黃帝，「越」與「章」也各有其特定的宗教術語意義，試論如次。……「黃神」一語也見於近年出土的東漢鎮墓文中，如陝西寶雞出土的光和年間王氏朱書陶瓶，文中云：「黃神、北斗謹爲王氏之家解謫去殃」。黃神均指黃帝。文獻中的材料，如班固《幽通賦》「黃神邈而靡質兮，儀遺讖以臆對」。《文選》卷一四李善注引應劭曰：「黃，黃帝也。」……《淮南子》卷六《覽冥訓》有「西老折勝，黃神嘯吟」一語，高誘注「黃神」爲「黃帝之神」，亦即黃帝。……「越章」之「越」，其義應如《後漢書·方術列傳》中的禁咒巫術「越方」之「越」。《方術列傳》記徐登、趙炳事云：「……又趙炳……能爲越方。」李賢注：「越方，善禁咒也。」這裡的「方」，即方術之義。……「越方」應是以越地方術而得名。越地尚巫，素以禁咒之術著稱。先秦文獻中關於吳越的材料雖然不多，但還是可以看出一些這方面的情況。……筆者認爲流行在民間的「黃神越章」之「越」即「越方」之「越」，既合於當時的客觀實際，又與「黃神越章」印的辟邪功用相合。……在漢代道教中，「章」已成爲有特定含義的宗教術語……方士有所訴求之聲稱爲章，也就是祝祠（當作詞）。……南北朝時佛、道論戰中的有關著述，記「三張」法術中常有「符章」、「赤章」類語……還有「太極章」一語……上述「符章」、「赤章」、「太極章」之「章」，都是符咒之義。「黃神越章」之「章」，無疑也應是符咒之義。綜上所述，「黃神越章」作爲早期道教的特定術語，是指黃帝的禁咒之術。〔註39〕

〔註38〕趙振華：〈洛陽出土「黃神」、「治都總攝」道教法印考〉，《中原文物》第 1 期（2007 年），頁 69。內容與前文大同小異。
〔註39〕詳見劉昭瑞：〈論「黃神越章」──兼談黃巾口號的意義及相關問題〉，《歷史

前兩種解釋方式如同劉文一樣，都有運用出土的鎮墓文及古印譜著錄的印章、封泥等資料來對「黃神越章」，特別是「黃神」作解釋。然而劉氏更勝一籌的地方在於他還從古籍中「黃神」、「越」、「章」等詞在道教使用上的意義進一步闡述「黃神越章」可能的意義，論述顯較其他文章更為嚴謹，頗使人信服。因此筆者較贊同劉氏的說法。

由此可知，「黃神越章」的「黃神」指的是「黃帝」；「越」指「越（地）方（術）」之「越」，《封泥考略》認為是「越祝」之「越」也是合理的；「章」是符咒之義，並非王獻唐認為的與「越」合讀，解釋作「行璽」。

三、其　他

《封泥考略》除了上述「官、私印」兩大類封泥外，仍有部分封泥從印文內容無法作歸類者，主要有 4 枚戰國封泥以及卷十中的部分封泥，分述如下：

（一）戰國封泥

《封泥考略》收錄的 4 枚戰國封泥全是陳介祺藏品，而且都出土於「臨蕾」，依次是「左司馬聞叜私（應作信）鉨」、「宋連私（應作信）鉨」、「粕□□□」和「信」，封泥拓片如下：

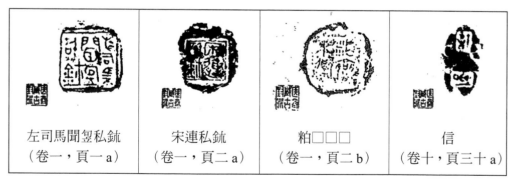

左司馬聞叜私鉨 （卷一，頁一 a）	宋連私鉨 （卷一，頁二 a）	粕□□□ （卷一，頁二 b）	信 （卷十，頁三十 a）

由封泥拓片可知，前兩枚「私」字應隸定作「信」，第一枚裘錫圭〈「司馬聞」「聞司馬」考〉一文已隸作「信」〔註40〕；第二枚孫慰祖《古封泥集成》亦改隸作「信」。〔註41〕「信」字封泥非常特殊，在一泥團上抑兩次，與周明泰

研究》第 1 期（1996 年），頁 125～128。

〔註40〕見裘錫圭：《古文字論集》（北京：中華書局，1992 年），頁 484。

〔註41〕見孫慰祖主編：《古封泥集成》（上海：上海書店出版社，1994 年），頁 2。

《續封泥考略》輯錄抑蓋六次的「邾吳」〔註42〕封泥有著異曲同工之妙。以下就這4枚封泥的時代、分域歸屬，以及「左司馬聞惣私鉩」和「粕□□□」兩枚封泥的隸定討論如下：

1、屬戰國齊系封泥

孫慰祖〈封泥的斷代與辨偽〉據印文特徵將前三枚歸為戰國「齊（系）封泥」這樣的歸類是可從的，〔註43〕我們從封泥拓片的「鉩」（璽）及「鍴」就能判定。戰國齊系古璽「鉩」字的「金」旁，與戰國燕系、楚系、晉系、秦系是有明顯區別的，而且第一枚的「馬」字更是齊系古璽特有的寫法，只要比對莊新興《戰國鉨印分域編》所附戰國古璽文字常見部件「金」、「馬」字欄就能知曉。〔註44〕第三枚封泥的末字「鍴」，雖然拓片不甚清晰，但仍可看出為「鍴」字。此字前人有隸定作「鋞」，認為即《說文·瓦部》「甄」古字（吳大澂、丁佛言）〔註45〕；有隸作「鋞」，釋作「節」（裘錫圭）〔註46〕、「鏆」（石志廉）〔註47〕；有隸作「鐉」（朱德熙）〔註48〕；有隸作「鍴」，釋作「照」（高明）〔註49〕等說法，其中高明將「陶文、璽印、銅升」與「包山楚簡」做了文字排比而隸定作「鍴」，筆者認為論據較嚴謹且全面，故本文暫依高氏的隸定來行文。至於「鍴」當作何解，諸家看法各有見地，但應該如裘錫圭〈戰國文字中的「市」〉所云：「各印的『鍴』字都在印文之末，地位和一般印文裡的『鉩』（璽）字相當，其字從『金』也和『鉩』一致。看來，這應該是跟『鉩』字意義相類的一個字。」〔註50〕然此字在戰國古璽中僅出

〔註42〕拓片見周明泰：《續封泥考略》，收錄於嚴一萍編輯：《封泥考略彙編》（臺北：藝文印書館，民國71年），第3冊，卷一，頁四（總頁32）。有關一塊泥團上抑印多次的現象可參孫慰祖：《封泥發現與研究》，頁60～61。

〔註43〕孫慰祖：〈封泥的斷代與辨偽〉，《上海博物館集刊》第8期（2000年），頁188。

〔註44〕見莊新興：《戰國鉨印分域編》（上海：上海書店出版社，2001年），〈戰國鉨文常見特色部首和字分域表〉頁22（金）、24（馬）。

〔註45〕見〔清〕吳大澂：《說文古籀補》卷十二，總頁290；丁佛言：《說文古籀補補》卷十二，頁七（總頁382）。兩書均收錄於《石刻史料新編》（臺北：新文豐出版股份有限公司，民國95年），第4輯，第8冊。

〔註46〕裘錫圭：〈戰國文字中的「市」〉，《考古學報》第3期（1980年），頁289～290。

〔註47〕石志廉：〈館藏戰國七璽考〉，《中國歷史博物館館刊》第1期（1979年），頁86。

〔註48〕朱德熙：〈戰國文字資料裡所見的廄〉，收錄於文化部文物局古文獻研究室編：《出土文獻研究》（北京：文物出版社，1985年），頁245～246。

〔註49〕高明：〈說「鍴」及其相關問題〉，《考古》第3期（1996年），頁68～73。

〔註50〕裘錫圭：〈戰國文字中的「市」〉，頁290。

現於齊系，〔註51〕並不影響我們判定第三枚封泥的歸屬。

　　「信」字封泥，就其書寫風格，尤其是「人」旁的特徵，應該也可以將它歸為「齊系封泥」。茲將莊新興《戰國鉨印分域編》〔註52〕（表簡稱《分域》）按地域整理的「信」字字例列表如下：

系別 書名	齊				燕		楚			秦
封泥考略										
《分域》	653	693	694	696	1 / 484		1098 1129 1323			2982
	763	705 / 709			251 / 500		1326 1352 1357 1368			

　　我們可以發現《封泥考略》「信」字封泥的寫法，即使與表中所列寫法均不相同，但整體的書寫風格與「齊」系是最為接近的，特別是「人」旁更加相近。再且此枚封泥出土於「臨菑」，更增加其為齊封泥的可能性。

2、「左司馬聞𣿖私鉨」和「粕□□□」之隸定

（1）左司馬聞𣿖私鉨

　　此枚的第五、六字《封泥考略》分別隸定為「𣿖」、「私」。「私」字據拓片來看，係從「人」從「口」，為「信」字之異體字〔註53〕，前人並無異說。「𣿖」字，前人主要有兩種隸定：一是仍從原書的隸定作「𣿖」或「竘」，如孫慰祖〔註54〕、湯餘惠〔註55〕、曹錦炎〔註56〕、陳光田〔註57〕等人；二是作

〔註51〕參考曹錦炎：《古代璽印》（北京：文物出版社，2002 年），頁 41；莊新興：《戰國鉨印分域編》，頁 16；何琳儀：《戰國文字通論（訂補）》（南京：江蘇教育出版社，2003 年），頁 93～94。

〔註52〕莊新興：《戰國鉨印分域編》，〈戰國鉨文常見特色部首和字分域表〉頁 29。表中各字下編號，為該書收錄的璽印編碼。另原書所列有「齊、燕、楚、晉、秦」五系，但晉系所列例字是金文並非璽文，故不置於本表中。

〔註53〕詳參何琳儀：《戰國古文字典：戰國文字聲系》（北京：中華書局，1998 年），下冊，頁 1136。

〔註54〕見孫慰祖主編：《古封泥集成》，頁 1。

〔註55〕湯餘惠主編：《戰國文字編》（福州：福建人民出版社，2001 年），卷十，頁 693。

「釤」（銅），如施謝捷〔註58〕、張振謙〔註59〕、孫剛〔註60〕等人。按後者隸定才是正確的，茲將孫剛《齊文字編》中的「釤」、「斵」、「句」等字例列表如下〔註61〕：

字	釤					斵	句				
字例	屖〔書〕～〔釗〕趙文 陳侯因齊敦 集成 09.4649	璽彙 0037 左司馬～	璽彙 0039 左司馬～	璽彙 5540 左司馬聞〔門〕～信鉨	彙考 37 頁 左司馬聞〔門〕～信鉨	璽彙 0175 豕母～〔司〕關	璽彙 0644 王～糴	工 圖錄 3.18.1	工 圖錄 3.18.3	左 圖錄 3.480.6 再部廬均毫金鉴	齊明刀 考古 1973（1） 背文～

表中「釤」字的第五枚即出自「左司馬聞曼私鉨」，將它與表中的「句」字比較，很明顯是不一樣的，與「釤」字的第一例及「斵」（去掉左下角「口」和右旁「斤」）字例反而是相近的。所以此枚的「」字當隸定作「釤」才合理，釋文應重新修正爲「左司馬聞釤信鉨」。

「左司馬聞釤信鉨」該如何解讀呢？先來解釋「左司馬聞」。戰國齊印多借「聞」爲「門」，〔註62〕且「司馬聞（門）」（或聞司馬）爲古時守門之武官，〔註63〕《戰國策·齊六》即載云：「齊王建入朝於秦，雍門司馬前曰……」〔註64〕。又莊新興《戰國鉨印分域編》輯有齊系「右聞司馬」（編號615-616）和「右聞司馬鉨」（編號617）等印〔註65〕，知「司馬聞」又分左、

〔註56〕曹錦炎：《古代璽印》，頁16。

〔註57〕陳光田：《戰國璽印分域研究》（長沙：嶽麓書社，2009年），頁36。

〔註58〕施謝捷：《古璽匯考》（合肥：安徽大學博士論文，2006年），頁37。

〔註59〕張振謙：《齊系文字研究》（合肥：安徽大學博士論文，2008年），頁74。

〔註60〕孫剛編纂：《齊文字編》（福州：福建人民出版社，2010年），卷三，頁五七；卷十，頁二七一。

〔註61〕字例依序見孫剛編纂：《齊文字編》，卷十，頁二七一；卷十四，頁三六八；卷三，頁五四。

〔註62〕裘錫圭：〈戰國貨幣考（十二篇）〉，《北京大學學報（哲學社會科學版）》第2期（1978年），頁72。

〔註63〕參徐連達：《中國官制大辭典》（上海：上海大學出版社，2010年），頁53。另「司馬聞」與「聞司馬」無別之論，見裘錫圭：〈「司馬聞」「聞司馬」考〉，收錄於裘錫圭：《古文字論集》，頁484～485。

〔註64〕〔西漢〕劉向集錄，范祥雍箋證，范邦瑾協校：《戰國策箋證》（上海：上海古籍出版社，2006年），卷十三，頁742。

〔註65〕莊新興：《戰國鉨印分域編》，頁109～110。

右。

　　再來看「信鉥（璽）」。「信鉥」爲戰國古璽之自名，官璽、私璽均可稱作「信鉥」，且不限於齊系。〔註66〕最後是「釕」，據何琳儀的解釋，它是「從立，罰聲」，乃「罰」之繁文，讀作「嗣」，「繼」的意思。〔註67〕但這樣的解釋套用在此枚印文中就不通，需再另求他解。《古璽彙編》錄有 3 枚「左司馬釕」，〔註68〕曹錦炎懷疑印文中的「釕」應該也是齊璽稱「印」、「璽」的另一種別稱。〔註69〕據此來解釋「左司馬聞釕信鉥」似乎可通，但令人不解的是，此枚已自名「信鉥」，實不需畫蛇添足，再加上同爲「印璽」意的「釕」來稱之，所以這個解釋仍不適當。另外一個可能，就是「釕」作人名解釋，但印文文例結構就變成「官名＋人名＋信鉥」，因目前未看到有同樣文例的戰國璽印，所以這個說法仍有待檢驗。

　　從以上討論來檢視《封泥考略》對「左司馬聞釕信鉥」的考釋，書中釋云：

　　　　右封泥七字，古鉥文曰：「左司馬聞昃私鉥」。出臨菑，自是齊官。
　　　　「左司馬」者聞姓，以凶德爲氏。又《風俗通》少正卯魯之聞人，
　　　　遂以聞人爲氏。昃，人名……此曰姓名私鉥，而前有官名，是漢銅
　　　　印「裨將軍張賽」之類所由昉也。（卷一，頁一）

此段考釋有四點值得商榷：一爲封泥印文的隸定當作「左司馬聞釕信鉥」。二爲「聞」非姓氏，當讀爲「門」，是職官名中之一字。三爲此作「官名＋人名＋信鉥」之結構，非「姓名私鉥」。四爲「裨將軍張賽」乃爲漢時「殉葬印」，且文例結構爲「官名＋姓名」，與此枚封泥的時代亦不同，除非能找到相同時代、相同文例的璽印，否則立論仍是不足的。

（2）粕□□□

　　此枚的第四字，前面已說當隸作「璽」。第二字裘錫圭隸作「鄉」，〔註70〕後人多贊同。第一、三字前人的看法則較歧異，詳述於後：

〔註66〕參何琳儀：《戰國古文字典：戰國文字聲系》，下冊，頁 1136。
〔註67〕同前註，上冊，頁 113。
〔註68〕見羅福頤主編，故宮博物院編：《古璽彙編》（北京：文物出版社，1981 年），
　　　　編號 37（頁 7）、39（頁 7）、5540（頁 501）。原書 3 枚末字均待釋，以「□」
　　　　表示。
〔註69〕曹錦炎：《古代璽印》，頁 41。曹書將「釕」字誤隸作「竘」。
〔註70〕見裘錫圭：〈戰國文字中的「市」〉，頁 289。

第一字作「◼」，前人的看法可分成三種：第一種隸作「粨」，即《封泥考略》所釋，承襲此說者有裘錫圭〔註71〕、孫慰祖〔註72〕、施謝捷〔註73〕和張振謙〔註74〕等人，其中裘錫圭仍持保留態度，在「粨」字後加註「？」。第二種未釋，以原拓或「□」表示，如劉釗〔註75〕、劉偉〔註76〕和田煒〔註77〕。第三種則隸作「粨」，如湯餘惠〔註78〕、孫剛〔註79〕。按此枚封泥風化嚴重，字體線條較不明顯，以致拓片上的文字較不清楚，各字原本的筆劃是否有消失，消失的程度為何就難以掌控。〔註80〕正因如此，第一字的隸定就存在許多變數。不過就拓片來看，第一字隸作「粨」似乎較合理。此字左旁從「米」乃毫無疑問，右旁則應從「自」，茲將孫剛《齊文字編》中的「自」、「白」二字字例列成下表〔註81〕：

字	字　　例
自	
白	

由上表可知，「自」、「白」二字的上半部有很大的不同，「◼」的右旁與「自」較相近，與「白」則完全不同，因此將它隸作「粨」比隸作「粨」來得適宜。

〔註71〕同前註。
〔註72〕孫慰祖主編：《古封泥集成》，頁2。
〔註73〕施謝捷：《古璽匯考》，頁59。
〔註74〕張振謙：《齊系文字研究》，頁74。
〔註75〕劉釗：〈齊「於陵市和節」陶文考〉，《管子學刊》第4期（1994年），頁80。
〔註76〕劉偉：《齊國陶文的研究》（濟南：山東大學碩士論文，2008年），頁47。
〔註77〕田煒：《古璽探研》（上海：華東師範大學出版社，2010年），頁86。
〔註78〕湯餘惠主編：《戰國文字編》，卷七，頁四九○。
〔註79〕孫剛編纂：《齊文字編》，卷七，頁二○一。
〔註80〕此枚封泥實物圖片，可見〔日〕東京國立博物館編：《中國の封泥》，頁17。
〔註81〕字例依序見孫剛編纂：《齊文字編》，卷四，頁八二；卷七，頁二一七至二一八。另「白」字字例較多，表中僅列頁二一七的部分。

第三字作「█」，前人隸定可分爲五種。第一種隸作「和」，如劉釗
〔註82〕和劉偉〔註83〕。第二種隸作「枏」，如施謝捷〔註84〕和孫剛〔註85〕。
第三種隸作「相」，如張振謙〔註86〕。第四種隸作「枳」，如田煒〔註87〕。
第五種未釋，以原拓或「□」表示，如裘錫圭〔註88〕、孫慰祖〔註89〕。按
此字上半有殘損，作「木」或作「禾」實難確定。右上角筆劃似乎爲「口」，
但一樣無法作出正確的判斷。在辨別字體筆劃條件不足的情況下，爲求審
慎，本文不強作隸定。

　　由以上討論，茲將此枚暫隸作「粨鄉□璽」，印文考釋因文字未能完全清
楚辨識，故不做進一步的探討。

（二）卷十未歸類封泥

　　卷十還輯錄「古一字小印封泥」1 枚（即「信」字封泥，說見本節「戰國
封泥」），「鳥篆印封泥」1 枚，「閒文印封泥」1 枚，「殘封泥」6 枚。

　　「筍□多」字體爲「鳥篆」，「鳥篆」即鳥蟲書，因其筆劃盤曲且兩端
作蟲鳥狀而稱之〔註90〕。此枚第一字確爲「筍」，第三字是否爲「多」，據
拓片殘餘筆劃並不能確定，第二字據侯福昌《鳥蟲書匯編》所釋當爲「遮」
〔註91〕。

　　「閒文印」或許指該印內容並無特別意涵〔註92〕，乃刻印者自娛爲之，
因《封泥考略》未作解釋，且據拓片，第一字是否作「中」似乎仍有商量空
間，孫慰祖《中國古代封泥》即隸作「□意」並置於西漢〔註93〕，在印文無

〔註82〕劉釗：〈齊「於陵市和節」陶文考〉，頁 80。
〔註83〕劉偉：《齊國陶文的研究》，頁 47。
〔註84〕施謝捷：《古璽匯考》，頁 59。
〔註85〕孫剛編纂：《齊文字編》，卷六，頁一五一。
〔註86〕張振謙：《齊系文字研究》，頁 74。
〔註87〕田煒：《古璽探研》，頁 86。
〔註88〕裘錫圭：〈戰國文字中的「市」〉，頁 289。
〔註89〕孫慰祖主編：《古封泥集成》，頁 2。
〔註90〕參羅福頤：《古璽印概論》，頁 56。葉其峰：《古璽印與古璽印鑒定》，頁 63。
〔註91〕侯福昌摹輯：《鳥蟲書匯編》（臺北：臺灣商務印書館股份有限公司，民國 79
　　　　年），卷二，頁五（總頁 24）。
〔註92〕據《漢語大詞典》「閒文」條所作解釋有二：一指「通俗作品，閒適詩文」，
　　　　二指「無關緊要的文字」。見羅竹風主編，《漢語大詞典》（臺北：臺灣東華書
　　　　局股份有限公司，1997 年），第 12 卷，頁 75。
〔註93〕孫慰祖：《中國古代封泥》，頁 202。

法徹底通讀前，不作深論。

　　殘封泥中的「深鴻」，孫氏《中國古代封泥》認爲應是新莽時的「里附城」封泥，但他未說明理由，不過據他書中所附泥背照片顯示，此枚封泥形態爲B_2式，正爲新莽時主要的封泥形態，〔註94〕或是據此而言。茲附「笱□多」、「中意」、「深鴻」等封泥拓片於後。

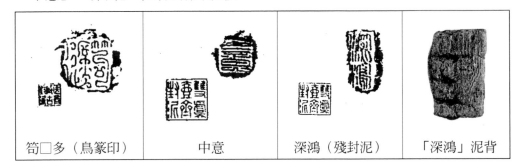

笱□多（鳥篆印）	中意	深鴻（殘封泥）	「深鴻」泥背

第二節　《封泥考略》呈顯之封泥研究面向

　　本節探討的重點，主要在於了解《封泥考略》利用書中 840 餘枚封泥做了哪些方面的研究。整理書中各枚封泥考釋，可以歸納出三項主要的面向：一、補充、修正史籍之記載。二、封泥斷代與辨僞。三、秦封泥的判定。最後再附論書中所藏「候印」及「地名印」封泥。

一、補充、修正史籍之記載

　　孫慰祖《封泥發現與研究》曾談到《封泥考略》是最早將封泥文字與古代官制、地理互作考證之著，書云：

> 封泥文字的史料以反映秦漢時期的官制、地理建置的內容最爲豐富，這在整體上是除文獻以外其他地下出土文物所罕與相比的。吳式芬和陳介祺的《封泥考略》開啓山林，最早進行了封泥文字和古代官制、歷史地理相互聯繫的考證。〔註95〕

孫氏接著就《封泥考略》書中「以封泥文字考訂史籍傳寫訛誤」和「補正文獻缺佚」等兩方面概略舉例說明。以下依此二類詳說如下：

〔註94〕「深鴻」泥背圖見孫慰祖：《中國古代封泥》，頁 212。封泥形態的說明見本章註 22。
〔註95〕孫慰祖：《封泥發現與研究》，頁 63。

（一）考訂史籍傳寫之誤

此類再分作「官名」、「地名」來敘述：

1、官名（含爵號）

《封泥考略》於封泥考釋中考訂史籍傳寫之誤的有二例，即「𥣫官𥣫丞」與「厚陸任之印」，按次引述於下：

> 按《漢書・百官公卿表》「少府」，屬官有「導官」，師古曰：「導官主擇米。」《後漢書・鄧皇后紀》「導官」注：「主導擇米以供祭祀。」《續漢書・百官志》：「導官令」，本注：「導，擇也。」又效《漢書・司馬相如傳》：「導，一莖六穗於庖。」鄭氏曰：「導，擇也。一莖六穗，謂嘉禾之米，於庖廚以供祭祀。」字皆「導」，皆訓「擇」。而《史記・司馬相如傳》作「𥣫」，徐廣曰：「𥣫，瑞禾也。」《說文》：「𥣫，禾也。從禾道聲。司馬相如曰：『一莖六穗』。」此印二「𥣫」字亦從「禾」，知「𥣫」乃本字，從「禾」也。……今據印文與《史記》，足證兩漢書作「導」者皆傳寫之誤也。錢少詹（錢大昕）謂收藏古印於史學不無裨（神）益，洵哉！（卷一，頁三十七）

> 按《漢書・王莽傳》封王氏爲五等，其女皆爲「任」，男以「睦」，女以「隆」爲號焉。師古曰：「睦、隆皆其受封邑之號，取嘉名也。」又所見莽時子男印，有「通睦、愿睦、雔睦、喜睦」等與傳合，則「任」之封邑當曰「隆」矣，而印文皆作「陸」。余謂「陸」與「睦」同義，《易》「莧陸」虞注：「陸，和睦也。」莽皆取睦族之義。又據〈莽傳〉言「姚、嬀、陳、田、王五姓，皆黃、虞之苗裔，予之同族也。《書》不云乎？『惇（惇）序九族。』」封陳崇爲統睦矦，田豐爲世睦矦，姚恂爲初睦矦，嬀昌爲始睦矦。其爲取「睦族」之義，益信。「陸、隆」形相似，音相近，易誤耳。小顏未知「隆」爲「陸」之誤字，故以爲「取嘉名也」。（卷八，頁二十四）

「𥣫官」乃漢少府屬官，兩《漢書》均作「導」，《史記》作「𥣫」，今據印文可證「𥣫」當爲正字。《漢書・王莽傳》載莽封王氏五等爵中，「女」皆爲「任」，且「男以睦」，「女以隆」爲號。《封泥考略》書中可見莽時子男印有「通睦、愿睦、豐睦、盈睦、進睦」可與傳合，則「任」之封邑當曰「隆」，然從書中「厚陸任之印、樂陸任之印、永陸任之印」等女爵封泥，知「隆」當爲「陸」之誤。

　　另有一例記載印文與史籍用字之不同，「孝惠潙丞」云：「右封泥四字，印文曰：『孝惠潙丞』。按《漢書・百官公卿表》『奉常』，屬官有諸寢令長丞。印作『潙』即「㝱」（寢），此㝱之丞也。」（卷一，頁十五 b）「寢丞」乃漢「奉常」屬官，《漢書》作「寢」，封泥作「潙」，應爲「寢」之異體字。又按《古封泥集成》輯錄「高浸丞印」（編號 52）、「齊悼惠浸」（編號 234-237）等封泥亦作「潙」。〔註 96〕

2、地名

　　羅福頤《古璽印概論》曾就《封泥考略》、《齊魯封泥集存》、《續封泥考略》三書中可正《漢書・地理志》郡縣名者作了整理，〔註 97〕孫慰祖《封泥發現與研究》、《中國古代封泥》則就封泥中所存郡、縣名及侯國名與今本《漢書・地理志》、《後漢書・郡國志》記載相異者作整理〔註 98〕，兩者內容大同小異。以上三書所舉見於《封泥考略》者如下表：

No.	《封泥考略》	《漢書・地理志》	拓片〔註 99〕	備　註
01	「梁」相之印章（卷二，頁十一 b）	「梁」國		「梁」當作「梁」，原書未註明。有 2 枚。拓片爲第 2 枚。
02	「劇」魁疢相（卷二，頁三十九 b）	「劇」魁縣（屬北海郡）	〔註 100〕	「劇」當作「勮」，原書未註明。
03	「繁」疢相印（卷二，頁四十 a）	「繁」縣（屬蜀郡）		「繁」當作「繫」，原書未註明。有 2 枚。

〔註 96〕封泥見孫慰祖主編：《古封泥集成》，頁 11、42。
〔註 97〕羅福頤：《古璽印概論》，頁 111～116。
〔註 98〕見孫慰祖：《封泥發現與研究》，頁 74～75；《中國古代封泥》，頁 294～295。
〔註 99〕有些封泥書中不只輯錄 1 枚，爲省篇幅，僅附第一枚拓片（若有例外會在備註說明）。另表中所稱「原書」均指《封泥考略》。

04	丹「楊」太守章 （卷三，頁四十六 a）	丹「揚」郡		有 2 枚。
05	「犍」爲太守章 （卷三，頁五十三 a）	「犍」爲郡		有 3 枚。
06	「跋巂」太守（章） （卷三，頁五十四 b）	「越嶲」郡		含「章」字者 有 3 枚。
07	玄「兔」太守章 （卷四，頁十五 a）	玄「菟」郡		有 2 枚。
08	「扜」關長印 （卷四，頁五十三 b）	「扜」關（見於 《續漢書・郡國 志》「巴郡」）		
09	「呼佗」塞尉 （卷四，頁五十五 a）	「虖池」（代郡 「鹵城縣」注）		

〔註100〕因《續修四庫全書》本缺卷二頁三十九，故此拓片另引自山東文獻集成編纂
委員會編：《山東文獻集成》（濟南：山東大學出版社，2007 年，據山東省博
物館藏清光緒三十年上海石印本影印），第 2 輯，第 22 冊，頁 218。

10	「皖」長之印 （卷五，頁八 b）	「皖」縣（屬廬江郡）；後世〈地理志〉作「皖」		
11	「汁邡」長印 （卷五，頁十一 b）	汁「方」縣（屬廣漢郡）；《後漢書・郡國志》作「什」邡		有3枚。
12	剛「氐」道長 （卷五，頁二十二 b）	剛「氐」道（屬廣漢郡）		
13	「頻」陽丞印 （卷六，頁九 b）	「頻」陽縣（屬左馮翊）		「頻」當作「瀕」，原書未註明。羅氏之書未舉出。
14	「胡」陽丞印 （卷六，頁二十三 b）	「湖」陽縣（屬南陽郡）		
15	「虖」婁丞印 （卷六，頁二十四 b）	「雩」婁縣（屬廬江郡）		
16	臨「菑」丞印 （卷六，頁二十六 b）	臨「淄」縣（屬齊郡）		有2枚。拓片「菑」字均不清楚。

17	贛「揄」丞印 （卷六，頁二十七 b）	贛「榆」縣（屬 琅邪郡）		
18	「徙」右尉印 （卷七，頁二十三 a）	「徙」縣（屬蜀郡）		「徙」，嚴式 隸定當作 「徙」。
19	「存」馹左尉 （卷七，頁二十四 b）	「郁」馹縣（屬犍 爲郡）		有 3 枚。
20	三「絳」尉印 （卷七，頁二十六 a）	三「絳」縣（屬 越嶲郡）		「絳」當作 「絳」，原書 未註明。
21	「渥」符子夫人 （卷八，頁二十七 a）	樊輿縣，莽曰 『『握』符』（屬 涿郡）		

　　以上 21 枚，除「梁相之印章」、「劇魁矦相」、「繁矦相印」、「頻陽丞印」、
「三絳尉印」等 5 枚因《封泥考略》隸定時未細審，未於考釋中指出與《漢
書・地理志》不同外，其餘各枚考釋中均已指出。不過，有幾枚需補充說明：

（1）繫疌相印

　　「繫」縣，《漢書‧地理志》作「繁」〔註101〕，《封泥考略》引作「繫」，亦隸作「繫」。今據封泥當作「繫」。

（2）丹楊太守章

　　此枚書中釋云：「桉《漢書‧地理志》：『丹楊郡，故鄣郡。屬江都。武帝元封二年更名丹陽，屬揚州。』攷唐以前金石刻『丹楊』皆从『木』，蓋以山多赤柳得名，則《漢書》从『阝』，乃後世傳寫之誤。」筆者按：《漢書‧地理志》原作：

　　　　丹揚郡，故鄣郡。屬江都。武帝元封二年更名丹揚。屬揚州……縣
　　　　十七：宛陵……丹陽……宣城。〔註102〕

知《封泥考略》誤將縣之「丹陽」作爲郡名，不知郡名實作「丹揚」，从「手」旁，故誤釋「《漢書》从『阝』」。孫氏二書不察，亦沿其失。〔註103〕今據印文，知「丹楊郡」之「楊」本从「木」，今〈地理志〉从「手」。然「楊」、「揚」二字於古籍可通用，邢澍《金石文字辨異》證云：「《左傳‧文八年》『晉解揚』，《史記‧十二諸侯表》作『解楊』。又《左傳‧襄三年》『晉揚干』，《古今人表》作『楊干』……是揚、楊通用之證也。」〔註104〕

（3）跩雟太守（章）

　　按《漢書‧地理志》作「越雟」〔註105〕，《封泥考略》引作「越雟」或「越雟」（見「三絳尉印」），書中封泥「越」皆作「跩」，「雟」則有「雟」（卷三，頁五十四 b）、「雟」（卷三，頁五十五至五十六 a）兩種寫法。該枚封泥考釋中，僅注意到「越」字的不同，「雟」字卻未加以說明。據封泥，「雟」字當作「雟」或「雟」。

（4）晥長之印

　　書中釋云：「桉《漢書‧地理志》晥縣，屬廬江郡。本志作『晥』，後世〈地理志〉皆作『皖』，蓋通用也。」知《漢書‧地理志》與封泥同。後世作

〔註101〕〔漢〕班固撰，〔唐〕顏師古注：《漢書》，第 2 冊，頁 1598。
〔註102〕同前註，第 2 冊，頁 1592。
〔註103〕孫慰祖：《封泥發現與研究》作「丹楊（丹陽）」（頁 74）；《中國古代封泥》作「丹楊太守章（丹陽）」（頁 295）。
〔註104〕〔清〕邢澍原著，時建國校釋：《金石文字辨異校釋》（蘭州：甘肅人民出版社，2000 年），頁 374。
〔註105〕〔漢〕班固撰，〔唐〕顏師古注：《漢書》，第 2 冊，頁 1600。

「皖」乃通用字，按《後漢書‧郡國志》「廬江郡，皖（縣）」校勘記亦云：「皖，《前志》作『睆』，殿本作『皖』。按：皖、睆、晥並通。」〔註106〕

（5）汁邡長印

書中釋云：「桉《漢書‧地理志》汁邡縣，屬廣漢郡，『汁』作『什』，『邡』作『方』。《續漢書‧郡國志》及《說文》作『什邡』。唯《隸釋‧王君平鄉道碑》武都丞呂國題名作『汁邡』，與印同。當以碑、印爲正也。」筆者按：「汁邡」，《漢書‧地理志》作「汁方」〔註107〕，《後漢書‧郡國志》作「什邡」〔註108〕，故釋語云〈地理志〉「汁」作「什」，非也。

（6）頻陽丞印

「瀕陽」縣，《漢書‧地理志》作「頻陽」〔註109〕，《封泥考略》隸作「頻陽」。今據封泥拓片「頻」當从「水」作「瀕」。

（7）臨蓄丞印

書中卷六輯錄的兩枚（頁二十六 b、二十七 a）「蓄」字均不清，但「蓄」從「艸」不從「氵」是清楚可見的。

另外，表中「臨蓄丞印」右枚拓片相當特別，除了印文爲「錯綜讀」（即右上角起交叉讀）以外，「印」字的「爪」部與絕大部分印文、封泥剛好左右相反。就前者而言，它的印文風格明顯是屬於西漢，雖然讀法與絕大部分的漢印、封泥「右起上下讀」不同，但這顯示「錯綜讀」在西漢仍是存在的，只是數量不多，書中「都船丞印」（卷一，頁四十三 b）和「代郡車令」（卷四，頁十七 a）兩枚同屬此類。就後者而言，因該枚中僅「印」字如此，應是「誤刻」所致。

（8）徙右尉印

《封泥考略》隸定封泥文字時，幾乎都是嚴式隸定，故書中卷七所輯「徙尉之印」（2 枚）、「徙右尉印」3 枚「徙」字當隸作「徙」。「徙右尉印」下云：「此印文作『徙』甚明，似非『徙』，疑今本作『徙』有誤。」（卷七，頁二

〔註106〕〔劉宋〕范曄撰，〔唐〕李賢等注，〔晉〕司馬彪補志：《後漢書》，楊家駱主編：《新校本後漢書并附編十三種》（臺北：鼎文書局，民國70年），第 5 冊，頁 3500。筆者按：引文「晥、睆、皖」三字間本無頓號，乃筆者所加。

〔註107〕〔漢〕班固撰，〔唐〕顏師古注：《漢書》，第 2 冊，頁 1597。

〔註108〕〔劉宋〕范曄撰，〔唐〕李賢等注，〔晉〕司馬彪補志：《後漢書》，第 5 冊，頁 3508。

〔註109〕〔漢〕班固撰，〔唐〕顏師古注：《漢書》，第 2 冊，頁 1545。

十三 a）按「徙」字結構爲「从辵、少聲」，即「徙」字，秦、漢文字多作此形，現今作「从辵、止聲」乃訛變所成。〔註110〕

　　《封泥考略》的考釋中尚有說明封泥與史籍記載不同者（含僞品），但羅、孫三書均未予以標出者，如下表所示：

No.	《封泥考略》	《漢書・地理志》	拓　　片	備　註
01	沈「犛」長印（卷四，頁四十七 b 至四十八 a）	沈「犛」（《史記・西南夷傳》）；沈「黎」（《漢書・張騫傳》）		〈地理志〉未載
02	新「城」令印（卷五，頁六 a 至七 a）	新「成」縣（屬河南郡）；《續漢書・郡國志》作「新『城』」		僞封泥。有 3 枚。
03	「㣙」人令印（卷五，頁三十七 b）	道人縣（屬代郡）		
04	「犛」丞之印（卷六，頁十一 b 至十二 a）	犛縣（屬右扶風）		

05	東「成」丞印 （卷六，頁二十五a）	東「城」縣（屬九 江郡）		
06	「雩」都之印 （卷七，頁三十三 b）	「雩」都縣（屬豫 章郡）		

以上6枚，「沈黎長印」之「黎」與史籍之「犂」、「黎」通，故無別。「新城令印」書中所收均為偽品（詳本節第二點「封泥辨偽」的討論），故論證已失依據。「衍人令印」之「衍」字，就拓片看來並不清楚，只能識得「彳」旁，因此無法確定是否從「行」從「刀」。「雩都之印」同「雩婁丞印」例，乃「雩」之通假字。「犛丞之印」與「東成丞印」另說明如下：

（1）犛丞之印

　　按印文「犛」字從「牛」，然書中該枚釋云：「此『犛』從『毛』，當是『毛』（毛）誤。」（卷六，十二a）據《中國の封泥》「犛丞之印」原封泥照片（見表）〔註111〕觀察，「毛」上端似非印文筆畫，且中豎筆末端並未作曲筆，故當從「牛」不從「毛」。

（2）東成丞印

　　「東成」縣，《漢書・地理志》原作「東城」〔註112〕，《封泥考略》引作「東成」，據其後云：「此印文作「東成」，足正〈惠景間矦者年表〉與〈地理志〉作「城」之誤。」（卷六，頁二十五a）可知引作「東成」有誤。

　　《封泥考略》中尚有幾枚印文寫法與〈地理志〉不同，但卻為考編者和羅、孫三書所忽略，計有以下4例：

〔註111〕圖片引自〔日〕東京國立博物館編：《中國の封泥》，頁96。
〔註112〕〔漢〕班固撰，〔唐〕顏師古注：《漢書》，第2冊，頁1569。

No.	《封泥考略》	《漢書・地理志》	拓　片	備　註
01	「穎」川太守（章）（卷三，頁十五至十六）	「潁」川郡		含「章」字者有 3 枚。
02	「魏」郡太守章（卷三，頁二十七）	「魏」郡		有 2 枚。
03	「好」畤丞印（卷六，頁十三至十五 a）	「好」畤縣（屬右扶風）		有 4 枚。「好」字嚴式隸定當作「孜」。
04	臨「卭」尉印（卷七，頁十九 a）	臨「邛」縣（屬蜀郡）		

以上 4 例說明如下：

（1）穎川太守（章）

「潁川」郡，《漢書・地理志》作「潁川」〔註113〕，《封泥考略》引作「穎川」，卷三目作「穎川」。又《金石文字辨異》云：「漢《魯相韓勑造禮器碑》：『潁川長社。』案……漢碑皆以潁爲穎。」〔註114〕今據封泥和漢碑當作「穎」。

（2）魏郡太守章

「魏」郡，《漢書・地理志》作「魏」〔註115〕，《封泥考略》引作「魏」，

〔註113〕〔漢〕班固撰，〔唐〕顏師古注：《漢書》，第 2 冊，頁 1560。
〔註114〕〔清〕邢澍原著，時建國校釋：《金石文字辨異校釋》，頁 730。
〔註115〕〔漢〕班固撰，〔唐〕顏師古注：《漢書》，第 2 冊，頁 1573。

隸定作「嶴」。又漢《楊著碑》、《陳球後碑》和《魯峻碑》「魏郡」之「魏」均有「山」旁，〔註 116〕今據封泥和漢碑當从「山」作「嶴」。

（3）好時丞印

「孜時」縣，《漢書・地理志》作「好時」〔註 117〕，《封泥考略》引作「好時」。封泥作「孜」，「子」、「女」二部排列位置相反，無別。

（4）臨卬尉印

此枚「卬」字，實應隸作「邛」。該枚釋云：「右封泥四字，印文曰：『臨卬尉印』。桉《漢書・地理志》臨卬縣，屬蜀郡。」（卷七，頁十九 a）據封泥當作「邛」。又按《漢書・地理志》原亦作「臨邛」〔註 118〕，書中引述亦誤，兩者當俱改。

最後，補充說明《封泥考略》引《漢書・地理志》郡縣名時體例不一的情形，書中有時依《漢書・地理志》原文，有時卻依印文。

（1）依原文之例

如「玄兔太守章」引云：「桉《漢書・地理志》元（玄）菟郡」（卷四，頁十五 a）、「呼佗塞尉」引云：「桉《漢書・地理志》『代郡』鹵城縣注作『虖池』」（卷四，頁五十五）、「剛羝道長」引云：「桉《漢書・地理志》剛氐道」（卷五，頁二十二 b）、「犛丞之印」引云：「桉《漢書・地理志》斄縣」（卷六，頁十一 b）、「虖婁丞印」引云：「桉《漢書・地理志》雩婁縣」（卷六，頁二十四 b）、「臨菑丞印」引云：「桉《漢書・地理志》臨淄，師尙父所封，縣屬齊郡」（卷六，頁二十六 b）、「贛揄丞印」引云：「桉《漢書・地理志》贛榆縣」（卷六，頁二十七 b）、「存鄢左尉」引云：「桉《漢書・地理志》郁鄢縣」（卷七，頁二十四 b）、「虖都之印」引云：「雩都縣」（卷七，頁三十三 b）和「渥符子夫人」引云：「桉《漢書・地理志》涿郡樊輿縣，莽曰『握符』」（卷八，頁二十七 a）均是依《漢書・地理志》原文。

（2）依印文之例

如「丹楊太守章」引云：「桉《漢書・地理志》丹楊（原作揚）郡」（卷三，頁四十六 a）、「楗爲太守章」引云：「桉《漢書・地理志》楗（原作犍）爲郡」（卷三，頁五十三 a）、「汁邡長印」引云：「桉《漢書・地理志》汁邡（原

〔註 116〕參〔清〕邢澍原著，時建國校釋：《金石文字辨異校釋》，頁 817～818。

〔註 117〕〔漢〕班固撰，〔唐〕顏師古注：《漢書》，第 2 冊，頁 1547。

〔註 118〕同前註，第 2 冊，頁 1598。

作方）縣」（卷五，頁十一 b）、「胡陽丞印」引云：「桉《漢書‧地理志》胡（原作湖）陽」（卷六，頁二十三 b）和「東成丞印」引云：「桉《漢書‧地理志》東成（原作城）縣」（卷六，頁二十五 a）均依印文而寫。

書中引用《漢書‧地理志》郡縣名時，原意是要利用封泥的文字來呈顯與史籍記載之不同，然引用原典時卻將郡縣名引成「印文」的寫法，不但沒有傳達原意，更使考釋出現矛盾，如「犍爲太守章」云：「右封泥五字，印文曰：『犍爲太守章』。桉《漢書‧地理志》『犍爲郡』……則《漢書》從『牛』亦後世傳寫之誤。」（卷三，頁五十三 a）首引〈地理志〉作「犍爲」，後卻說《漢書》從「牛」，前後矛盾可見。

（二）補正文獻缺佚

《封泥考略》補正文獻缺佚的部分，主要也是對兩《漢書》官制與地理的補充。以下同樣分官名、地名來敘述：

1、官　名

書中封泥所載之職官，有些〈百官公卿表〉、〈百官志〉有記錄但未詳加細說的，或是有誤的；有些則完全不見記載。

首先舉有記錄但未詳說之例：

（1）「少府銅丞」釋云：

> 桉《漢書‧百官公卿表》「水衡都尉」，武帝元鼎二年初置，屬官有鍾官、辯銅令丞。如淳曰：「鍾官，鑄錢官也；辯銅，主分別銅之種類也。」〈表〉又曰：「初，鑄錢屬少府。」今據此印，知班史言鑄錢者，兼辯銅丞言之，此則辯銅丞之印，省辯字也。（卷一，頁四十b 至四十一 a）

「銅丞」爲「辯銅丞」之省，原應與「鍾官」一樣皆屬少府，然〈百官公卿表〉僅云「初，鑄錢屬少府」，今據封泥可知「辯銅」亦是。

（2）「禁圃左丞」釋云：「桉《漢書‧百官公卿表》『水衡都尉』屬官有禁圃令丞，禁圃兩尉。據此云『左』，則丞亦有兩如尉，可以補史之略。」（卷一，頁五十三 a）知〈百官公卿表〉僅載「禁圃」有令丞及兩尉，然據封泥知其「丞」分左、右兩丞。

（3）「湯官飲監□」釋云：「桉《漢書‧百官公卿表》『少府』，屬官有湯官。師古曰：『湯官主餅餌。』此印官名曰『飲監』，是湯官之職。」（卷一，頁三十六 b）「湯官」爲「少府」之屬官，其下有「飲監」一職〈表〉未

載。

（4）另有一例是修正《漢書・地理志》之載，「嚴道橘丞」釋云：

> 右封泥四字，印文曰：「嚴道橘丞」，又一曰：「嚴道橘園」。按《漢
> 書・地理志》「蜀郡」嚴道注：「有木官。」又攷《文選》左太沖〈蜀
> 都賦〉：「戶有橘柚之園。」劉淵林注引《漢書・地理志》：「蜀郡，
> 嚴道出橘，有橘官。」知《班史》本注「橘官」，後乃誤爲「木官」
> 耳。「橘丞」即「橘官」，其止曰「橘園」，而無官號，疑守園掾吏之
> 印……。（卷六，頁三十七）

〈地理志〉於蜀郡「嚴道」注云「有木官」，然據《文選》注及封泥，知「木
官」爲「橘官」之誤。

次舉〈百官公卿表〉、〈百官志〉未載之職官：

（1）「中宮謁丞」釋云：「按《漢書・百官公卿表》『郎中令』，掌宮殿、掖門
戶，屬官有大夫、郎、謁者。此曰『中宮』，疑是皇太后、皇后宮中之謁
者丞也。」（卷一，頁二十一 b）「中宮」爲皇后之宮〔註 119〕，「謁者」
爲「郎中令」屬官，據封泥知皇后之宮亦有「謁者」一職。

（2）「大官長丞」釋云：「按《漢書・百官公卿表》『少府』，屬官有太官令丞，
又有胞人、都水、均官三長丞。或大官有長而史未備與。」（卷一，頁三
十六 a）〈百官公卿表〉僅載「太官」有令丞，未言有「長」，封泥可補
其闕。

（3）「私官丞印」釋云：「按《漢書・百官公卿表》『詹事』，掌皇后、太子家，
屬官有私府丞。此曰『私官』，可補史闕。」（卷一，頁四十七 a）〈百官
公卿表〉僅載「詹事」屬官有「私府丞」，未言有「私官丞」，封泥可補
其闕。

（4）郡之屬官有「司馬」、「庫令」和「車令」，亦未見載於兩漢〈表〉、〈志〉。
「豫章司馬」釋云：

> 郡國司馬見於印譜，有「膠西司馬」、「建安司馬」。瞿氏《集古印證》
> 謂隋以前，郡國皆無司馬，疑後代私印。以余攷之，《漢書・馮奉世
> 傳》：「奉世長子譚，太常舉孝廉爲郎，功次補天水司馬。」如淳曰：
> 「漢注邊郡置都尉及千人、司馬，皆不治民也。」又〈西南夷傳〉：

〔註 119〕《漢書・哀帝紀》云：「食邑如長信宮、中宮。」師古曰：「中宮，皇后之宮。」
文見〔漢〕班固撰，〔唐〕顏師古注：《漢書》，第 1 册，頁 335。

「金城司馬陳立爲牂柯太守。」則郡國司馬《漢書》亦屢見，特〈百官表〉無之耳。又《續漢書‧百官志》：「亭有亭長，以禁盜賊。本注曰：「亭長，主求捕盜賊，承望都尉。」注《漢官儀》曰：「當兵行長領。置部尉、千人、司馬、侯。」則封泥之郡司馬、郡侯，固見於志傳注矣。（卷四，頁三十八 b 至三十九 a）

「上郡庫令」釋云：「攷《漢書‧百官公卿表》郡守屬官無庫令。〈河閒獻王傳〉成帝建始元年，立上郡庫令良，是爲河閒惠王。」（卷四，頁四十三 b）、「代郡車令」釋云：「桉《漢書‧地理志》『代郡』，秦置，屬幽州。陳氏《簠齋印集》又有『代郡馬丞』，皆史所未詳。」（卷四，頁四十七 a）從上述可知，郡司馬和郡庫令於《漢書》傳中尚有記錄，然郡車令則全無，均可補史之闕。

（5）「扞關長印」釋云：

桉《續漢書‧郡國志》「巴郡」，扞水有扞關。錢氏《（續漢書）辨疑》曰：「〈公孫述傳〉：『東守巴郡扞關之日』。李賢曰：『故基在今峽州巴山縣西。』」〔註120〕關長之官，不見於兩《漢》〈表〉、〈志〉。瞿氏《印證》曰：「《後漢書‧張禹傳》言祖父況，光武以爲常山關長。意守關之官，比縣邑之稱長。」〔註121〕謹桉縣邑之長有尉，今封泥有「扞關尉」，瞿說是也。「扞」，漢書作「扜」，當以印爲正，此關長之印也。（卷四，頁五十三 b 至五十四 a）

關口設有「長、尉」亦不見於兩《漢書》〈表〉、〈志〉，今據「扞關長印」、「扞關尉印」封泥可補其闕。

其他如「戈船候印」（卷一，頁十二）、「中車司馬」（卷一，頁二十七）、「田厴」（卷四，頁五十二 b）、「後部牢丞」（卷四，頁五十六 b 至五十七 a）和「安臺左塈」（卷六，頁六十六）等職官亦不見載。另「□祠□長」（卷一，頁二十 a）爲殘封泥，「趙郡左田」（卷四，頁五十二 a）「趙郡」二字不清，故

〔註120〕按錢大昭《續漢書辨疑》原作「公孫述」、「扞關之口」，《封泥考略》引作「公孫述」、「扞關之日」。錢書見〔清〕錢大昭：《續漢書辨疑》（臺北：弘道文化事業有限公司，民國 62 年，光緒十四年廣雅書局刻本），卷七，頁五。

〔註121〕按瞿中溶《集古官印考》原文作「《後漢書‧張禹傳》言祖父況，光武以爲常山關長。……意東京中平以前不置關都尉，其守關之官，比縣邑之稱長……。」文見〔清〕瞿中溶：《集古官印考》，收錄於《續修四庫全書》（上海：上海古籍出版社，2002 年，據北京大學圖書館藏清同治十三年刻本影印），第 1109 冊，卷七，頁三十至三十一（總頁 356～357）。

不列於本例中。

2、地　名

　　書中封泥所載之郡、縣、鄉名，未見於《漢書・地理志》者有：

（1）郡　名

　　此類有兩例：①沈犁長印，書中釋云：

> 按《史記・西南夷傳》，漢誅且蘭、邛郡，幷殺筰侯，乃以筰都爲沈
> 犁（應作犂）郡。《漢書・張騫傳》置沈黎、文山郡。錢氏《漢書辨
> 疑》曰：「〈地理志〉無沈黎、文山二郡。沈黎省於（武帝）天漢四
> 年，文山省於（宣帝）地節三年，皆幷蜀。」「犁」即「犂」之篆
> 文，通「黎」。故《史記》作「犂」，《漢書》作「黎」也。又攷郡守，
> 屬官有均長、有長史，是印但曰「長」，所未詳。（卷四，頁四十七
> b至四十八a）

按孫慰祖《兩漢官印匯考》輯有「沈犁太守章」，知「沈犁」郡確爲〈地理
志〉失載之郡名，然《史記》、《漢書》傳中皆有記錄。然此枚曰「長印」，知
「沈犁」也曾爲「縣」，或爲武帝天漢四年廢「沈犁」郡後所置之縣。〔註122〕
②「文陽大尹章」釋云：

> 按《漢書・地理志》魯國汶陽縣，莽曰「汶亭」，屬豫州。《稽疑》
> 曰：「前漢屬徐州。」《後（漢）書・王梁傳》作「文陽」，注云：「文，
> 音汶。」文陽、汶陽無郡而曰「大尹」，且改縣名爲「汶亭」，其無
> 郡太守明矣。史雖不足，自是莽官之印。又攷漢銅印有「文陽長印」，
> 見《繆篆分韻》。漢碑俗名「竹葉」者，「汶陽」皆作「文陽」。古布
> 亦有作「文陽」者。又莽以縣爲郡甚多，見前「豫章南昌連率」，均
> 此印之證也。（卷八，頁十b至十一a）

「大尹」爲新莽時郡太守別稱，然「文陽」於漢時爲縣，莽曰「汶亭」。據封
泥知「文陽」爲莽時郡名之一，史未載。另「趙郡左田」（卷四，頁五十二a）
「趙郡」二字磨滅不清，故不列入此例。

（2）縣　名

　　此類有五例：①「載丞之印」釋云：

〔註122〕參考孫慰祖主編：《兩漢官印匯考》（香港：上海書畫出版社、大業公司，1993
　　　　年），頁122～123。

按《漢・志》無載縣。胡氏琨《泥封目錄》曰：「《史記・表》有戴國，敬侯彭祖所封。《索隱》曰：『戴，地名，音再。』應劭曰：『在，故留縣。』《說文》：『𢧐，故國在陳留。』」戴，印文作載。戴、載古通用。《詩・絲衣》：「載弁俅俅。」《爾雅・釋言》注作「戴弁俅俅。」《禮記・郊特牲》：「載冕璪。」《釋文》本亦作「戴」。（卷六，頁十九 b 至二十 a）

〈地理志〉無「載縣」，然「載」、「戴」二字通，故知爲史籍所言之「戴（國）」。

② 「杜丞」釋云：

右封泥二字，半通印文曰：「杜丞」。按《漢書・元帝紀》：「初元元年，孝宣皇帝葬杜陵。」臣瓚曰：「杜陵在長安南五十里。」〈百官公卿表〉有諸陵縣。又漢官有先帝陵，每陵監、丞五人，三百石。而據「長陵丞印」用方印四字，與它縣丞印同，當即「長陵縣丞」印。此印但曰「杜」，且用半印，疑爲杜陵之監丞。簠齋陳氏曰：「監丞自當有監字。」（卷一，頁十六）

按「杜」並非如文中所說爲「諸陵縣」之一，《封泥存眞》輯有「杜丞之印」可證「杜」爲縣名，該書目錄云：「《攷略》有『杜丞』二字封泥，吳氏疑爲『杜陵之監丞』，此集有『杜丞之印』四字封泥，足證吳說之失。」〔註123〕

另「蘄施長印」（卷五，頁四十一 b）、「棘滿丞印」（卷六，頁六十五 a）和「安臺丞印」（卷六，頁六十五 b）等三枚之「蘄施」、「棘滿」、「安臺」三縣，於〈地理志〉亦無載。需特別說明的是，羅福頤《古璽印概論》、孫慰祖《封泥發現與研究》、《中國古代封泥》等書，據「棘滿丞印」封泥將「棘滿」歸爲「《漢書・地理志》失載之縣邑而見於史表者」，並於後注云「棘蒲剛侯陳武」。〔註124〕然而按該枚原釋云：

《漢・志》無「棘滿」，有「平棘」。《名勝志》曰：「山頂平而生棘，故名。」《一統志》曰：「山頂平而多棘。」應劭以「平棘」爲「棘蒲」，〈（功臣）表〉棘蒲侯陳武，平棘侯林摯，則非一矣。（卷六，頁六十五 a）

〔註123〕國立北京大學研究院文史部輯：《封泥存眞》（上海：商務印書館，民國 23 年），目錄頁七。此本在臺灣僅中央研究院歷史語言研究所傅斯年圖書館有館藏。

〔註124〕見羅福頤：《古璽印概論》，頁 113。孫慰祖：《封泥發現與研究》，頁 75；《中國古代封泥》，頁 294。

《封泥考略》已言〈地理志〉無「棘滿」縣，僅有「平棘」，另《史記·高祖功臣表》載有「棘蒲侯陳武」，始終未言「棘滿」即「棘蒲」。因此「棘滿」為史籍失載之「縣名」，與「棘蒲」並無關係，羅、孫之書誤矣。

（3）鄉　名

「鄉」為縣之下的基層行政組織之一，然〈地理志〉僅載及縣名，其下之鄉則未載。書中卷七「魯共鄉」（頁四十 a）、「渭陽鄉」（頁四十 b）「阜鄉」（頁四十一 b）、「壁鄉」（頁四十二 a）和「鄭鄉注」（頁四十二 b）中「魯共、渭陽、阜、壁、鄭」等鄉名均未見〈地理志〉。另有「左鄉之印」，不過因印文有「之印」二字，不能排除「左鄉」為縣名，《封泥考略》就認為是縣名，該枚釋云：「疑此即其所封之縣令長之印。縣名雖未見《漢·志》，或在魏以前。」（卷七，頁三十五 a）附記於此。

（4）新莽封地名

最後補充說明新莽封地之名。書中「通睦子印章」釋云：

> 按《漢書·王莽傳》始建國元年封王氏，「齊縗之屬為矦，大功為伯，小功為子，緦麻為男，其女皆為任。（師古曰：「任，充也。男服之義，男亦任也，音壬〔註125〕。」）男以「睦」、女以「隆」為號焉（師古曰：「睦、隆，皆其受封邑之號，取嘉名也。」）」皆以印綬，則此「通睦子」及下「愿睦、豐睦」等子，皆莽小功之屬封爵也。攷《漢書·地理志》注，莽縣名有「統睦、篤睦、順睦、興睦」等，則此封爵皆當有其地，今不可攷耳。簠齋藏有莽印曰：「睦子則相」，亦以睦為號者。（卷八，頁十三）

王莽封小功之屬為「子」，書中「通睦、愿睦、豐睦、盈睦、秩睦、進睦」等封泥當為王莽封子爵之地，其地今不可考，可補史闕。此外，書中卷九輯錄的「附城」封泥，其里名均不見於〈王莽傳〉，「梁于里附城」下即云：「新莽里名今不可攷」（卷九，頁二 a）。今就錄於《封泥考略》卷九且里名清楚可識者臚列於後：「篤固、梁于、和睦（當作「陸」）、李和、顯美、揚昌、壹陽、昭仁、仁勇、樂豈、脩光、心定、廣心、通恥、獻恥、脩恥、固讜、守讜、敦讜、綽衡、思守、思濟、寧趙、尊麗、正行、盛熾、嚻成、原利、

〔註125〕《封泥考略》原作「任」，按《漢書·王莽傳》顏師古注作「壬」，此處逕予改正。〈王莽傳〉文見〔漢〕班固撰，〔唐〕顏師古注：《漢書》，第5冊，頁4104。

盡節、張寧」等里附城，均未載於〈王莽傳〉，可補史之闕。

二、封泥斷代與辨僞

封泥的斷代與辨僞是互爲表裡的，因爲熟悉各時期封泥的文字、印制與形態，以及職官、地理的沿革，除了是我們判別封泥時代的依據，同時也是辨別「僞封泥」的準則。相較於近人豐富且全面的封泥斷代、辨僞之方法，《封泥考略》仍屬萌芽階段。以下就《封泥考略》的斷代及辨僞分作介紹：

（一）封泥的斷代

《封泥考略》對封泥的斷代，最主要的方式就是配合史籍中對「職官」、「地理」、「封爵」或「印制」的記載來進行，先前介紹書中漢、新莽封泥時已初見梗概。書中對「古璽」封泥的斷代，著眼於「字體特色」（說已見前）；對「秦」封泥的斷代，則從「印文讀序」、「印的大小」、「字體」和「有闌（即界格）」等特徵來判別，均與對書中「漢」封泥的斷代依據較爲不同。因此，本段說明、舉例的重心在書中對「漢」封泥的斷代方式，「古璽」、「新莽」詳見本章第一節，「秦」封泥於本節第三點另闢專文探討。

書中判斷「漢封泥」本身的時間前後，主要依據的準則有「五字印及『章』字的使用」、「職官名稱之改易」和「地名改易及王、侯置廢之年」等三項。需強調的是，這三項準則有時獨用，有時混用，爲便於解說故分立條目敘述，各項例文中仍時見混用之情形。茲說明如下：

1、五字印及「章」字的使用

漢武帝太初元年（BC104）對「官印印文」做了一次重要的改革，將秩「比二千石」以上職官的官印統爲五字。《封泥考略》於卷一「御史大夫章」及卷二「定陶相印章」（頁四 b 至五 a）均談到這一制度，且所引文獻均相同，茲引「御史大夫章」說明，該印釋云：

> 右封泥五字，印文曰：「御史大夫章」。御史大夫，詳前。《史記·封禪書》：「夏，漢改曆（曆），以正月爲歲首，而色上黃，官名更印章以五字，爲太初元年。」（《史記》）〈孝武本紀〉、《漢書·郊祀志》竝同。（《漢書》）〈武帝紀〉：「色上黃，數用五。」張晏曰：「漢據土德，土數五，故用五，謂印文也。若丞相曰：『丞相之印章』，諸卿及守相印文不足五字者，以『之』足之。」此有章字，以足五字，

是太初以後所作印也。（卷一，頁六 b 至七 a）

文中引張晏「諸卿及守相印文不足五字者，以『之』足之」一句，概略揭示「五字印」的使用範圍。另張晏舉「丞相之印章」爲例，間接透露「章」字的使用與此一制度是同時發展的。孫慰祖《封泥發現與研究》對此進一步說明：

> 前文所引武帝太初元年改「諸卿及守相印文不足五字者，以『之』足之」的變革法令，具體地說，是改比二千石以上的官吏印文爲五字，張晏之說乃是例舉具體的官名，提示太初元年改五字印的一個範圍，據考證這個層面包括中央的三公、諸卿及王國相、內史、郡太守、都尉，其他中下級官印並不在內。
>
> 與五字印文出現相同步的是「章」字的使用。〈武帝紀〉太初元年未及載此，張晏說明印文不足五字者加「之」字，並舉「丞相之印章」爲例，又據《北堂書鈔·儀飾部》引《漢舊儀》云：丞相、大將軍、御史大夫、匈奴單于、御史印文曰「章」，則透露了用「章」與五字印文是同一秩級官印的規範。目前所見漢郡守、尉、王國、相、內史等比二千石以上的官印封泥，凡五字印文皆稱「章」，而四字則曰「印」，無一例外。前考「南郡尉印」、「城陽郡尉」皆景帝二年前物，可證景帝時尚沒有用「章」的制度。〔註126〕

孫氏的說明對史籍的記載做了更詳盡、具體的解釋。《封泥考略》於考釋云「此有章字，以足五字，是太初以後所作印也」，亦間接道出「章」字的使用與「五字印」是同時進行的，只是說明略顯簡要。

《封泥考略》據此一特點斷代的，除了「御史大夫章」外，還有「強弩將軍」，該枚云：「卿印，太初元年更以五字曰『章』，詳前。此無『章』字，則太初以前物也。」（卷一，頁十一 a）、「穎川太守」亦云：「桉《漢書·地理志》：『穎川郡，秦置。高帝五年爲韓國，六年復故。……屬豫州。』此無『章』字，是武帝太初元年以前太守之印也。」〔註127〕（卷三，頁十五 a）此三例均爲有特別注明「武帝太初元年前、後」之語的例子，另有幾例僅云

〔註126〕孫慰祖：《封泥發現與研究》，頁 109〜110。筆者按：引文「〈武帝紀〉」原用書名號標作「《武帝紀》」，因「武帝紀」爲篇名，故筆者改用「〈〉」標點。

〔註127〕按《漢書·地理志》「穎川郡」原作「潁」，《封泥考略》引作「穎」，依印文當作「穎」。《封泥考略》未加以說明，但從其隸定可知。〈地理志〉文見〔漢〕班固撰，〔唐〕顏師古注：《漢書》，第 2 冊，頁 1560。

「無『章』字，詳前」一句帶過，如「跋嶲太守」及「九眞太守」，前者云：
「桉《漢書‧地理志》：『越嶲郡，武帝元鼎六年開。……屬益州。』『越』，
印文竝作『跋』。無『章』字，說詳前。」（卷三，頁五十四 b），後者云：「桉
《漢書‧地理志》：『九眞郡，武帝元鼎六年開。』太守及無『章』字，詳前。」
（卷四，頁十六 a）書中雖未明說，但可間接推知這兩枚封泥爲武帝太初元
年以前之印。

　　需另外說明的是，前已強調「五字印」及「章」字的使用在漢代是有其
使用的範圍。然而在新莽朝此項原則卻不適用，因爲新莽時官印均爲「五字
以上」，「章」字的使用並不限於秩「比二千石」的官吏，葉其峰《古璽印與
古璽印鑒定》曾云：

> 把五字作爲官印的一種制度是在武帝太初年間才開始的，當時只有
> 秩比二千石以上印的高官印才用五字，千石以下的官印仍用四字。
> 王、侯印也用四字。眞正廢除四字印，全部採用五字或五字以上的
> 是王莽時期。在今遺存的新莽官印中，就沒有一方四字印。東漢以
> 後，高級官吏印用五字，中下級官吏印多用四字，這種印制顯然是
> 受西漢制度的影響。〔註128〕

引文中談到漢時「王、侯印也用四字」，可知「王、侯印」在漢僅爲「四字」。
《封泥考略》輯有「□□矦印章」，釋云：「攷兩漢矦印皆四字，爲文曰『印』，
唯新莽公矦等印用五字，曰『印章』。然則是印矦上二字雖不可攷，其爲莽
時矦印無疑。」（卷八，頁十二 b）《封泥考略》因明白「印文字數」及「章」
字使用之對象及原則在「漢」與「新莽」間的差異，故「□□矦印章」雖爲
殘封泥，亦能作出斷代。

2、職官名稱之改易

　　據《漢書‧百官公卿表》所載職官名稱之改易，亦可作爲封泥斷代的依
據，書中卷一、卷二的部分封泥即是藉此而斷，茲依漢帝之次舉例如下：

（1）景　帝

　　漢景帝改動的官制、官名相當多，反映在《封泥考略》釋語中的有「內
史、郡（太）守、王國丞相、奉常、長信詹事」等幾種。「內史之印」下云：

> 桉《漢書‧百官公卿表》「內史」，周官，秦因之，景帝二年分置左內
> 史、右內史。此無左、右字，景帝前之印與！（卷一，頁五十四 a）

〔註128〕葉其峰：《古璽印與古璽印鑒定》，頁 49。

「內史」於景帝二年分置「左、右」，此印無「左、右」，故爲景帝二年（BC155）前之印。景帝中元二年（BC148），改稱郡「守」爲「太守」，「河內守印」釋云：

> 按《漢書・地理志》河內郡，高帝元年爲殷國，二年更名，屬司隸。
> 〈百官公卿表〉：「郡守，秦官，掌治其郡，秩二千石，有丞。邊郡又有長史，掌兵馬，秩皆六百石。景帝中（元）二年更名太守。」
> 此景帝前郡守之印也。（卷三，頁一）

此枚稱「守」不稱「太守」，故當爲景帝中元二年前之印。然而「太守」之名早在戰國晚期就已出現，《秦封泥集》云：「然太守之稱，《漢書・百官（公卿）表》所言不確。戰國晚期數國已有太守之稱……秦在戰國時已設郡太守……秦封泥中河間太守、四川太守、九江守（印）、遼東守（印）、太原守（印）、濟北太守、即墨太守即是實例。」〔註129〕可見「太守」之稱在戰國就已出現，而存世或出土的秦封泥更顯示「太守」與「守」二名在秦皆曾使用，如此就衍生一個問題，我們要如何區分秦、漢之際的郡守、太守印呢？通常只要從印文的字體風格、有無界格和印文布局等特徵就可以判別，試看下表秦、漢太守封泥〔註130〕的對照就能得知：

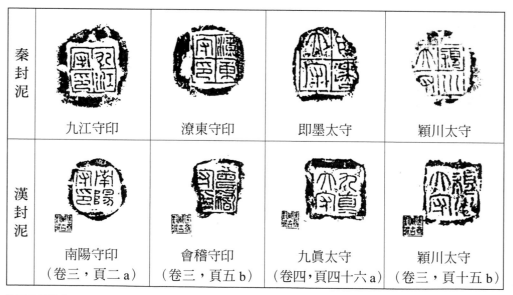

秦封泥	九江守印	遼東守印	即墨太守	穎川太守
漢封泥	南陽守印 （卷三，頁二a）	會稽守印 （卷三，頁五b）	九眞太守 （卷四，頁四十六a）	穎川太守 （卷三，頁十五b）

〔註129〕周曉陸、路東之：《秦封泥集》，頁39。
〔註130〕秦封泥拓片，除「穎川太守」引自孫慰祖：《中國古代封泥》，頁41外，餘皆引自周曉陸、路東之《秦封泥集》，頁254（九江）、258（遼東）、268（即墨）。漢封泥均引自《封泥考略》。

對照後可以發現，漢封泥文字較秦封泥規整，且沒有施界格，字與字之間的間隔通常較小。《封泥考略》卷三頁一至頁六的 9 枚「郡名＋守印」封泥，卷三的「潁川太守」（頁十五 a）、「沛郡太守」（頁二十四 a）、「跤舊太守」（頁五十四 b），卷四「九眞太守」（頁十六 a）等四字「郡守、郡太守」印均爲此類，皆屬漢封泥。因此這些可定爲漢封泥的（太）守印，仍可依稱「守」者定爲景帝中元二年前印，稱「太守」者則爲之後印。

景帝中元五年（BC145）改王國「丞相」曰「相」，「河間王璽」下先云：「景帝中（元）〔註131〕五年，令諸矦王不得復治國，天子爲置吏，改丞相曰相。」（卷二，頁二 a）後據此將「薔川丞相」定爲「此自是景帝中（元）五年以前王賢、王志時丞相之印也。」（卷二，頁四 a）

景帝中元六年（BC144）將「奉常」更名爲「太常」，「奉常丞印」下云：「桉《漢書・百官公卿表》：『奉常，秦〔註132〕官，掌宗廟禮儀，有丞。景帝中（元）六年更名太常。』此曰『奉常』，自是未改（改）『太常』以前印也。」（卷一，頁十三 a）

又景帝中元六年將「長信詹事」更名「長信少府」，平帝元始四年（西元 4 年）又更名「長樂少府」。「長信私丞」下云：

> 桉《漢書・百官公卿表》「詹事」，秦官，掌皇后、太子家。又中長秋、私府、永巷、倉、廄、祠祀、食官令長丞，諸宦官皆屬焉。「長信詹事」掌皇太后宮，景帝中（元）六年更名「長信少府」，平帝元始四年更名「長樂少府」。此印曰「長信私丞」，「長信」自是皇太后宮，「私丞」當是私府丞省文也。《續漢・志》有「中宮私府令丞」，本注曰「宦者」。（卷一，頁四十七 b 至四十八 a）

《封泥考略》雖然未在此段敘述中明確點出此枚時間範圍，但從其敘述可知「長信私丞」當爲景帝中元六年前之印，同理者另有「長信倉印」（卷一，頁四十九）。另「長信宦丞」（卷一，頁四十八 b）中的「宦丞」爲「宦者丞」之省，是「少府」屬官，所以此枚可定爲「景帝中元六年後至平帝元始四年前」之印。

〔註131〕原書誤作「景帝十五年」，據《漢書・百官公卿表》當作「景帝中（元）五年」，筆者徑予改正。〈百官公卿表〉文見〔漢〕班固撰，〔唐〕顏師古注：《漢書》，第 1 冊，頁 741。

〔註132〕原書誤作「奉官」，據《漢書・百官公卿表》當作「秦官」，筆者徑予改正。〈百官公卿表〉文見〔漢〕班固撰，〔唐〕顏師古注：《漢書》，第 1 冊，頁 726。

（2）武　帝

漢武帝太初元年，除了將秩「比二千石」以上的職官印統爲五字曰「章」外，另有改稱某些官名，如「居室丞印」下云：「桉《漢書・百官公卿表》『少府』，屬官有居室丞，武帝太初元年更名『居室』爲『保宮』。此武帝前之印也。」（卷一，頁三十八 a）知此枚爲太初元年前之印。同年又更「郎中令」名「光祿勳」，「左內史」名「左馮翊」，書中「光祿勳印章」（卷一，頁二十 b）、「左馮翊印章」（卷一，頁五十五 b）考釋皆已述及，故知皆爲武帝太初元年後之印。

另「衛尉之印章」下僅云：「桉《漢書・百官公卿表》：『衛尉，秦官，掌宮門衛屯兵，有丞。景帝初更名中大夫令，後元年復爲衛尉。』此其印也。」若書中再據「章」字斷定，則此枚至少可後推至武帝太初元年後。

又漢武帝於元鼎二年時初置「水衡都尉」，屬官有「上林令丞」。書中「上林丞印」云：「桉《漢書・百官公卿表》『水衡都尉』，武帝元鼎二年初置，掌上林苑，屬官有上林令丞。又曰：『上林有八丞、十二尉』、『上林初屬少府』。此其丞之印也。」（卷一，頁五十 b）可知「上林」初屬少府，元鼎元年改屬「水衡都尉」，因此據〈百官公卿表〉並無法作某一帝王前後之斷代。

（3）成　帝

「少府」屬官有「東、西織令丞」，成帝時省「東織」，並更「西織」爲「織室」。「東織□□」下云：「桉《漢書・百官公卿表》『少府』屬官有東織、西織令丞。（成帝）河平元年省『東織』，更名『西織』爲『織室』。此河平前之印也。」（卷一，頁三十九 b）此枚云「東織」，故當爲河平元年（BC27）前之印。

（4）哀　帝

「御史大夫」於成、哀二帝時反覆易名，「大司空印章」下云：「桉《漢書・百官公卿表》『御史大夫』，成帝綏和元年更名大司空，哀帝建平二年復爲御史大夫，元壽二年復爲大司空。……此其印也。」（卷一，頁十 b）可知「御史大夫」名「大司空」時是在「成帝綏和元年（BC8）至哀帝建平二年（BC5）」之間，以及「哀帝元壽二年」（BC1）之後，此枚也當在這兩個時代範圍中。

又「御史中丞」下云：「成帝（當作哀帝）元壽二年，御史中丞更名御史長史。」（卷一，頁八 b）故可定爲哀帝元壽二年前之印。

（5）平　帝

　　平帝元始元年（西元 1 年）於「光祿勳」下置「中郎將」一職，「中郎將印章」下云：「桉《漢書・百官公卿表》『郎中令』，秦官，武帝太初元年更名光祿勳，平帝元始元年置中郎將，秩比二千石。此其印也。」（卷一，頁二十二 a）知此枚當在平帝元始元年後。又元始四年（西元 4 年）將「宗正」更名爲「宗伯」，「宗正丞印」下云：「桉《漢書・百官公卿表》：『宗正，秦官，掌親屬，有丞。平帝元始四年更名宗伯。』此曰『宗正丞』，是平帝元始前印也。」（卷一，頁二十九 b）

（6）其　他

　　上舉之例，多是《封泥考略》據《漢書・百官公卿表》的記載而定，書中另有幾枚亦可據〈百官公卿表〉作初步的斷代，然《封泥考略》僅引出〈百官公卿表〉對該職官的介紹，卻未加以斷代，甚爲可惜。例如：

① 「丞相之印章」下云：「哀帝元壽二年更名大司徒」（卷一，頁五 a），我們若再配合「章」字的使用，可初步斷爲「武帝太初元年後至哀帝元壽二年前」之印。

② 「御史大夫」（卷一，頁五 b）無「章」字，故可定爲武帝太初元年前之印。

③ 「行人令印」下僅云：「桉《漢書・百官公卿表》『典客』，秦官，景帝中（元）六年更名『大行令』，武帝太初元年更名『大鴻臚』，屬官有行人令丞。此其令之印也。」（卷一，頁二十八 b）我們再據〈百官公卿表〉云：「武帝太初元年更名行人爲大行令。」〔註133〕此枚當是武帝太初元年以前印。

④ 「左校丞印」下僅云：「桉《漢書・百官公卿表》『將作大匠』屬官有左右前後中校令丞。此左校令之丞也。」（卷一，頁四十六 b）我們再據〈百官公卿表〉：「成帝陽朔三年省中候及左右前後中校五丞。」〔註134〕就能定此枚爲成帝陽朔三年（BC22）前之印。

3、地名改易及王、侯置廢之年

　　《封泥考略》卷二收錄漢「王國、侯國」職官封泥，卷三至卷七則收錄漢「郡、縣道邑」職官封泥，要初步爲這些封泥做斷代，當然要與文獻的記

〔註133〕〔漢〕班固撰，〔唐〕顏師古注：《漢書》，第 1 冊，頁 730。
〔註134〕〔漢〕班固撰，〔唐〕顏師古注：《漢書》，第 1 冊，頁 733。

載相對照。地名之改易或是郡、縣之設置，需參考的就是《漢書‧地理志》、《後漢書‧郡國志》；王國之置廢，主要參考《漢書‧諸侯王表》、《史記‧諸侯年表》；侯國之置廢，則要參考《漢書》、《史記》的〈功臣表〉及〈王子侯年表〉。需特別說明的是，《封泥考略》收錄的絕大部分「官印封泥」都屬西漢及新莽時期，屬「東漢」時之例，就孫慰祖《封泥發現與研究》與《中國古代封泥》的研究顯示，僅「廣陵丞印」（卷六，頁六十四 a）、「密丞之印」（卷六，頁十八 a）和「騎馬丞印」（卷一，頁二十六 b）三枚。〔註135〕因此書中多只引《漢書‧地理志》，引述《後漢書‧郡國志》的情形多只是補充說明居多。相對的，引述侯、國置廢之年亦多是以《史記》、《漢書》為主，《後漢書》僅具幾例。所以筆者於補充說明王、侯置廢之記載時，也是以《史記》、《漢書》為主，並非後漢時未置或是筆者略而不談，特註記於此。

　　《封泥考略》輯錄的封泥中，絕大部分的郡、縣名，以及王、侯之置廢都是延續好幾個帝王的時間，或是從漢初就封侯直至王莽篡位才廢，因此若要光憑文獻記載作斷代，實有其局限。正因如此，書中這一類的封泥多只能將〈地理志〉、〈諸侯王表〉、〈功臣表〉及〈王子侯年表〉有關該封泥的資料引述於考釋中。例如「淮陽內史章」釋云：

> 按《漢書‧地理志》兗州，淮陽國，高帝十一年置，孝明帝更名陳國。《後漢書‧郡國志》豫州，陳國，高帝置為淮陽，（章帝）章和二年改。《史記‧諸矦年表》淮陽國都陳，初王劉友，高祖子，徙趙。孝惠元年為郡，七年復為國。懷王強，惠帝子，王武，惠帝子，誅，國除。孝文前三年，復置代王武，徙，又徙梁，為郡。孝景前元年，復置。王非，景帝子，徙魯，四年，為郡。《漢書‧諸侯王表》憲王欽，宣帝子。王欽子王縯，子（應置於「王縯」前）〔註136〕，莽貶為公，明年廢。後漢封淮陽者，不具載。（卷二，頁二十八）

考釋中引了《漢書‧地理志》、《後漢書‧郡國志》、《史記‧諸侯年表》和《漢書‧諸侯王表》來介紹「淮陽國」之改易，以及封「淮陽」之王。從志、表

〔註135〕孫慰祖：《封泥發現與研究》，頁 122～123（廣陵丞印、密丞之印）；《中國古代封泥》，頁 228（騎馬丞印）。

〔註136〕按《漢書‧諸侯王表》載「淮陽憲王欽」，子「文王玄」，孫「王縯」。故《封泥考略》原作「王欽子王縯子」，末一「子」字當置於「王縯」前方能讀通。〈諸侯王表〉「淮陽憲王欽」條見〔漢〕班固撰，〔唐〕顏師古注：《漢書》，第 1 冊，頁 420。

之記載，可知「淮陽國」於高帝十一年置，直至東漢孝明帝才更名「陳國」，據此爲「淮陽相印章」斷代，實際意義並不高，因爲時間跨距太大，所以《封泥考略》也僅作介紹性的陳述。不過，只要再根據「章」字及「內史」一職的省併，就能將時代範圍縮小。按此枚曰「章」，知其至少爲「武帝太初元年以後」之印；又按「成帝綏和元年省（王國）內史」〔註137〕，知其下限在「成帝綏和元年以前」。

　　類似「淮陽內史章」僅作陳述性介紹的，於書中可謂不勝煩舉，如卷二「河間王璽」（頁一）、「菑川王璽」（頁三）、「趙相之印章」（頁五b至六a）、「梁相之印章」（頁十一a）、「魯相之印章」（頁十二a）、「泗水相印章」（頁十三a）「廣陵相印章」（頁十四b至十五a）、「六安相印章」（頁十六a）、「長沙相印章」（頁十七b）、「劇魁矦相」（頁三十九b）；卷三「九江太守章」（頁二十一a）、「山陽太守章」（頁二十二b）、「濟南太守章」（頁三十一b）、「北海太守章」（頁三十六b）、「臨淮太守章」（頁四十三b）、「丹楊太守章」（頁四十六a）、「樓爲太守章」（頁五十三a）、「益州太守章」（頁五十六b）；卷四「武都太守章」（頁一a）、「天水太守章」（頁五b）、「敦煌太守章」（頁六b）、「西河太守章」（頁八b）、「朔方太守章」（頁十a）、「上郡長史」（頁二十六b）、「弘農都尉章」（頁三十a）等封泥均屬此例，卷五至卷七的縣「令長、丞、尉」封泥更佔多數。

　　以上所列均《封泥考略》僅據史籍表、志作敍述，並未另外標註斷代之論，實際上也是囿於文獻記載而如此。不過書中仍有據史籍表、志敍述，再下「斷代之論」者，例如：

① 「菑川頃廟」下云：「此曰『頃廟』，自是菑川頃王遺之廟，未言食官令長丞，或是員吏印也。」（卷二，頁十九b）筆者按：《漢書・諸侯王表》：「（武帝）元封二年（BC109），頃王遺嗣，三十五年薨。」〔註138〕頃王當卒於昭帝元鳳五年（BC75），所以此枚當爲昭帝元鳳五年以後之印。

② 「廬江御丞」釋云：「桉《史記・諸矦年表》文帝十六年（BC164），陽周矦劉賜封廬江王。……此當是廬江王劉賜之御府丞也。」（卷二，頁二十一b）筆者按：《史記・漢興以來諸侯王年表》景帝四年（BC153）載：「廬江王賜徙衡山。」〔註139〕故此枚當爲文帝十六年後至景帝四年前之印。

〔註137〕〔漢〕班固撰，〔唐〕顏師古注：《漢書》，第1冊，頁741。
〔註138〕同前註，第1冊，頁400。
〔註139〕〔漢〕司馬遷撰，〔劉宋〕裴駰集解，〔唐〕司馬貞索隱，〔唐〕張守節正義：

③「胡令之印」釋云：「桉《漢書・地理志》：京兆尹湖縣，故日『胡』，武帝建元六年更名『湖』。此『胡』字上有缺，不作『湖』，建元前之令印也。」（卷五，頁一）

　　另外還有一些封泥，據書所引史籍表、志，實能作特定時間範圍斷代，但考釋中卻未加註「斷代之論」者，例如：

①「廣川相印章」釋云：「桉《漢書・地理志》：『信都國，景帝二年爲廣川國，宣帝甘露三年復故。……』」（卷二，頁七 a）據此，其下限在宣帝甘露三年（BC51）。又按印文日「章」，知其上限在武帝太初元年。

②「吳郎中印」釋云：「桉《史記・諸矦年表》高祖十二年，荊更爲吳國，初王濞元年。孝景三年反，誅。郎中，詳前。」（卷二，頁二十 a）知此枚爲高祖十二年（BC195）後至景帝三年（BC154）前之印。

③「赤泉矦印」釋云：「桉《史記・諸矦年表》（赤泉國）莊矦楊喜，高帝七年封。〈項羽紀〉注：『諡壯。』子定矦殷，《漢書・高惠高后孝文功臣表》：『諡嚴』，子名敷，孫毋害（孝景四年）嗣，（孝景六年）免，（孝景中五年）復封臨汝矦。此其印也。印文又見漢銅印。」〔註 140〕（卷二，頁三十五 a）知此枚爲高祖七年（BC200）後至景帝六年（BC151）前之印。

④「平矦相印」釋云：「桉《漢書・地理志》平縣，屬河南郡。〈高惠高后孝文功臣表〉平悼侯工師喜，高帝六年封，傳子至孫，（孝景中元五年）坐罪免。此其相印也。……」（卷二，頁三十七 a）筆者按：孫慰祖《兩漢官印匯考》云：「西漢封平侯有二。《漢書・高惠高后文功臣表》：平悼侯工師喜……同書《王子侯表》：平侯遂，元朔三年（公元前一二六年）封，元狩元年（公元前一二二年）廢。」〔註 141〕又按《漢書・百官公卿表》：「徹侯金印紫綬，避武帝諱，日通侯，或日列侯，改所食國令長名相。」〔註 142〕知此枚爲武帝時平侯遂之印。

⑤「女陰矦相」釋云：「桉《漢書・地理志》女陰縣，屬汝南郡。《史記・高祖功臣矦年表》高祖六年，汝陰文矦夏矦嬰元年，傳至曾孫，（武帝元鼎

《史記》，頁 842（總頁 215）。

〔註 140〕此段引文中（　）內的時間爲筆者據史籍原文補上，以利判別該王、侯的置除時間，《封泥考略》原文多僅記王、侯之名及嗣位之人。之後各例有相同情況者亦同，不復註。

〔註 141〕孫慰祖主編：《兩漢官印匯考》，頁 151。

〔註 142〕〔漢〕班固撰，〔唐〕顏師古注：《漢書》，第 1 冊，頁 740。

二年）坐罪國除。此其相印也。」（卷二，頁三十七 b）又按「侯國相」
之名爲武帝初年改，知此枚爲武帝初年至武帝元鼎二年（BC115）前之印。

⑥「縶侯相印」：「桉《漢書‧地理志》縶縣，屬蜀郡。《史記‧高祖功臣侯年
　　表》高祖九年，縶莊侯疆瞻元年，傳至曾孫，（元狩元年）爲人所殺，國
　　除。此其相印也。」（卷二，頁四十）又按此曰「相」，同上例，知此枚爲
　　武帝初年至武帝元狩元年（BC122）前之印。

⑦「大河太守章」釋云：「桉《漢書‧地理志》：東平國，故梁國，景帝中（元）
　　六年別爲濟東國，武帝元鼎元年爲大河郡，宣帝甘露二年爲東平國，屬兗
　　州。……」（卷四，頁二十）又按印文曰「章」，知此枚爲武帝太初元年至
　　宣帝甘露二年前之印。

⑧「彭城太守章」釋云：「桉《漢書‧地理志》：楚國，高帝置，宣帝地節元
　　年更爲彭城郡，黃龍元年復故，屬徐州。」（卷四，頁二十二 a）知此枚
　　爲宣帝地節元年（BC69）至黃龍元年（BC49）前之印。

　　從上述討論可知，若想要僅憑史籍中與地理、王國、侯國有關的志、表
來判定封泥年代，局限是相當大的，除非該地名、王、侯是短暫時期內行用
和置廢之者，否則判定出來的結果實際意義是不大的。

（二）封泥的辨偽

　　從陳介祺〈同治十二年癸酉十一月十五日致鮑康書〉：「蘇七書收閱，內
惟盂鼎新拓及藍田之印僞泥封一枚耳。泥有螺痕，非令非丞，古官印卻無此
種，不及乃兄遠矣。」及〈光緒二年丙子五月廿五日致吳大澂書〉：「泥封無
繩文而又似新陶者多僞，僞亦易。此種多莽印，自是一地出，其他處則不知
何時出。」〔註143〕兩封書信，可知同、光之際已有「僞封泥」的出現。陳介
祺特別指出這些僞封泥的特徵通常爲「無繩文而又似新陶」，不過這樣的觀點
卻未曾出現在《封泥考略》的考釋中。《封泥考略》於考釋中曾對 4 枚封泥的
眞實性提出懷疑，理由爲印文中的某些字筆畫錯了，如「長陵丞印」及「薔
川府丞」；或是某印文的內容見於舊譜，如「南昌君布」；另「汾陰侯昌」（卷
二，頁三十五 b）未說明。茲引前 3 枚考釋及此 4 枚拓片如下：

　　　右封泥四字，印文曰：「長陵丞印」。按《漢書‧高帝紀》十二年五
　　　月葬長陵。〈地理志〉「左馮翊」長陵注：「高帝置。」〈百官公卿表〉

〔註143〕以上兩則依序見〔清〕陳介祺著，陳繼揆整理：《秦前文字之語》（濟南：齊
　　　　魯書社，1991 年），頁 178～179、299。

「奉常」，掌宗廟禮儀，諸陵縣皆屬也。元帝永光元年，分諸陵邑屬三輔。則「長陵」初屬奉常，後乃屬左馮翊也。縣丞，詳後。余疑「長陵」二字，杜上者爲陵員。（卷一，頁十七）

右封泥四字，印文曰：「薔川府丞」。出臨薔。此府自是少府。若丞相府、御史府，乃尊其署曰「府」，非官名也。少府「丞」，〈（百官公卿）表〉云有「六」，〈（百官）志〉云：「本注曰：丞一人，比千石。」此印「薔」字從「田」不從「艸」，與封泥、漢器、印、泉「薔」字不同，又印大於王璽，不能無疑。友人憖憖入錄，姑説而坿之。或曰印大是秦制。（卷二，頁二十二）

右封泥四字，印文曰：「南昌君布」。見舊譜，或偽仿其文。「汾陰矦昌」余亦疑之。（卷二，頁三十六 b）

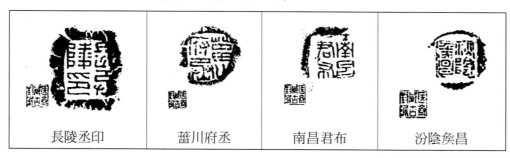

| 長陵丞印 | 薔川府丞 | 南昌君布 | 汾陰矦昌 |

首先，「長陵」二字均屬印文常見寫法，不知《封泥考略》爲何云疑。再來「薔川府丞」的「薔」字，《封泥考略》認爲該字中「田」（圭）並未見於漢器、印、泉等處之「薔」字，加上此枚「印大於王璽」，因生懷疑。其實「薔」字作此形並非孤例，孫慰祖〈古封泥述略〉曾舉出「薔川候印」（見《徵存》編號 240、242）、「薔川廄丞」（見《再續封泥考略》卷一，頁三十a）及漢〈薔川鼎〉來證明，其中〈薔川鼎〉的「薔」（《秦漢》118）、「薔」（《秦漢》119）〔註 144〕與此枚寫法近乎相同。孫氏更進一步說明此枚文字形體與官職所反映的時代相合，印形大小也未逾常例，當是眞品無疑〔註 145〕。需補充說明的是，《封泥考略》解釋「薔川府丞」的「薔」時說：「此印『薔』字從『田』不從『艸』。」此句語意有待進一步釐清。按「薔」爲「從艸，

〔註 144〕字見孫慰祖、徐谷甫編著：《秦漢金文匯編》（上海：上海書店出版社，1997年），頁 84（編號 118）、85（編號 119）。

〔註 145〕孫慰祖：〈古封泥述略〉，收錄於孫慰祖主編：《古封泥集成》，頁 14、24。

聲」，有時省「艸」作「䣅」。《封泥考略》中「䣅川王璽」（㗊）、「䣅川丞相」（㗊）、「䣅川頃廟」（㗊）、「䣅川內史」（㗊）、「臨䣅卒尉」（㗊）、「䣅令之印」（㗊）和「臨䣅」（㗊）等封泥的「䣅」字，〔註146〕均是標準的「從艸，䣅聲」之形。「䣅」為「從田，㠭聲」，與形近的「䣅」字本不相同。「䣅」字甲骨文作「㘡」（前2.38.1）或「㘡」（甲3690）〔註147〕，金文作「㘡」（訇簋）、「田」（子陵鼎）〔註148〕，依形隸定當作「甴」；另有漢印「䣅」作「㗊」〔註149〕，乃將甲、金文上半部筆畫線條拉直，若上、下斷開，下半部就變成「田」形，即隸定作「䣅」，與「䣅」字形體非常相近，故後世「䣅」、「䣅」多混同無別。另戰國文字「䣅」（䣅）所從之「㠭」或替換成「甴」，即成「㗊」〔註150〕形，隸作「甴」，「䣅川府丞」的「䣅」字即承自此形。〔註151〕所以書中解釋「䣅川府丞」的「䣅」字「從『凷』不從『㣺』」，其實是指該字「從『甴』不從『㠭』」，考編者因不了解「䣅」、「䣅」之演變，故用「凷」、「㣺」等形來敘述，以致尚差強人意，解說亦不甚明白。

　　「南昌君布」於明代王常《集古印譜》、潘雲杰《秦漢印範》已見著錄〔註152〕，將舊譜與封泥拓片對照（見下表），

〔註146〕以上7枚封泥字體，依序見䣅川王璽（卷二，頁三a）、䣅川丞相（卷二，頁四a）、䣅川頃廟（卷二，頁十九b）、䣅川內史（卷二，頁二十七b）、臨䣅卒尉（卷四，頁二十九b）、䣅令之印（卷五，頁三十八b）、臨䣅（卷七，頁三十八a）。

〔註147〕甲骨文字例均見孫海波：《甲骨文編》（京都：中文出版社，1982年，改訂版），卷12，頁21（總頁501）。

〔註148〕金文字例均見容庚編著，張振林、馬國權摹補：《金文編》（北京：中華書局，1985年），卷12，頁847。

〔註149〕見羅福頤：《漢印文字徵》，收錄於《璽印文字徵》（臺北：藝文印書館，民國63年），第7冊，第十二，頁十九。

〔註150〕見吳良寶編纂：《先秦貨幣文字編》（福州：福建人民出版社，2006年），卷12，頁189。

〔註151〕此段有關「䣅」、「䣅」、「䣅」等字的敘述，參考何琳儀：《戰國古文字典：戰國文字聲系》，上冊，頁92～93；季旭昇：《說文新證》下冊（臺北：藝文印書館股份有限公司，民國97年），頁208。

〔註152〕〔明〕王常：《集古印譜》，卷一，頁三；〔明〕潘雲杰：《秦漢印範》，卷一，頁四。兩書均錄於故宮博物院編：《故宮珍本叢刊》（海口：海南出版社，2001年），第467冊。

《封泥考略》	《集古印譜》	《秦漢印範》

可知封泥乃仿其文而成，然畫虎不成反類犬，「昌」字下部竟刻錯了，孫慰祖《中國古代封泥》進一步從「印文文例」及「封泥形態」揭露其僞，孫氏書云：

> 「南昌君布」「昌」字誤刻下部，按其文字風格近於西漢，時列侯印章一般已不稱君，故印文已示其可疑……「南昌君布」背面的繩跡爲纏成一團的形狀，但除凹入的繩痕外，其餘均顯平面形，而無任何紋理，這一形態無論封物、封檢都不可能出現。〔註153〕

就孫氏對實物的核檢，「南昌君布」當是僞品無疑。《封泥考略》又在「南昌君布」條下云：「『汾陰痊昌』余亦疑之。」然對「汾陰痊昌」懷疑之處爲何，該枚釋語中並未道出，且印文亦無可疑之處，所以孫慰祖認爲可能是「侯名下附人名的印制比較特殊」，孫氏進一步指出徐州西漢宛朐侯劉埶墓出土的「宛朐侯埶」金印亦是「侯名下附人名」的印制，證明「汾陰痊昌」非孤例。接著再從其「泥質側面繩孔和背面檢痕均同於秦漢之際封泥常式，與周昌的時代完全吻合」來證明此枚當是眞品。〔註154〕

據孫氏實際審驗「汾陰痊昌」後做出的結論，《封泥考略》收錄的應是眞品無疑。不過，有幾點看法筆者認爲仍有討論空間：

1、「南昌君布」下的釋語當出自陳介祺之手

孫慰祖在《中國古代封泥》討論「南昌君布」與「汾陰痊昌」時曾說：

> 「南昌君布」封泥下的考釋文字可能並非出自陳手，否則無法解釋「汾陰侯昌」注文中「此汾陰悼侯印也，印著侯名，與『相侯宣印』、『禆將軍張賽』印同，自非官印」這樣肯定的、爲之自圓的語句。
> 兩則注文的觀點是相互矛盾的。〔註155〕

顯然孫氏早已看出「汾陰痊昌」與「南昌君布」兩則釋語並非出自同手。但

〔註153〕孫慰祖：《中國古代封泥》，頁 266～267。
〔註154〕同前註。
〔註155〕同前註。

是，筆者從《漢官私印泥封考略》中陳介祺的批語發現有：「『汾陰矦昌』疑偽，余亦有一」一句，再加上該書中已有吳式芬「汾陰矦昌」的考釋〔註156〕，且與《封泥考略》的考釋（見卷二，頁三十五 b 至三十六 a）幾近全同，我們可以肯定的說，現在《封泥考略》中的「汾陰矦昌」下的釋語初稿為「吳式芬」所撰，「南昌君布」下的釋語則為「陳介祺」所寫。

2、懷疑「汾陰矦昌」的原因

孫氏認為《封泥考略》懷疑「汾陰矦昌」的地方在於「矦名下附人名」的印制，我們從《漢官私印泥封考略》的批語可以知道，原來他們懷疑的出發點是「吳、陳」兩人同時輯有「汾陰矦昌」封泥，雖然現在無法得知他們各自的藏品在文字風格、封泥形態是否有所區別，而且《封泥考略》最後出版時擺的是陳藏的拓片，我們或許能猜測吳藏為偽品，所以書中才放陳的拓片（但也不排除兩枚皆真品的可能性）。

3、「矦名下附人名」的印制可能是殉葬印

《封泥考略》「汾陰矦昌」考釋下云：「印著矦名，與『相矦宣印』、『裨將軍張賽』印同，自非官印。」孫慰祖則舉「宛朐矦執」金印證之。問題在於，這種「官名後加姓名」的印例實屬殉葬印，羅福頤《古璽印概論》和葉其峰《古璽印通論》均已指出〔註157〕，葉氏更舉「裨將軍張賽」為例，《秦漢南北朝官印徵存》亦歸為殉葬印〔註158〕。而「宛朐矦執」亦為墓葬品〔註159〕，可知是殉葬印。所以，除非我們有辦法確定「汾陰矦昌」封泥的原始來源亦出自「墓葬」，否則強將兩者印例混為一說，立論依據仍是值得商榷的。

從以上討論得知，《封泥考略》懷疑的 4 枚封泥中，僅「南昌君布」確屬偽品，其餘 3 枚則為真品。另外，從《封泥考略》懷疑封泥真偽的出發點多為「文字的寫法有誤」來看，其實書中仍有多枚封泥的文字筆畫出現訛筆，

〔註156〕批語見〔清〕吳式芬、陳介祺：《漢官私印泥封考略》，收錄於《上海圖書館未刊古籍稿本》編輯委員會編：《上海圖書館未刊古籍稿本》（上海：復旦大學出版社，2008 年），第 30 冊，頁 254；「汾陰矦昌」的釋文見同書頁 48、50。

〔註157〕分見羅福頤：《古璽印概論》，頁 30；葉其峰：《古璽印通論》（北京：紫禁城出版社，2003 年），頁 106～110。

〔註158〕羅福頤主編，故宮研究室璽印組編：《秦漢南北朝官印徵存》（北京：文物出版社，1987 年），頁 440（編號 2457）。

〔註159〕據徐州博物館：〈徐州西漢宛朐矦劉執墓〉云：「金印 1 枚（M3：58）。發現於死者腰部略偏上……印文為白文『宛朐矦執』四字，篆書，字體規整，結體方正」可知。文見於《文物》第 2 期（1997 年），頁 15～16。

甚或字體疲弱、比例不均的情況，《封泥考略》卻未加以注意並懷疑，茲說明如下：

1、文字有訛筆者

此類之例有：「居室丞印」（卷一，頁三十八 a）、「丞相曲逆矦章」（卷二，頁三十三 a）、「盧都司馬」（卷四，頁四十 b）和「新城令印」（卷五，頁六 a 至七 a）等枚，其中「新城令印」有3枚。各枚拓片如下：

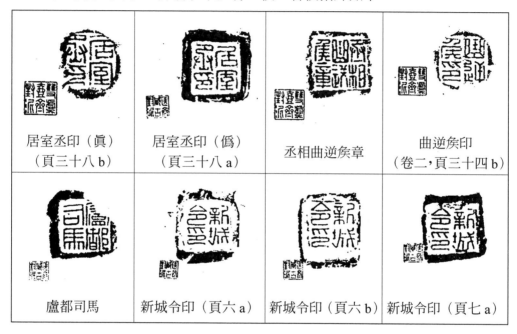

居室丞印（眞） （頁三十八 b）	居室丞印（僞） （頁三十八 a）	丞相曲逆矦章	曲逆矦印 （卷二，頁三十四 b）
盧都司馬	新城令印（頁六 a）	新城令印（頁六 b）	新城令印（頁七 a）

我們從拓片可以發現，「居室丞印」（頁三十八 a）的「室」字「至」部（可參表中眞品），「丞相曲逆矦章」的「逆、矦」二字（可參「曲逆矦印」），「盧都司馬」的「都」字（「盧」字上部筆畫似亦有誤），以及「新城令印」的「新」字「斤」旁均有明顯之錯誤，其中「居室丞印」、「新城令印」整體印文書風都顯疲弱之感。上述封泥，除了文字出現破綻，尚有某些特徵出現扞格的情形，如「丞相曲逆矦章」，羅福頤《古璽印概論》指出：「既稱丞相就不應附侯名，況逆字又刻錯了，侯字又多一橫，此是極明顯之破綻」〔註160〕。「盧都司馬」，孫慰祖《中國古代封泥》則云：

都司馬亦屬周官，戰國燕地多見。地方郡、國都尉、中尉屬官有司馬，故印文例爲「××（郡或國名）司馬」。此「盧都」莫明所指，

〔註160〕羅福頤：《古璽印概論》，頁 127。

《封泥考略》（卷四目）該印文下注「盧都未詳，姑附此」。印文雖工整平實頗近眞，但其「都」字書法仍與漢魏官印文字不類，有拼湊而成之嫌。經觀察實物，形質亦不合眞品的特徵，泥無檢痕、繩孔，置之各型均不能容，證實確屬僞品。〔註161〕

「新城令印」，孫慰祖《封泥發現與研究》論云：「『令印』二字皆有所本，尚差強人意，而『新城』的『新』字『斤』部在西漢印中應作『{}』，『城』字中『成』部左筆收筆上提，與整體的風格又有所不諧，雖然製作比較刻意，仍不難辨析出其中的矛盾。……這兩件（另一件爲「膠東太守章」）封泥經我對實物形態的觀察，發現了其背痕上的作僞痕跡。」〔註162〕所以這些封泥除了文字有訛筆外，其整體書風、文例、封泥形態也有不合理處，因此他們均屬僞品已無庸置疑。

2、文字疲弱、比例不均

此類之例有：「中騎千人」（卷一，頁四十五 a）、「漢中太守章」（卷三，頁四十九 a）、「膠東太守章」（卷四，頁十七 a）及「□□太守章」（卷四，頁二十四 a、二十五 a）等 5 枚，拓片如下：

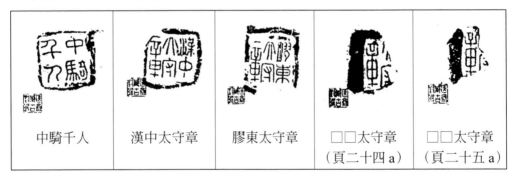

中騎千人	漢中太守章	膠東太守章	□□太守章（頁二十四 a）	□□太守章（頁二十五 a）

由拓片看來，「中騎千人」及「漢中太守章」整體文字均顯疲弱；含有「章」字的 4 枚，其「章」字上下比例不均；此外最末 2 枚的「章」字最上筆橫畫均闕。前 3 枚封泥，孫慰祖《封泥發現與研究》均已指出其僞，書云：

「膠東太守章」是一件在文字與形態上都極爲近眞的僞品……細審文字，仍能發現可疑之處：印文「章」字上端兩橫畫間空距過大，與西漢中期相當規範的印文體勢難以相合（頁 133～134）。

〔註161〕孫慰祖：《中國古代封泥》，頁 264。
〔註162〕孫慰祖：《封泥發現與研究》，頁 133～134。

「中騎千人」，此件文字較弱，已爲可疑。泥形過於規整，與 B 式
（即封於「印齒式」檢）一般形態亦不同。觀察四側邊沿形態係手
工捏捺而成，非自然擠壓狀；上下兩側與木檢連接處不見木痕；背
面繩紋無纖維紋理，也屬人爲做作。但此件僞作相當經意，出自裡
手，色澤亦舊。（頁 141）

仿造 C 式（即封於「方形印槽式」檢）的僞品：……《封泥考略》
著錄者有「漢中太守章」、「膠東太守章」、「新城令印」。（頁 141～
143）〔註163〕

可見他們不只印文體勢有疑，封泥形態亦可見破綻。不過，孫氏認爲「膠東
太守章」的「章」字上端兩橫畫間空距過大，與西漢中期相當規範的印文體
勢難以相合，筆者認爲有待商榷。本文下頁所引「江夏太守章」（卷三，頁
十九 a）的「章」字，上端兩橫畫間空距亦較一般爲大，故孫氏認爲的可疑
處較難成立。茲從印文內容進一步探究，據《漢書·諸侯王表》載「膠東康
王寄」立於景帝四年（BC153），成帝永始三年（BC14）傳至王「殷」，王
莽篡位貶爲公，翌年廢。初步看來「膠東」在西漢時未立爲郡。又康王寄在
位二十八年薨，時應爲武帝元朔二年（BC127），元狩三年（BC120）康王
子「哀王賢」才嗣位，〔註164〕中間溢出約七年的時間，「膠東」有可能在這
段期間暫歸爲郡。然「太守」印含有「章」字是武帝太初元年（BC104）以
後之事，因此就文獻記載看來，西漢印章中不可能會有「膠東太守章」的存
在。又東漢時，膠東併入北海國，更不可能有「太守章」。〔註165〕此皆明其
僞之證。

　　末 2 枚是筆者觀閱書中拓片時發現他們「字體空間布局」較特別，故提
出來別作說明。他們雖爲殘封泥，然其「章」字上（「音」的上半部）、下（「音」
的下半部及「十」）比例與書中的太守章封泥差異甚大。就原則來說應是上下
各半，如以下眞品拓片所示：

〔註163〕孫慰祖：《封泥發現與研究》，頁碼見引文所標。亦可參孫慰祖：《中國古代封
　　　　泥》，頁 255～256、274。

〔註164〕有關「膠東康王寄」之世次，見〔漢〕班固撰，〔唐〕顏師古注：《漢書》，第
　　　　1 冊，頁 416。

〔註165〕據《後漢書·光武帝紀》建武十三年，「省并西京十三（三字衍）國：廣平屬
　　　　鉅鹿……淄川屬（屬字衍）高密、膠東屬北海……」文見〔劉宋〕范曄撰，
　　　　〔唐〕李賢等注，〔晉〕司馬彪補志：《後漢書》，第 1 冊，頁 61。

河南太守章 （卷三，頁十三 a）	江夏太守章 （卷三，頁十九 a）	西河太守章 （卷四，頁九 a）	遼西太守章 （卷四，頁十四 b）

由此可見此 2 枚「章」字空間布局已違常例，字體亦顯疲弱之弊，因此不由得令人生疑。說明於此，聊備參考。

三、秦封泥的判定

要判別哪個封泥應屬哪時代，了解該時代印章「文字、形制」是相當重要的。《封泥考略》用了哪些印文特色將封泥歸於「秦」呢？茲將書中談到秦印特色的內容列表如下：

No.	封泥	出處	拓片	考　釋	判別依據	備註
01	都船丞印	卷一，頁四十三 b		右封泥四字，印文錯綜讀曰「都船丞印」。攷「中尉」（屬官有「都船令丞」），秦官。秦官印文多錯綜，此印亦秦制與！	印文錯綜讀	時代歸類待商榷。
02	薔川府丞	卷二，頁二十二 a		此府自是少府。若丞相府、御史府，乃尊其署曰「府」，非官名也。少府「丞」，〈（百官公卿）表〉云有「六」，〈（百官）志〉云：「本注曰：丞一人，比千石。」此印「薔」字從「囗」不從「艸」，與封泥、漢器、印、泉「薔」字不同，又印大於王璽，不能無疑。友人慫惥入錄，姑說而坿之。或曰印大是秦制。	印大	作者懷疑此枚為偽品。前已說明。

03	左□	卷二，頁三十一b		此「左」字大，或曰秦印。	字大	
04	□銅	卷二，頁三十二b		右殘封泥二字，半通印文曰：「□銅」，「銅」上之字下半作「木」，不可攷，似秦印小篆文。出臨菑。坿王國官印後。	似秦印小篆	
05	盧江豫守	卷三，頁三b		又桉「盧江郡」乃楚、漢之閒分秦九江郡所置，漢因之，見〈英布傳〉，又見〈揚雄自序〉。《水經注》：「豫章郡，春秋屬楚，即令尹子蕩師於豫章者也。秦以爲盧江南部，漢高祖六年，始命灌嬰以爲豫章郡。」据（據）此，則豫爲秦盧江郡之南部，故此印曰「豫守」，而冠以「盧江」，是秦印已。	地理沿革	
06	參川尉印	卷四，頁二十七a		桉《漢書‧地理志》「河南郡」注，故秦三川郡，高帝更名雒陽。〈百官公卿表〉：「郡尉，秦官，掌佐守典武職甲卒。」此曰「參川」，即「三川郡尉」之印。印篆「參」字與石鼓同，字又近斯，當是秦印。《史記‧李斯列傳》拔三川之地，斯長男由爲三川守，亦一證也。	地理沿革、字與石鼓同、史籍記載	
07	臨菑卒尉	卷四，頁二十九b		桉「尉」之名始於周，晉悼公立軍尉。《史記‧陳涉世家》將尉注：「尉將屯九百人。故云『將尉』。」《漢書‧百官公卿表》：「郡尉，秦官，	官名不見兩《漢書》〈表〉、〈志〉	

			掌佐守典武職甲卒。」此「卒尉」官名不見漢〈表〉、〈志〉，或秦官，姑坿郡尉後。		
08	南郡發弩	卷四，頁五十一b		「南郡」二字在上，「發弩」二字在下，是上、下橫讀也。按《漢書‧地理志》南郡注：秦置。又注：有發弩官。師古曰：「主教放弩也。」簠齋陳氏臧有「發弩」半通，似秦印。此上、下橫讀之式，漢印無之，或秦印與，附郡守屬官後。	印文上下橫讀	時代歸類待商榷
09	田㑹	卷四，頁五十二b		攷《說文》「㑹（㑹），窌薁之臧。」《漢書‧天文志》：「其南眾星曰㑹積。」如（淳）曰：「窌稟積爲㑹。」《史記‧趙世家》徐廣曰：「㑹，廥之名。」《廣雅‧釋室》：「㑹，倉也。」此自是田官，掌窌稟者之印。疑是秦制。	未明說	
10	懷令之印	卷五，頁四a		按《漢書‧地理志》懷縣，屬河內郡。印字是秦篆，又有十闌，殆秦物也。	印字是秦篆、有十闌	
11	□泉丞印	卷六，頁十a		印有十字闌，文橫讀，似秦制。	有十字闌、文橫讀	

12	臨菑 丞印	卷六， 頁二十 七a		右封泥四字，印文錯綜讀爲「臨菑丞印」。「印」字「ㄇ」作「ㄇ」，印笵（範）正書之誤也。餘詳前。出臨菑。此種秦印多有之。	印文錯綜讀	時代歸類待商榷
13	東安 平丞	卷六， 頁六十 b		桉《史記・田單列傳》「田單走安平」注，徐廣曰：「今之東安平也，在青州臨淄縣東十九里。古紀之鄗邑，齊改爲安平，秦滅齊，改爲東安平縣，屬齊郡，以定州有安平，故加『東』字。」〈傳〉又曰：「襄王封田單，號曰安平君。」《漢書・地理志》菑（甾）川國有東安平縣。〈郡國志〉「北海國」：「東安平，故屬菑川，六國時曰安平。」今此印大於漢官印，與「秦官印大、私印極小」之論合，是秦印也。	地理沿革、印的大小	時代歸類待商榷
14	屯留	卷七， 頁三十 七a		桉《漢書・地理志》屯留縣，屬上黨郡。《左傳・襄（公）・十八年》作「純留」。《竹書紀年》（梁）惠成王元年，韓共矦、趙成矦遷晉桓公於屯留。十二年，鄭取屯留。「屯」即古「純」字。似秦印。	未說明	
15	博城	卷七， 頁三十 八b		桉《史記・表》馮無擇封博城（當作成）矦，〈呂后紀〉作「博城」。《漢書・表》博成矦張章。新、舊《唐書》韋儼封博城公尙作「城」。此半通印文作「城」，與〈紀〉合，足正〈表〉字傳寫	未說明	

				之誤。既有佚國，自是有縣。「博城」、「博成」均不見《漢・志》，史有闕文爾。似秦印。	
16	公印	卷七，頁四十三		「公」似近封爵之稱，而作半通，印文似秦。桉《公羊傳》「不以私邑累公邑也」注：「公邑，君邑也。」則此或公邑之印與！《儀禮・特牲饋食禮》記「若有公、有司、私臣皆殽脊」注：「公有司，亦士之屬，命於君者。」《漢書・睦閎傳》集注：「公，長老之號。」《史記》〈田叔傳〉：公者，長老之稱。或又同於三老之有印與！姑列半通縣名後。	印文似秦
17	芻狀	卷十，頁十一a		秦以前物也。	未說明	姓名封泥。拓片不清。
18	王未	卷十，頁十一b		中有闌，亦似秦物。	中有闌	姓名封泥
19	公孫強印	卷十，頁十八b		有十字闌，似秦印。	有十字闌	複姓名印
20	（□）將士	卷十，頁三十一b		右封泥印文存三字，其二字似「將士」，字古於漢封泥，自是秦以上物。	字古於漢封泥	殘封泥

由上表 20 枚封泥考釋內容，我們可以知道《封泥考略》將封泥歸為「秦」的主要依據為「印文讀序」、「印的大小」、「字體」、「有闌（即界格）」和「官名不見載」，依序說明如下：

（一）印文讀序

　　表中 20 枚封泥有 4 枚的判別依據是有關「印文讀序」，分別為「都船丞印」（錯綜讀，秦官印文多錯綜）、「南郡發弩」（上下橫讀，漢印無之）、「□泉丞印」（印有十字闌，文橫讀，似秦制）、「臨菑丞印」（印文錯綜讀……此種秦印多有之）。周曉陸、路東之在《秦封泥集》曾談到秦封泥與漢封泥印文讀序的區別，其書云：

> 關於印面文字的讀法，秦印、秦封泥都存在著不很統一的讀法。……從秦封泥來看有如下幾種讀法：a.文字有右起豎讀，對後世影響較大的讀法……b.左上角起環讀（順時針）……c.右上角起橫讀……d.右上角起交叉讀……e.左上角起橫讀……f.左下角起交叉讀……g.右上角起再左下角起交叉讀……另秦印當中還有 h.左上角起交叉讀……秦印、秦封泥印面文字讀序的不統一，究竟有什麼級別的、取信的、實用的意義，今天已經不能確知了。這種現象，造成了某些秦印、秦封泥有著不同的讀法，甚至造成了不同的理解。到了漢代，大部分公印（即官印）包括封泥的讀法已是規則的右起豎讀，少量公印有右起橫讀，左起讀以及交叉讀已是極少見了。漢私印除有右起豎讀外，有部分左起環讀、右起橫讀，而交叉讀也幾乎看不見了。〔註166〕

由此可知，秦印、秦封泥的印文讀序是相當不統一的，周、路二氏在書中就列舉了 8 種讀法。漢印、漢封泥的讀法則歸統一，絕大多數都是右起豎讀，此類除了是《封泥考略》輯錄封泥中最主要的讀法〔註167〕，亦是後世印章的主要讀法。

　　「都船丞印」和「臨菑丞印」指的「錯綜讀」，即是《秦封泥集》中所舉的「d.右上角起交叉讀」；「南郡發弩」和「□泉丞印」指的「上下橫讀、文橫讀」，則是《秦封泥集》所舉「c.右上角起橫讀」，也是本文第參章第三節所列四（乙）類。《封泥考略》進一步談到（1）秦官印文多錯綜。（2）上

〔註166〕周曉陸、路東之：《秦封泥集》，頁 20。
〔註167〕詳本文第參章第三節。

下橫讀，漢印無之；文橫讀，似秦制。首先，第（1）、（2）點指出的秦官印讀法特色是可以認同的，除了前引《秦封泥集》已能證明，更早之前的王人聰〈秦官印考述〉〔註168〕與葉其峯〈秦漢南北朝官印鑑別方法初論〉〔註169〕所歸納的四種秦官印讀序，亦包含這兩點指出的讀序。不過，第（2）點「上下橫讀，漢印無之」的觀點則需修正，葉其峯〈秦漢南北朝官印鑑別方法初論〉就提出：

> 西漢立國後，這種官印印文排列混亂現象逐漸得到糾正，基本採用右起上下讀的排列形式，而且這一排列形式一直爲漢以後各朝所沿用。這時的官印文字也有不規範的，如西漢印「海監（應作鹽）右丞」（圖76，《徵存》337）就右起橫讀，然這乃是很個別的現象。〔註170〕

由此可知漢印仍有「上下橫讀」之例，只是並非常例。本文第參章第三節所列20枚四（乙）類中，除「□泉丞印」和「定陶丞印」（卷六，頁二十五b）爲秦封泥外，其餘18枚皆是漢封泥，足可證明《封泥考略》本身說法之誤。

如果單憑印文的讀序就將封泥歸到某一時代，時代判斷錯誤的機率相對較高。《封泥考略》也注意到這點，於是在「都船丞印」中還考慮到「中尉（屬官有都船令丞），秦官」，「南郡發弩」則考慮到「南郡，秦置」，因此認爲這2枚有可能是秦封泥。不過，由於「都船」及「南郡」是從秦延續到西漢仍有的職官及地名，以此就認爲他們可能屬秦，仍言之過早。我們若能再就2枚封泥的「界格的使用」及「印文布局」來看，將他們歸於「漢」仍是較適宜的。這2枚在「字體書寫風格」上，是處於秦至西漢初期的模糊地帶，因爲筆畫仍存圓意〔註171〕。我們進一步就其「沒有使用界格」（詳以下第4點）及「印文填滿印面」〔註172〕兩點特徵來看，則他們歸爲「漢封泥」是

〔註168〕王氏歸納出的四種讀法爲：「1.自右上角起，由上至下順讀。2.自右上角起，由右至左橫讀。3.自右上角起，作交叉讀。4.自左上角起，作交叉讀。」此四種對照《秦封泥集》的分法依序是「a、c、d、h」。見王人聰：〈秦官印考述〉，收錄於王人聰、葉其峯：《秦漢魏晉南北朝官印研究》，頁10。

〔註169〕葉氏歸納出的四種讀法爲：「1.右起上下讀。2.右起橫讀。3.右起交叉讀。4.左起交叉讀。」對照《秦封泥集》的分法也是「a、c、d、h」，與王人聰〈秦官印考述〉相同。見葉其峯：〈秦漢南北朝官印鑑別方法初論〉，收錄於王人聰、葉其峯：《秦漢魏晉南北朝官印研究》，頁221。

〔註170〕同前註，頁221。

〔註171〕見下註說明。

〔註172〕孫慰祖《封泥發現與研究》云：「文字體態緊結，橫筆具有明顯弧勢、圓意，

較合理的。

　　「□泉丞印」的第一字，《封泥考略》認為「似『重』」，然而拓片過於模糊，筆者則持保留態度。此枚封泥除了「文橫讀」外，足以認定它為秦封泥的更有力依據，則是「有界格」及「丞」字的書寫風格。「界格」的使用是判別秦印的重要特徵之一，《封泥考略》懷疑此枚可能為秦封泥的原因，除了「文橫讀」外，很重要的還包含「印有十字闌」，即「田字界格」。雖然西漢初期仍有使用「界格」的例子，但結合「丞」字的書風來看，將其歸為「秦」則毋庸置疑。茲將此枚「丞」字與孫慰祖《中國古代封泥》整理的秦、西漢早期封泥常見字表中「丞」字〔註173〕對照如下：

	例　　字
□泉丞印	
秦	 薄辜丞印　居室丞印　中官丞印
西漢早期	 高寑丞印　奉常丞印

對照之下我們可以發現，「□泉丞印」「丞」字的「兩手」是置於「卩」的兩旁，並非在「卩」下，與表中「秦」一欄中的第三字是相近的。這樣獨特的書寫方式，在漢印中幾乎未見，因此將它歸為秦封泥是適當的。

　　「臨菑丞印」亦不屬「秦」封泥，從它「筆畫轉折處較趨方正」、「沒有

與印章所見相同。秦封泥文字特點還表現為布局上並不做筆畫平均化安排，文字與界格或文字之間保持了稍多的間距。」（頁99）周曉陸、路東之《秦封泥集》進一步指出：「所以（秦封泥）『字不盈空，並不講求填滿印面』……秦封泥上字跡纖勁精微，字劃圓轉而十分流暢……反之，漢封泥字體結構比較開放，轉角處比較方折，體現了一種雄豪之氣，字劃填滿印面……當然，一些西漢初期的封泥，如『清河太守』、『南郡發弩』等亦可能仍帶有類似秦封泥的某些特徵。」（頁19）可知「筆畫具圓意」及「字不盈空」是秦封泥的特點，西漢初期的封泥，不免仍有與之相似的特色。而「都船丞印」和「南郡發弩」2枚封泥「字劃填滿印面」的特徵，顯然是漢封泥的特色。

〔註173〕見孫慰祖：《中國古代封泥》，頁69、115。

使用界格」及「印文填滿印面」等特色來看，將它歸爲「漢」封泥是較合理的。此外，此枚中的「丞」、「印」二字寫法相當特別：「丞」字作「」，與上舉《中國古代封泥》常見字表中的「丞」字比較，發現此枚丞字「卩」部作「」，與大部分印文作「」〔註174〕不同，中間部分的「匸形」轉折不見了，這在秦、漢封泥、印章中是相當罕見的；「印」字作「」，與常見作「」〔註175〕不同，前者「爪」的左右方向，剛好與常見的相反，特別的是「卩」部卻沒有跟著左右相反，《封泥考略》認爲是「印范正書之誤也」（卷六，頁二十七 a）。這種特殊的寫法，亦見於卷七「公印」封泥，以及《齊魯封泥集存》「右鄉之印」、「廚嗇夫印」兩封泥〔註176〕，拓片如下：

| 公印 | 右鄉之印 | 廚嗇夫印 |

後二枚爲「鄉」官封泥，秩在「百石」以下。「臨菑丞印」則爲「縣丞」封泥，秩爲「四百石」。〔註177〕「公印」爲秦封泥（詳後文），然而它實際歸屬何官所用，就其有限的印文難做判斷，故暫不列入。另《古封泥集成》輯錄的「安鄉之印」（編號1746-1749）、「□鄉之印」（編號1750）、「宜春鄉印」（編號1775）和「請鄉之印」（編號1852）〔註178〕等「鄉印」封泥的「印」字寫法亦是如此。因此就目前資料看來，此類「印」字的特殊寫法並非常例，而且只出現於官秩不高的職官印中，「鄉印」尤常見。

　　由上述可知，雖然印文讀序的不統一確是秦印、秦封泥的特點之一，但必須配合其它秦印特徵才能將某印、某封泥歸爲「秦」，否則難以避免像《封

〔註174〕字體取自《封泥考略》「雒陽丞印」，卷六，頁十七 a。

〔註175〕同前註。

〔註176〕《齊魯封泥集存》的拓片，見羅振玉：《齊魯封泥集存》，收錄於《羅雪堂先生全集七編》，第1冊，頁五十六（總頁106）、六十四（總頁114）。

〔註177〕漢時「鄉官」與「縣丞」的秩祿，參考安作璋、熊鐵基《秦漢官制史稿》整理的「西漢職官秩祿表」。見安作璋、熊鐵基：《秦漢官制史稿》（濟南：齊魯書社，2007年），頁950。

〔註178〕詳見孫慰祖主編：《古封泥集成》，頁294、299、311。

泥考略》誤判「都船丞印」、「南郡發弩」、「臨菑丞印」爲「秦封泥」的情形產生。

（二）印的大小

「印章的大小」能否做爲判別秦封泥的依據，就《封泥考略》提出的觀點，似乎是有待商榷的。「菑川府丞」及「東安平丞」2 枚封泥，前者《封泥考略》認爲「菑」字的寫法有誤，且印大於王璽，因此懷疑是枚「僞封泥」，但因友人勸之入錄，故暫且收錄；後者，《封泥考略》認爲因其大於漢官印，符合「秦官印大、私印極小」之論，並結合文獻之記載，得出此枚「是秦印也」的結論。

必須指出的是，秦、漢封泥的大小與秦、漢印章的大小是有差距的，原因在於封泥會隨時間的推移而乾縮，而且封泥的品質又會影響乾縮的程度。周曉陸、路東之《秦封泥集》云：

> 這批秦公用璽印封泥面尺寸（指有字印面及原印邊緣，並非指整塊封泥），方形印最小如「少府工丞」1.6×1.6釐米（公分），最大如「西方謁者」2.2×2.2釐米，平均在 1.8×1.8 到 2.1×2.1 釐米之間……這些與傳世秦代璽印相近，並略小些，這是因爲封泥乾燥收縮的緣故。而漢公印封泥雖也有較小者，但方形的 2.2×2.2 到 2.4×2.4 釐米爲常見，這與漢用泥質量較好，封泥收縮率較小有關。〔註179〕

又孫慰祖《封泥發現與研究》云：「此期（指西漢早期）與秦封泥的鑑別點是泥形略大，印文線條已稍見粗。」〔註180〕由此可知，秦封泥較漢封泥爲小。推衍至秦、漢印章，亦是如此，羅福頤在《古璽印概論》就說到：「（秦官印）一般約二、三（2.3）釐米見方……也有約二釐米見方的」、「（西漢官印）一般是二點五釐米見方。」〔註181〕然若據曹錦炎《古代璽印》所載：「（秦）方形印面的邊長一般爲 2.2～2.4 釐米，部分較小者在 1.8～2.1 釐米之間」、「（西漢）印面一般在 2.2～2.4 釐米見方。」〔註182〕則秦、漢官印的印面大

〔註179〕周曉陸、路東之：《秦封泥集》，頁 22。按此段數字原書均用「國字」書寫，
　　　　即「1.6」作「一點六」，爲方便閱讀，筆者均改爲阿拉伯數字引述。
〔註180〕孫慰祖：《封泥發現與研究》，頁 107～108。
〔註181〕羅福頤：《古璽印概論》，頁 48、50。
〔註182〕曹錦炎：《古代璽印》，頁 63、73。

小是差不多的。即便如此，不論是以羅氏的還是曹氏的記載來檢視「薔川府丞」考釋所云：「或曰印大是秦制」及「東安平丞」考釋所云：「此印大於漢官印，與『秦官印大、私印極小』之論合，是秦印也。」顯然都能證明《封泥考略》的說法是不符事實的。

今按「薔川府丞」及「東安平丞」均屬漢封泥，孫慰祖〈古封泥述略〉已修正，孫氏云：

> 東安平兩漢均置，此封泥文字風格與秦相去較遠，應是西漢中期遺物。……其實西漢早期官印「薔川候印」、封泥「薔川廐丞」及漢《薔川鼎》中「薔」字亦見訛筆。此枚（薔川府丞）封泥文字形體與官職所反映的時代相合，書風自然，而其印形亦未逾常例，無疑是真品。〔註183〕

孫氏先反駁《封泥考略》對此二枚封泥印文解釋的不足之處，接著從封泥文字風格判定他們均是漢封泥。我們若再就「沒有界格」和「印文填滿印面」的特色來看，更能確定其為「漢封泥」，因此孫氏之說可從。

（三）字體風格

秦印字體的特色，與戰國古璽、漢印是不相同的，葉其峰《古璽印與古璽印鑒定》曾云：「（秦官印）書體為小篆……類秦權量上的文字，是典型的秦代書體。在風格上無古璽之奇崛多姿，又不似漢印文字之方正渾厚，體勢略圓。」〔註184〕因此印文字體的風格當然能做為判別秦印的特點，《封泥考略》也運用了這項特點來判別某些封泥的時代。

《封泥考略》考釋「□銅」云：「『銅』上之字下半作『木』，不可攷，似秦印小篆文。」於考釋「將士」殘封泥則云：「字古於漢封泥，自是秦以上物。」雖然這兩枚封泥均殘泐，編者仍據字體風格概略作出時代判斷：對「□銅」間接表示可能為秦印，對「將士」則直接表示為秦印，或為更早之前的印。不過，前面已強調，判別某印歸屬某時代，只憑一種特點是相當冒險的，所以對於這兩枚封泥應歸為何時，筆者不妄加推測。另「公印」《封泥考略》亦云：「印文似秦」，從它「有界格」、「筆畫圓意甚濃」和「印文不填滿印面」等特徵來說，它應當是「秦」封泥，《秦封泥集》也輯錄其中〔註

〔註183〕孫慰祖：〈古封泥述略〉，頁14、24。
〔註184〕葉其峰：《古璽印與古璽印鑒定》，頁5。
〔註185〕見周曉陸、路東之：《秦封泥集》，頁239。

185〕。至於「公印」該如何解釋，《封泥考略》認爲或是「公邑」之印，或同於「三老」之印，《秦封泥集》則未正面作解釋。在印文透露出相當有限的訊息下，筆者不加以傅會。

　　《封泥考略》很篤定的將「參川尉印」與「懷令之印」歸爲秦印，共同的理由爲兩枚印文字體近似或相同於秦篆。前者另外配合文獻中「參川」地名及職官的記載來證明；後者則配合「有十闌」的特色來立論。前引葉其峰對秦印小篆的敘述，我們已能略知秦印文字的特色，再從羅福頤《古璽印概論》：「秦印文字有自然風趣，整齊而不呆板，有類秦權量、詔版上的書法。」〔註186〕及王人聰〈秦官印考述〉：「其（指秦官印）字體與秦權量、詔版、刻石的文字是一致的，一般也稱爲秦篆。秦印文篆體的特點是字形略長，結體較鬆散，筆劃柔曲引長，線條較細，行筆舒緩，轉折處多作圓轉，富有筆意」〔註187〕等的描述，更能體會秦印篆體的特點爲「整齊不呆板、轉折處多作圓轉」。試看「參川尉印」的「參」字，《封泥考略》說：「字與石鼓同」，我們把此枚「參」字與石鼓文「驂」字作一排比，檢驗《封泥考略》的說法是否屬實：

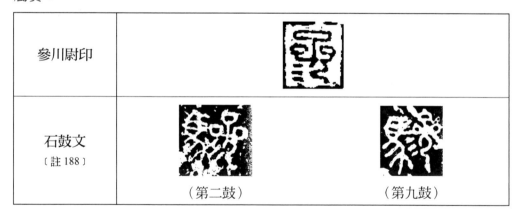

參川尉印		
石鼓文 〔註188〕	（第二鼓）	（第九鼓）

對照之下，雖然印文的「參」字並不如《封泥考略》所云「同」的程度，但是筆畫特色確實是相同的。因爲書寫載體的不同，一書於印章，一刻於石，前者又有界格的局限，字體就呈顯出壓縮感。即使如此，兩者「轉折處作圓轉」的風格是一致的。如果將第二鼓「驂」字「參」旁的字體上下略微壓縮，

〔註186〕羅福頤：《古璽印概論》，頁48。
〔註187〕王人聰：〈秦官印考述〉，頁10。
〔註188〕石鼓文的字體，引用自王美盛：《石鼓文解讀》（濟南：齊魯書社，2006年）書中所附石鼓拓片，表中二字分別見於頁37、71。

下三撇亦作橫筆，兩者就近乎相同，因此《封泥考略》的說法仍屬合理。「參川尉印」其他三字筆畫風格亦同，再結合「有界格」、「字不填滿印面」及秦有「三川郡」的記載，無不顯示它爲「秦封泥」。「懷令之印」的字體亦爲秦篆，加上「有界格」及「字不填滿印面」等特徵，也當歸爲「秦封泥」。此二枚《秦封泥集》均收錄其中，可參讀。〔註189〕

（四）界　格

秦官印、封泥最具象徵性的特點就是印面存有界格，方形印作「田字格」（或稱十字界格，《封泥考略》則稱「十（字）闌」），長方形印作「橫界格」（也稱日字格）或「豎界格」（《封泥考略》稱「中有闌」）。〔註190〕雖然這不是秦印的絕對特徵，因爲仍有例外，我們可分作兩個層次說明：一爲「秦有未用界格的實例」，孫慰祖《中國古代封泥》即提到：「（秦）封泥上所見的印面形式有少量僅具外欄，而無界格……印文名『璽』的『豐璽』『寺工丞璽』封泥，是無界格的。」又云：「這些（秦）鄉印的特點是：……印面絕大多數不存在界格」〔註191〕；二爲「西漢初仍有使用界格」，王人聰〈論西漢田字格官印及其年代下限〉云：「由以上所考，可知西漢田字格官印，多出現在初期，即高帝至文景之間。但其下限亦可延至武帝太初元年以前。如上舉『上林郎池』、『宜春禁丞』、『蒼梧候丞』、『南海司空』、『琅左鹽丞』、『白水弋丞』諸印。」〔註192〕不過孫慰祖《中國古代封泥》則認爲：「界格印式在漢初中原王朝已不再製作，而並非此前包括我們在內曾經認爲的主要是高祖時期之制度，至西漢武帝太初元年始完全廢止。這是西漢印制與秦表現出獨立性的一個方面。」〔註193〕筆者認爲，由於孫氏並沒有完全推翻王氏所舉之例，僅表示「宜春禁丞」及「琅左鹽丞」據相應之秦封泥應歸入秦（見孫書頁67），所以我們仍然不能否定西漢初期仍有界格印的存在，只是數量不多。儘管如此，「有界格」仍是作爲判斷秦官印的特色之一。

前面討論的「參川尉印」、「懷令之印」和「□泉丞印」都是帶有界格的封泥，結合其本身的印文內容或是印面特色，均能確定爲秦封泥。《封泥考略》

〔註189〕見周曉陸、路東之：《秦封泥集》，頁 251、289。
〔註190〕參考王人聰：〈秦官印考述〉，頁 10。
〔註191〕孫慰祖：《中國古代封泥》，頁 32、86。
〔註192〕王人聰：〈論西漢田字格官印及其年代下限〉，收錄於王人聰、葉其峯：《秦漢魏晉南北朝官印研究》，頁 22。
〔註193〕孫慰祖：《中國古代封泥》，頁 114。

「田厔」、「屯留」和「博城」考釋僅云：「疑是秦制」或「似秦印」，從拓片來看，編者應該也是據「有界格」來推測，《秦封泥集》亦有收錄〔註194〕。另有兩枚具界格的私印封泥，《封泥考略》也懷疑是秦印，即「王未」及「公孫強印」，前枚有「豎界格」，後枚有「田字格」，然兩者是否亦爲秦封泥，由於私印封泥在時代判定的條件上並不如官印封泥來得明確，在沒有進一步證據足以認定其歸屬時，筆者不做臆測，以示謹慎。

　　《封泥考略》尚有一些封泥是具有界格，但編者並未作「似秦印、殆秦印」等類之按語，然而其中不乏爲秦封泥者，如「宦者丞印」（卷一，頁四十a）、「琅邪司馬」（卷四，頁三十九b）、「趙郡左田」（卷四，頁五十二a）、「定陶丞印」（卷六，頁二十五b）、「琅邪縣丞」（卷六，頁二十八b）、「新淦丞印」（卷六，頁三十b）、「即墨丞印」（卷六，頁六十一b至六十二b，共3枚）、「安臺丞印」（卷六，頁六十五b）、「安臺左墜」（卷六，頁六十六a）和「田固」（卷十，頁十四a）等封泥皆是，《秦封泥集》均搜羅其中〔註195〕，茲將各枚封泥拓片列成下表，以供參考：

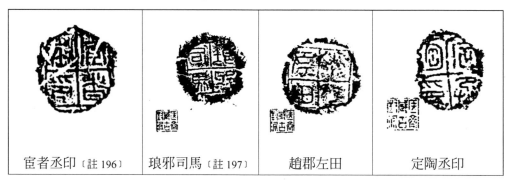

| 宦者丞印〔註196〕 | 琅邪司馬〔註197〕 | 趙郡左田 | 定陶丞印 |

〔註194〕詳見周曉陸、路東之：《秦封泥集》，頁 231（田厔）、312（屯留）、316（博城）。

〔註195〕以上各枚，依序見周曉陸、路東之：《秦封泥集》，頁 152（宦者丞印）、263（琅邪司馬）、255（趙郡左田）、299（定陶丞印）、324（琅邪縣丞）、302（新淦丞印）、326 及 268（即墨丞印）、212（安臺丞印）、213（安臺左墜）、366（田固）。

〔註196〕此枚拓片即《秦封泥集》編號「一・二・59」第 1 枚（頁 152），因拓片較清楚，故表據此。

〔註197〕此枚「司」字，從拓片看來「口」下似乎有一「L」形筆畫，筆者檢閱〔日〕東京國立博物館編：《中國の封泥》，頁 72 所附封泥實物照片後，並無該「L」形筆畫，故爲「司」字無疑。

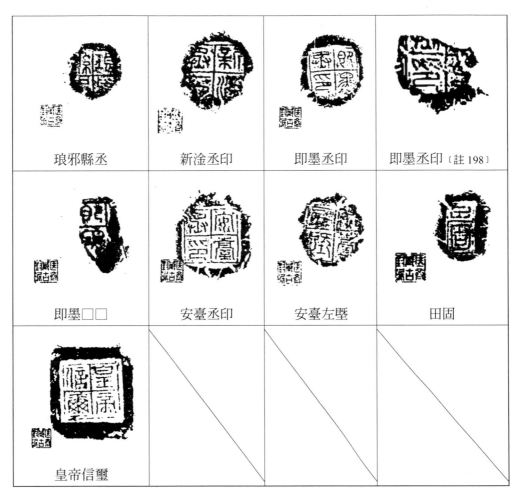

琅邪縣丞	新淦丞印	即墨丞印	即墨丞印〔註198〕
即墨□□	安臺丞印	安臺左墅	田固
皇帝信璽			

上表拓片中，「趙郡左田」的「趙郡」二字漫患不清，即使據《中國の封泥》原封泥照片亦是磨滅不能辨〔註199〕，因此《封泥考略》的考釋就顯多餘。即使如此，該枚風格仍是趨近秦封泥。其餘的封泥，就其「字多不填滿印面」（「田固」除外）、「筆畫圓意甚濃」等特點，也都能得出其爲秦封泥的結論，因此《秦封泥集》將他們均輯錄書中是得以想見的。他們之中比較特別的是「琅邪縣丞」，它是唯一含有「縣」字的「縣丞」官印封泥，或許它反映的是秦未統一印制之前的產物。

《封泥考略》收錄的「皇帝信璽」（卷一，頁三 a，拓片見上表）也具

〔註198〕此枚拓片即《秦封泥集》編號「二・三・97」第4枚（頁326），因拓片較清楚，故表據此。
〔註199〕〔日〕東京國立博物館編：《中國の封泥》，頁76。該書就將此枚隸爲「□□左田」。

界格，不過它應屬秦或屬漢，後世學者討論甚多。王偉《秦璽印封泥職官地理研究》曾做了回顧與整理，他指出學者始終不敢確定「皇帝信璽」的時代原因在於「沒有秦封泥匣的實物出土」，接著王氏提出：1、2002 年湖南龍山里耶戰國－秦代古城一號井（J1）有封泥匣實物出土。2、2006 年，陝西西安神禾塬戰國秦陵園遺址，亦有出土 1 枚使用封泥匣痕跡的「內史之印」封泥。3、《秦封泥集》輯錄的「公車司馬丞」封泥，有 1 枚似乎也有使用封泥匣等三點證據來說明「皇帝信璽」是秦統一後的遺物，而且其「字體風格、印面田字形界格」都與秦官印風格高度一致的。〔註200〕筆者認為王偉提出的第一點證據相當有力，相較於之前的討論因無出土實物可資佐證，以致立論仍不夠堅固。然而就目前出土實物看來，封泥匣在秦的使用並不普遍，或許有其使用的對象和條件也說不定〔註201〕。而且從《里耶發掘報告》所附的出土 4 件「封泥匣彩圖」〔註202〕，因只能見其背面，並無法確知是否與「皇帝信璽」所置放的方槽式封泥匣相同，王偉未詳加說明，《里耶發掘報告》亦沒有對 200 餘件的封泥匣詳作介紹〔註203〕，所以在沒有直接相同形式的封泥匣出土前，將「皇帝信璽」斷定為「秦」仍有商量之餘地。無論如何「秦已有使用封泥匣」是不爭的事實，再配合此枚「字體風格、有界格」等特色皆與秦官印高度相關，將它列為秦封泥仍屬合理的。

（五）官名不見載

《封泥考略》在「臨菑卒尉」下云：「此『卒尉』官名不見漢〈表〉、〈志〉，或秦官，姑坿郡尉後。」前已談到，封泥所載之官名、地名，很多是史籍未載的，因此正好能充實史籍的內容，當然前提是該枚封泥必須是真品。此枚

〔註200〕詳見王偉：《秦璽印封泥職官地理研究》（西安：陝西師範大學博士論文，2008年），頁 49～51。

〔註201〕王偉《秦璽印封泥職官地理研究》認為秦代封泥匣的使用有以下特點：第一，用於重要人物的信件物品。第二，用於路程比較遠的公文的封緘。第三，重要物品的封護。（頁 52）

〔註202〕圖見湖南省文物考古研究所編著：《里耶發掘報告》（長沙：嶽麓書社，2007年），彩版二十四。

〔註203〕按湖南省文物考古研究所《里耶發掘報告》載出土封泥匣較詳細的敘述作如是云：「封泥匣：二百多枚。一般以長 4~5、厚 1.3、寬 2~3 釐米的木塊挖去一面中間的大部，封緘時方便繩索通過和敷設膠泥。也有個體較大的和削成楔形的封泥匣。少數的匣上有文字，可分兩類：一類書寫始發地點和發往地點……另一類是物品名稱和數量的登記……。」（頁 180）從此段描述，並不能窺知所有封泥匣全貌。

的「卒尉」，確實如《封泥考略》所說不見《漢書‧百官公卿表》和《後漢書‧百官志》，但如果就此懷疑它可能是「秦官」，未免過度揣測。此枚封泥的字體風格，很明顯的是屬漢的，特別是「尉」字「火」部的位置及寫法，全是西漢特有的。葉其峰《古璽印通論》曾談到「尉」字在西漢、新莽及東漢各期寫法的差別：

> 尉字：西漢及新莽尉字左偏旁下部「火」形均作 𝙼，四劃末端基本平齊，並置於字的下部中間作 𝙴。東漢印尉字左偏旁下部「火」形隸化作「火」，兩旁劃成點形上提作 𝙴，有的「火」形簡化作 𝙸𝙸，寫作 𝙴。〔註204〕

可見「臨菑卒尉」的「尉」字是西漢、新莽時的寫法。我們若對照孫慰祖《中國古代封泥》整理秦至西漢中期印常見字表中的「尉」字〔註205〕，及羅福頤《秦漢南北朝官印徵存》卷四新莽官印中的「尉」字〔註206〕，亦有相同的結果，試見下表：

時代	封泥考略	秦	西漢早期	西漢中期	《徵存》新莽
尉字	尉	尉 河間尉印	尉 城陽郡尉 尉 南郡尉印	尉　尉 淮南中尉　菑川中尉 尉 跋㿜都尉章	尉 《徵存》592 尉 《徵存》593

就上表所示，「臨菑卒尉」中的「尉」字顯然是西漢中期至新莽時期的寫法，然因新莽官印的印文至少都為五字，所以「臨菑卒尉」就不可能屬新莽時，因此它應屬西漢中期至新莽以前之封泥。

〔註204〕葉其峰：《古璽印通論》，頁95。
〔註205〕「尉」字字例，見孫慰祖：《中國古代封泥》，頁69（秦）、115（西漢早期）、157（西漢中期）、213（新莽）。該書「西漢晚期」、「東漢早期」常見字表未列「尉」字，故不在表中呈現。
〔註206〕羅福頤主編，故宮研究室璽印組編：《秦漢南北朝官印徵存》，頁106。表中簡稱《徵存》。

《臨淄封泥文字》亦收錄 1 枚「臨菑卒尉」，王獻唐將它列爲齊郡縣尉之中，[註207] 孫慰祖《兩漢官印匯考》則於「臨菑卒尉」下解釋「此當是專主郡縣更卒之武官」[註208]。按「卒尉」當作何解，因史無詳文，且又無相關印文可資比對，筆者不強作解釋。不過，就「臨菑」爲郡是西漢早期之事[註209]，又前已推得此枚的時代當在西漢中期之後，故此枚「臨菑」當是「齊郡的臨菑縣」，「卒尉」則是縣的屬官，《封泥考略》將其附於「郡尉」之後是可再商榷的。

綜上所述，《封泥考略》認爲是「秦」封泥 20 枚中，目前可以確定的只有「參川尉印」、「田曆」、「懷令之印」、「□泉丞印」、「屯留」、「博城」、「公印」等 7 枚。其餘 13 枚除「左□」、「□銅」、「穷狀」、「王未」、「公孫強印」和「將士」等 6 枚，在無充足證據前暫不歸類外，餘 7 枚均爲漢封泥。另外書中可確定爲秦封泥者尚有「宦者丞印」、「琅邪司馬」、「趙郡左田」、「定陶丞印」、「琅邪縣丞」、「新淦丞印」、「即墨丞印」（共 3 枚）、「安臺丞印」、「安臺左墅」和「田固」等 12 枚。

四、其 他

《封泥考略》收錄的「候」印與半通地名印封泥，也是值得我們注意的，討論如下：

（一）候 印

《封泥考略》中輯有「戈船候印」（2 枚。卷一，頁十二）、「都候丞印」（卷一，頁二十四 a）和「豫章候印」（卷四，頁四十一）共 4 枚，拓片見下：

[註207] 王獻唐：《臨淄封泥文字敘目》，收錄於嚴一萍續編：《美術叢書》（臺北：藝文印書館，民國 64 年），第 6 集，第 10 輯，頁 198。另拓片可見王獻唐編：《海岳樓金石叢編》（青島：青島出版社，2009 年），頁 457。

[註208] 孫慰祖主編：《兩漢官印匯考》，頁 101。

[註209] 按孫慰祖《兩漢官印匯考》輯有「臨菑守印」，下云：「《地理志》、《郡國志》均未見有臨菑郡。又，此封泥文爲『臨菑守印』，其下限亦不晚於景帝中（元）二年（公元前一四八年），是年改郡守爲太守。」（頁 101）

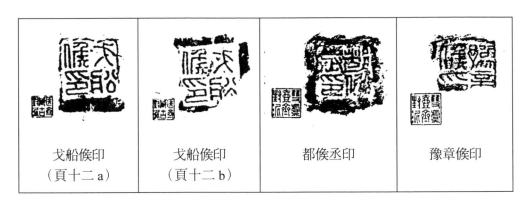

戈船倏印 （頁十二a）	戈船倏印 （頁十二b）	都倏丞印	豫章倏印

從拓本可知，「倏」字皆有「人」旁。在印文中，它與無人旁的「矦」字是有分別的，「倏」爲官名，「矦」則爲爵等。桂馥《繆篆分韻》及瞿中溶《集古官印考》卻將兩字誤爲一字。桂馥《繆篆分韻》平聲十二齊「西」字注云：「🔲，膠西侯印」，平聲五肴「膠」字注云：「🔲，膠西倏印」〔註210〕，前作「侯」，後作「倏」（候），不知兩者不能等同。瞿中溶《集古官印考》亦犯同樣的錯誤，書中卷十「菑川矦印」下云：

> 右菑川矦印。案《漢書・地理志》菑川國，故齊，文帝十八年別爲國，後并北海。攷〈王子矦表〉文、景時，齊悼惠王子懿王志，及武城矦賢皆徙封菑川王。菑、葘古通……漢以菑川郡封王子即改稱國，然係郡王而非郡矦。菑川既以齊郡改封，而又不設菑川縣，則此非漢印可知。漢無公、矦、伯、子、男五等封爵，王莽雖曾剙（創）置，而此印文非五字，與其制不合，故定爲魏物。（卷十，頁一 b 至二 a）

又同卷「膠西矦印」下云：

> 右膠西矦印。案《漢書・地理志》高蜜（當作密）國，故齊，文帝十六年別爲膠西國。又〈王子矦表〉齊悼惠王子平昌矦印（當作印），後封膠西王。則膠西亦漢王國。而此云「矦」，與前「菑川」同。（卷十，頁三 b）

瞿中溶因不明「倏」、「矦」兩字有別，導致誤解印文內容，進而將上述兩印定爲「魏物」。翁大年於該書「膠西矦印」考釋後下按語云：

> （翁）大年據印章摹補。案《繆篆》🔲（西）下注「膠西矦印」，

〔註210〕兩段引文依序見〔清〕桂馥：《繆篆分韻》（臺北：黎明文化事業股份有限公司，民國74年，歸安姚氏咫進齋藏版），平聲第一，頁二十；平聲弟二，頁五。

－173－

嫪（膠）下注「膠西矣（當作「矦」）印」。今審印文實矦字，西
下注誤也。郡國矦散見《漢書》〈志〉、〈傳〉。（卷十，頁三 b 至四
a）

翁大年指出「膠西矣印」的「矣」字實作「矦」，《繆篆分韻》「西」下字是錯
誤的，且郡國「矦」於《漢書》〈志〉、〈傳〉均見載。桂氏混用二字，瞿氏又
沿其「西字注」之說，故有附會之見。《封泥考略》在「豫章矦印」考釋中就
指出：

郡國矦見於印譜有「膠西矦」（桂氏《繆篆分韻》五肴膠注「膠西
矣（當作「矦」）印」，十二齊西注「矦誤矣」。瞿氏《印證》但見
「西」字注，故亦誤爲「矣」）、「菑川矦」（桂、瞿氏竝誤爲矣）、
「濟南矦」。瞿氏《印證》謂郡國有矣未聞，豈誤以矦爲矣，乃五
等之所封邪？余按《漢書·律歷（曆）志》「酒泉矣（當作候）宜
君」，師古曰：宜君，矦之名也。矦，官號也。〔註211〕〈佞幸董
賢傳〉其父爲雲中矦，則郡國矦，亦妻見《漢書》。（卷四，頁四
十一）〔註212〕

按桂氏「菑川矦印」見《繆篆分韻》平聲之韻「菑」下注〔註213〕；「濟南矦印」
則見於王常《集古印譜》卷一（頁三十）。茲將桂、瞿和《封泥考略》對「菑
川矦印」及「膠西矦印」對「矦」字隸定的情形作一整理，便於理解：

	桂 氏	瞿 氏	《封泥考略》	正 確
菑川矦印	矦	矣（矦）	矦	矦
膠西矦印	矦、矣（候）	矣	矦	矦

《封泥考略》具體引述《漢書》〈律曆志〉、〈佞幸董賢傳〉中「郡國矦」的記
載，有力的反駁桂、瞿二氏之訛。孫慰祖《中國古代封泥》「城陽候印」條下
亦曾云：

此爲郡武官，篆作「**候**」，與封爵之「侯」在秦漢印中判然不同，

〔註211〕按《漢書·律曆志》「酒泉候宜君」下原注：「宜君亦候之名也。候，官號也。」
文見〔漢〕班固撰，〔唐〕顏師古注：《漢書》，第 2 冊，頁977。
〔註212〕此段引文（　）中的註語，除了（當作「矦」）及（曆）爲筆者所加，餘皆原
文所加之小字按語。
〔註213〕〔清〕桂馥：《繆篆分韻》，平聲弟一，頁十二。

決無混淆之例。西安中國書法藝術博物館藏新出封泥有「恒山候印」、「上郡候丞」，後者又爲郡候之丞。候、候丞除見於印章外，居延漢簡中尤多見。戰國、秦、漢決（應作絕）無以一郡之地封侯邑的史實，有研究者釋「上郡候」爲封爵名，乃不明候、侯篆既不同，官、爵亦別。〔註214〕

可知「郡國候」爲郡武官，與封爵之「侯」是不同的。《封泥考略》「戈船候印」、「都候丞印」等封泥亦有「候」字，他們亦是官名，從其「候」前所冠之文並非「侯國」名即能得知。「戈船候」之名未見《漢書‧百官公卿表》，然〈武帝紀〉載有「戈船將軍」：「歸義越侯嚴爲戈船將軍，出零陵，下離水。」臣瓚曰：「伍子胥書有戈船，以載干戈，因謂之戈船也。」〔註215〕因此《封泥考略》引胡琨《泥封印古錄》「疑是戈船將軍之軍候」（卷一，頁十二 a）之說。雖然由此無法詳知「戈船候」的實際職掌，但應與管理軍船兵器之儲藏有關。

「都候」於《後漢書‧百官志》有記載，《封泥考略》該條云：

按《續漢書‧百官志》「衛尉」，屬官有左右都候，本注曰：「丞各一人」。《周禮〔註216〕‧司寤氏》有夜士，干寶注曰：「今都候之屬」。

簠齋陳氏銅印有「都候」，此其證也。（卷一，頁二十四 a）

因此「都候」是「衛尉」的屬官，亦非爵號。然此印文未云「左、右」，且印文爲「西漢」之風格，再加上《秦漢南北朝官印徵存》、《兩漢官印匯考》所收之「都候之印」、「都候丞印」均屬西漢〔註217〕，或西漢時「都候」未分「左、右」。

（二）地名印

《封泥考略》卷七輯有 5 枚半通「地名」封泥，即「屯留」、「東陽」、「臨菑」、「博城」和「下東」（見卷七，頁三十七至三十九），均爲陳介祺藏品，拓片見下：

〔註214〕孫慰祖：《中國古代封泥》，頁 44～45。
〔註215〕〔漢〕班固撰，〔唐〕顏師古注：《漢書》，第 1 冊，頁 186～187。
〔註216〕原書誤作「用禮」，筆者徑予改正。
〔註217〕分見羅福頤主編，故宮研究室璽印組編：《秦漢南北朝官印徵存》，頁 30～31（編號 164～166）；孫慰祖主編：《兩漢官印匯考》，頁 9（編號 44～45）。

屯留	東陽	臨菑	博城	下東

從拓片可明顯看出「屯留」及「博城」皆有界格，餘3枚則無界格也無邊欄。「屯留」及「博城」2枚封泥，前已指出其爲秦封泥。葉其峰《古璽印通論》中曾談到秦九卿屬官和縣級地方員吏主官印均省「令」銜，以及秦漢半通印代表之意義不同，有助於我們認識這幾枚地名印封泥的性質，葉氏書云：

> 朝官中，九卿屬官令等正職員吏印均直署官名，省「令」等銜名，
> 副職丞之丞字不省。縣級地方員吏主官令、長等亦省令、長銜稱，
> 餘不省。……以廢丘印爲例，今見有關廢丘縣的官印有三種：「廢
> 丘」、「廢丘丞印」、「法（廢）丘左尉」……以上引秦廢丘縣官印、
> 封泥，有丞、有尉，而獨無令或長，顯然，今存之「廢丘」印封
> 泥乃廢丘縣令、長所佩，其官印省「令」或省「長」字。……秦
> 半印與漢半通印的概念並不可等同，漢半通印均爲小官所配，然
> 秦佩半印之官吏地位則較高。以新近發現之秦封泥半印爲例，「車
> 府」，據《漢書・百官公卿表》，秦太僕屬官有車府令丞。此封泥
> 無丞字，顯然是車府令之印。……「咸陽」，咸陽爲秦都……新出
> 的秦封泥有「咸陽丞印」，然則「咸陽」印應爲咸陽主官所配，或
> 稱咸陽令……可見秦之方印，半印並無官品高下之分，佩半印者
> 不少高官，佩半印還是佩方印不是由其官位高低，而是由印文的
> 內容決定的。〔註218〕

據葉氏所論，可知「屯留」和「博城」兩印應當皆爲該縣令、長之印。至於「臨菑」、「東陽」、「下東」3枚，因其確切時代無法得知就難以推測其性質。若他們亦爲秦封泥，或許也可以視爲縣令、長之印；不過，若他們是漢封泥，則就不能視爲縣令、長之印，因爲漢縣令、長之「銜」在印文上是不省略的，我們從《封泥考略》卷五的縣令、長封泥即能證明。「半通」地名印封泥在

〔註218〕葉其峰：《古璽印通論》，頁74～76。

「漢」的性質到底爲何，王獻唐的看法或許可供參考，他在《五鐙精舍印話》「官名官署印制之變遷」條云：

> 今傳秦漢官印，其爲官名者，皆通官印也……惟比二百石以下員司，既不給印，遇有簿書，勢須鈴封，又不能無之，若是則由辟除者製半印給之。《後漢書・仲長統傳》注引《十三州志》曰：有秩嗇夫，得假半章印。言非中朝授受，得假用之而已。半章爲方寸官印之半，以非正印，故半而爲別，正印爲通官印，半印因謂半通官印，簡言半通。……惟通官諸印，皆以官名爲文，其非通官者，雖有名稱，未爲正秩，不能以非正秩之名製印，與通官相淆，亦猶印爲半通，不作正方也。若是則以服役之所在，署爲印文，使人見之，知爲某處執事員司，如縣有令長丞尉，秩皆在二百石上，故具有官名印。其以下之少吏，不當以官號爲文，則作縣名道名之印，封泥有新豐之印、藍田之印、武城之印、舞陰之印、東阿之印、夷道之印、陰平道印是也。又或不著之印，如東陽、臨淄諸半通封泥是也。……知凡秦漢官印之不爲官名者，皆非通官正秩，又十九爲半通印矣。
>
> 〔註219〕

王氏認爲這些半通地名印封泥，都是縣邑道下之「少吏」用印，因其非秩比二百石以上之通官，故不能用「通官印」或「官名印」，而以未署官名的「半通印」或「官署印」代而用之。需強調的是，王氏在此是將「秦、漢」統而言之，前已說明「秦、漢」半通印的性質不能等同視之，故王氏之說僅可視爲「漢」半通印性質的說明。另外，王氏文中尚提到「新豐之印」、「藍田之印」、「武城之印」、「舞陰之印」、「東阿之印」、「夷道之印」、「陰平道印」等封泥，均錄於《封泥考略》卷七，該卷尚有「下邽之印」、「虖都之印」（見卷七，頁二十九 b 至三十四）等均爲「縣名＋（之）印」文例之封泥。據王氏敘述，這些封泥也非秩比二百石以上之通官所用，而是與半通地名印封泥一樣爲「縣邑道」所屬少吏之用印，以其服役之所在署爲印文。《封泥考略》「新豐之印」下亦云：「桉《漢書・百官公卿表》縣令長皆有丞、尉，是爲長吏，百石以下有斗食佐史之秩，是爲少吏。又云吏員自佐史。此與下『陰平道印』及『嚴道橘園印』當即佐史印也。」（卷七，頁三十 a）所論與王氏同。但王氏更強調他們爲「官署印」之實，王氏於同書同條下又云：

今世官印，約有二式：一爲官署印，以官署名稱爲文，如教育部印……
一爲官名印，以職官名稱爲文，如教育部部長……首爲各官署正印，
後則長官自用……求之往昔，則周秦兩漢以來，已有此式，惟爲用
不同。前此以官名印爲正印，其無正秩者始刻官署印。唐宋以後，
以官署印爲正印，其無官署者始刻官名印。……秦漢官名印，皆爲
通官。其鄉里市庫諸印，爲地名或官署名者，皆非通官，故同在一
處供職。此爲通官，則有官名印，彼非通官，則不得用之。如……
御史所居名府，府之長官爲御史大夫，下有中丞大夫，中丞皆屬通
官，當爲通官印，故今傳有御史大夫章及御史中丞諸封泥。而別有
御史府印封泥，則亦少吏所用。知同在御史府，而印例不同，一爲
通官，一非通官故也。又如園印……嚴道橘園封泥，亦爲園印，別
有嚴道橘丞封泥，則爲官名，同在園道，掌持橘務。園中少吏，只
以園名爲吏，丞則通官，用官名印，尤可見矣。更如庫印，今有上
郡庫令、漁陽庫令封泥，皆庫吏之爲通官者也。其庫印及雒陽武庫，
亦令下之少吏也。〔註220〕

據此可知，漢時爲通官者，用「官名印」；非通官者，則用「官署印」。所以
本段討論《封泥考略》卷七「縣名＋之印」與半通「地名」印封泥，另外卷
一「御史府印」（頁九至十a，共3枚）、「少內」（頁四十一b），卷二「左府」
（頁三十至三十一a，共3枚）、「守府」（頁三十二a），卷四「雒陽武庫」（頁
四十五a）、「成都庫」（頁四十六a）、「齊鐵官印」（頁四十九b），卷六「嚴道
橘園」（頁四十五b至五十六a，共22枚），卷七「司空」（頁三十六b）等封
泥，均應視爲「官署印」，屬非通官者所用。本文第伍章第二節會再詳細說明。

　　本章先介紹《封泥考略》封泥之內容，書中除了有少量「古璽」和「私
印」封泥外，大部分都是「官印」封泥，且「官印」封泥中又以「漢」封泥
佔多數。後述《封泥考略》利用書中封泥做了哪些面向的研究，主要可從「補
充、修正史籍之記載」、「封泥斷代與辨僞」和「秦封泥的判定」等三方面來
了解，從討論可發現《封泥考略》在「補充、修正」史籍上有一定的成果，
但仍有遺漏之部分；另在封泥「斷代與辨僞」和對秦封泥的判定上，雖然仍
屬萌芽階段，卻有值得我們效法之處。最後附論書中「候」印和半通「地名」
印，使我們能進一步關注此類封泥的性質。

〔註220〕王獻唐：《五鐙精舍印話》，頁 312、315。

第伍章 《封泥考略》的價值與缺失

前兩章的說明，已從外到內逐層揭示《封泥考略》的內容，舉凡封泥的編排、目錄和考釋的體例、書中封泥的讀序類型、吳、陳所藏封泥之間的異同、書中封泥反映的內容，以及考編者利用書中的封泥做了哪些方面的研究。本章則試加評介《封泥考略》的價值與缺失。首先說明它在封泥研究史上及其本身有何可稱頌和效法，後述其內容有哪些部分值得再充實和商榷的。

第一節 《封泥考略》的價值

《封泥考略》的價值有哪些呢？我們可從整個封泥與印章研究學術史的脈絡和它書中揭示的內容來看：

一、就封泥印章研究史方面考察

封泥的出土與著錄是從清道光年間開始，《封泥考略》則刊行於清光緒三十年（1904 年），比起在它前後出版的專譜與非專譜，它有哪些獨特的地位，茲說明如下：

（一）首部系統性封泥研究著作

孫慰祖《封泥發現與研究》云：「《封泥考略》是第一部比較系統地著錄並考釋封泥的專著，在古封泥學術史上具有開創性的意義，成為後來幾部封泥著錄的範例。」〔註1〕孫氏所言不虛。

〔註1〕 孫慰祖：《封泥發現與研究》（上海：上海書店出版社，2002 年），頁 30。

先於《封泥考略》出版的專門性封泥譜錄，如羅振玉編《鄭广所藏泥封》（1903 年）、劉鶚《鐵雲藏封泥》（1904 年）兩部，僅有封泥拓片，並未加以考釋。其餘非專門性譜錄，如吳榮光《筠清館金石錄》（1842 年）、趙之謙《補寰宇訪碑錄》（1864 年），非但不是封泥專譜，還將「封泥」誤作「印範」。

後於《封泥考略》出版的專門性譜錄，如羅振玉《齊魯封泥集存》（1913），封泥編排雖依循《封泥考略》之例，但是並未如《封泥考略》逐枚考釋；周明泰《續封泥考略》、《再續封泥考略》（1928 年）就完全仿效《封泥考略》的體例，逐枚考釋；山東省立圖書館《臨淄封泥文字》（1936 年）原本也是要仿照《封泥考略》逐枚考釋，但因時間因素而未果。其餘如吳幼潛《封泥彙編》（1931 年）、國立北京大學《封泥存眞》（1934 年）等書，則僅具著錄性質並未加以考釋。

由此可以看出，《封泥考略》將全書官印封泥與史籍地理、官制作考釋的研究，實爲開創性之作，使大量的封泥材料不致呆板的按次編排而已。孫慰祖〈古封泥述略〉一文曾談到近世對於封泥的研究主要在三個方面：1、封泥所存官制、地理資料的考證。2、封泥所反映的古代封檢方式及印制的考察。3、封泥的斷代研究。〔註 2〕《封泥考略》在這三方面均屬開路先鋒，或許在這之中有需修正或補充的部分，〔註 3〕但它給後世封泥研究者的啓發與影響是無法取代的。後世譜錄因識得這部書的此項價值，故有「續、再續」的效法之作誕生，雖然僅具數本，亦足以彰顯《封泥考略》在這方面的貢獻。

（二）揭示「秦」封泥、印判別標準

本文第肆章第二節曾介紹《封泥考略》中判定「秦」封泥、印的標準有：1、印文讀序。2、印的大小。3、字體風格。4、界格。5、官名不見載。本文討論的結果是，除了第 2、5 點的說法需再討論外，其餘均是判別「秦」封泥、印的重要特徵。李學勤〈秦封泥與秦印〉曾云：

> 清代學者在璽印研究上的一大貢獻，是區別出所謂「古璽」，即戰國
> 時期六國的官璽、私璽……在《封泥考略》書中，更進一步明確標
> 舉出「秦印」。例如在「參川尉印」……「公孫強印」……《封泥考

〔註 2〕 參孫慰祖：〈古封泥述略〉，收錄於孫慰祖主編：《古封泥集成》（上海：上海書店出版社，1996 年），頁 8～14。

〔註 3〕 詳細內容見本文第貳章第一節，以及第肆章第二節相關段落所作的分析。

略》的上述引論，事實上已爲鑑定秦印和秦封泥設立了三條標準：

（一）職官、地理合於秦制，與漢制有異；（二）文字風格、結構同於已知的秦文字；（三）印面有界格。此後學者關於秦印的界說，大都不出這些標準的範圍，可參看羅福頤、王人聰先生的《印章概述》、羅福頤先生《古璽印概論》等書。〔註4〕

李氏歸納出三點中的第一點，筆者於第肆章並未另立標題說明，而是作爲其他特點的附帶證據來敘述，畢竟書中如「參川尉印」能用〈地理志〉河南郡注「故秦三川郡，高帝更名雒陽」及〈百官公卿表〉「郡尉，秦官」就可斷定爲「秦」封泥的例子並不多，並且還有誤判的情形產生。儘管如此，《封泥考略》揭示從「印文讀序、字體風格、有界格、文獻記載」等項來判別「秦」封泥、印的方法是不容忽視的。

（三）輯錄封泥之特色豐富

　　《封泥考略》全書十卷中，輯錄官私封泥 843 枚，相較於四○年代以前的封泥譜錄，如周明泰《續封泥考略》（454 枚）、山東省立圖書館《臨淄封泥文字》（465 枚）等書，仍多出 370 餘枚，數量爲各譜之冠。〔註5〕孫慰祖《封泥發現與研究》談到這些封泥又有如下特色：

　　　　一、涉及中央、地方官制序列比較齊全，是其他各家所藏遠不能及的。涉及郡縣（王、侯國）的地名達二百多個。

　　　　二、封泥的時代從戰國至秦、西漢、新莽、東漢，序列完備……戰國的封泥易於辨識；其他如秦封泥「懷令之印」，西漢封泥如「皇帝信璽」、「御史大夫」，新莽封泥如「禪將軍印章」，東漢封泥如「廣陵丞印」，都各有不等的數量。西漢封泥數量最多，其中又有早、中、晚各期之品。是了解封泥文字、形態演變的最爲系統的資料。

　　　　三、封泥的來源，以西安、四川爲主，少量係山東所出。這和山東省博物館、日本大谷大學所藏主要爲山東出土有所不同。前者

〔註4〕李學勤：〈秦封泥與秦印〉，《西北大學學報（哲學社會科學版）》第 1 期（1997年），頁 1。

〔註5〕吳幼潛《封泥彙編》（1931 年）雖輯有「1115 枚」封泥，但由於全是採自《封泥考略》、《續封泥考略》、《再續封泥考略》等書整理而成，與其他均出於編者自行或其親人、朋友蒐輯者不同，故本處不將此書算入。

> 多爲中央及各地郡縣官名封泥，後者以西漢齊國及鄰近縣邑封
> 泥爲多，所以構成了封泥文字內容的若干性質差別……同時，
> 據筆者看來，戰國至東漢各種封檢形式的封泥，吳、陳的藏品
> 中都具備了……。〔註6〕

可見全書封泥不論從官名、地名、時代序列和封泥形態上均有豐富並具系統
性的內容，相當有利於後人的使用與研究。茲就孫氏所謂「封泥時代序列的
完備」略舉數例，補充其說。

孫氏文中說《封泥考略》的封泥時代從「戰國」、「秦」、「西漢」、「新莽」、
「東漢」都有，這是毋庸置疑的。本文第肆章曾對書中「戰國」、「秦」、「西
漢」和「新莽」等時期的封泥作詳略不一的研究，並指出書中絕大多數都屬
「西漢」（東漢僅極少數），次屬「新莽」，再次爲「秦」，最後則是「戰國」。
「戰國」僅「左司馬聞叕私鈢」、「宋連私鈢」、「粕□□□」和「信」4 枚。
其他各期封泥，茲據「印」、「丞」二字的書寫特徵，舉例如下〔註7〕：

	秦	西漢	新莽	東漢
印	安臺丞印 卷六，頁六十五b	六安相印章 卷二，頁十七a	樂陸任之印 卷八，頁二十五a	廣陵丞印 卷六，頁六十四a

〔註6〕 孫慰祖：《封泥發現與研究》，頁34。另外，「皇帝信璽」是否已確定爲「西漢」
封泥，仍有討論空間，詳本文第肆章第二節第三大點說明。

〔註7〕 「印」、「丞」二字寫法在「西漢」、「新莽」、「東漢」等期印文的特徵，可參
葉其峰：《古璽印通論》（北京：紫禁城出版社，2003 年），頁 95 之說明。而
在「秦」封泥的書寫特徵，則可參孫慰祖：《中國古代封泥》（上海：上海人
民出版社，2002 年），頁 69。
表中各期代表之封泥，「安臺丞印」和「□泉丞印」參考周曉陸、路東之：《秦
封泥集》（西安：三秦出版社，2000 年），頁 212、273。「六安相印章」、「盧
江御丞」、「廣陵丞印」和「密丞之印」參考孫慰祖：《封泥發現與研究》，頁
111、105、122～123。「樂陸任之印」和「守節男家丞」，乃筆者另外從《封
泥考略》卷八新莽官印中，找出印文較清晰者做代表。

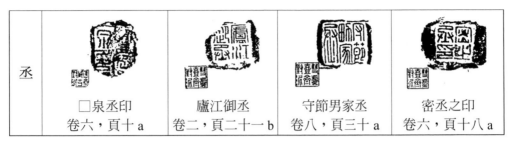

丞	□泉丞印 卷六，頁十 a	盧江御丞 卷二，頁二十一 b	守節男家丞 卷八，頁三十 a	密丞之印 卷六，頁十八 a

「印」、「丞」二字出現於《封泥考略》的次數很高，筆者初步統計，「印」字出現 357 次，「丞」字則出現 169 次。由表中拓片可概略知道，「印」字的書寫方式，從「秦」至「東漢」的主要變化在於「卩」的末筆是否有下曳，以及筆畫轉折是否漸趨方正。「丞」字則在於末筆橫畫兩端上翹的程度。但新莽「印」、「丞」二字的重要特徵在於它們獨佔一行，這乃與新莽印文至少為「五」字，且打破西漢「印」、「章」二字使用範圍的原因有關。〔註8〕

　　孫氏又言書中「西漢封泥數量最多，其中又有早、中、晚各期之品」。茲依「尉」字的特徵，舉例如下〔註9〕：

	西漢早期	西漢中期	西漢晚期
尉	河南尉印 卷四，頁二十八 a	鉅鹿都尉章 卷四，頁三十一 b	中壘右尉 卷一，頁四十二 b
	南郡尉印 卷四，頁二十九 a	蜀郡都尉章 卷四，頁三十四 a	吳左尉印 卷七，頁三 a

〔註8〕　新莽時期印制特色的說明，可參孫慰祖：《中國古代封泥》，頁 212～213。

〔註9〕　表中西漢各期代表，主要參考孫慰祖《封泥發現與研究》和《中國古代封泥》二書之整理。「南郡尉印」、「中壘右尉」和「吳左尉印」3 枚參自前書頁 105、116、117；「鉅鹿都尉章」和「蜀郡都尉章」2 枚參自後書頁 163、166。「河南尉印」為筆者所加，從它「尉」、「印」二字及整體書風，無不與「南郡尉印」相類，當屬西漢早期無疑。

觀察以上拓片的「尉」字，可以發現從「西漢早期」至「西漢晚期」的變化
主要在於「火」部位置漸向「中間」移動。早期的「火」明顯偏左，中期漸
漸移向「中間」但仍稍微偏左，晚期則完全置中。

　　此外，《封泥考略》輯錄封泥特色豐富的價值，除了可從書中封泥時代序
列的完整性看出，還能從書中封泥「同字異寫」的現象（不含偽封泥）來說
明。上面所舉「丞」、「尉」等字已有這樣的現象，第肆章討論的「臣」、「信」、
「巂」、「薔」和「印」等字，〔註10〕亦是此類例證，且各有兩種不同的寫法。
以下再舉幾例：

No.	字	封	泥	寫法（種）
1	璽	（1）左司馬聞叕私鉥（卷一，頁一a）	（2）薔川王璽（卷二，頁三a）	2
2	臨	（1）臨薔（卷七，頁三十八a）	（2）臨武長印（卷五，頁十b）	2
3	西	（1）隴西守印（卷三，頁六a）	（2）西河太守章（卷四，頁九a）	4

〔註10〕　有關這些字的討論，依序詳見本文第肆章，第一節第二大點第（一）點（臣）；
　　　　　第一節第三大點第（一）點（信）；第二節第一大點第（一）點（巂）；第二節
　　　　　第二大點第（二）點（薔）；第二節第三大點第（一）點及第伍章此段討論（印）。
　　　　　其中前四字是字體部件的差別，末字主要是筆畫曲直和部件方向的不同。

		 （3）隴西太守章 （卷四，頁四 a）	 （4）遼西太守章 （卷四，頁十四 b）	
4	齊	 （1）齊□□□ （卷四，頁五十一 a）	 （2）齊郡太守章 （卷三，頁三十六 a）	2

「璽」字，上列封泥有「鉩」、「璽」兩種寫法，兩字在使用上有時間及身分的不同。「鉩」字主要是先秦以前，且不限身分；「璽」則是秦以後，秦始皇下令爲皇帝專用，漢時則爲皇帝、皇后和王國國君專用。〔註11〕「臨」字和「齊」字也有兩種寫法，但不似「璽」字偏旁部件完全不同，而是字體中某些部件的寫法及編排方式的差別。「西」字則有 4 種寫法，相異之處主要是字體的方正程度。由於書中輯錄的封泥相當豐富，使我們得以窺見「某字」在封泥上的「不同寫法」，若將它們與同時期古器物上的文字做比較，或許會有更多收穫。

　　從上舉各封泥拓片可知，《封泥考略》在「戰國」、「秦」、「西漢」、「新莽」和「東漢」等期，各有相應的封泥可參。書中最多的「西漢」封泥，在「早」、「中」、「晚」各期亦有相應之例。由於書中封泥時代序列的完整，誠如孫慰祖所云：「是了解封泥文字、形態演變的最爲系統的資料。」此外，因爲書中豐富的封泥拓片，使我們可以了解某些字在封泥上的不同寫法。可惜的是，書中並沒有附上「泥背」的拓片或照片，否則就能直接從書中窺得每件封泥的封檢、封物痕跡，以進一步了解封泥在各期的形態有何演變。

〔註11〕　參考孫慰祖：《中國古代封泥》，頁 32；朱疆：《古璽文字量化研究及相關問題》（上海：上海人民出版社，2010 年），頁 19～20。

（四）保存古封泥之功

本文第貳章第一節中曾談到吳、陳二人書中的封泥藏品至今已有部分去向不明，如吳式芬的「丞相之印章」。傳世印章中並無漢朝「丞相」遺物，〔註12〕所幸《封泥考略》輯有這枚封泥拓片，即使現在無法見到實物，但至少仍能透過書中拓片看到這枚已失的封泥。在《封泥考略》之前的《筠清館金石錄》於書中附錄6枚封泥，為了就是不讓這些珍寶就此湮滅，他在書中說：「此六坚（範）古今無譚及者，恐奇寶就湮，亟箸錄之。」〔註13〕唐蘭亦於《續封泥考略・序》表達宋以來金石著錄的可貴之處，就是能使古器物不致湮毀無存，他在序云：

> 近古以來，士大夫多喜藏古器物、金石刻矣，而宋世所著錄者，迄今數百年間蕩然尠有存焉，即今世之收藏者，數世而後，亦且如是甚矣，物之難聚而易散也。然宋人所箸於錄者，其物雖亡而銘識尚以錄而傳，其不箸於錄者，尚不知幾何，湮毀而無可考，是壽於梨棗者，轉久遠於金石也。夫古器物，大氐商周秦漢所遺也，當其時，百姓日用而不之貴，乃其經兵火變亂之餘；又數千年，而僅出於荒邱敗隴之中，輾轉入於學士大夫之手，乃什襲而珍之，此固製器者所不及料，而庸俗耳目所震駭也。夫物之為珍，非出製器者之本意，又非庸俗之所能賞，則其不能久存宜也。昔之君子，知其如是，故存之於箸錄，乃始無虞其湮毀矣。〔註14〕

《封泥考略》如同其他封泥譜錄一樣，為古封泥的面貌留下了紀錄，使後人能更方便的看見、更有效率的使用這批可觀的材料。此書的出版為古封泥研究保存了重要又豐富的材料。

二、就所涉內容方面考察

《封泥考略》全書的內容，在前兩章已作了詳盡的敘述，這些內容的背

〔註12〕據葉其峰：《古璽印通論》云：「以上文獻所記丞相等職官印制實物未見，封泥則有『丞相之印章』、『大司空印章』（見《封泥考略》）兩種。」文見葉其峰：《古璽印通論》（北京：紫禁城出版社，2003年），頁82。

〔註13〕〔清〕吳榮光：《筠清館金石文字》，收錄於《續修四庫全書》（上海：上海古籍出版社，2002年，據清道光二十二年吳氏刻本影印），第902冊，卷五，頁六十（總頁137）。

〔註14〕唐蘭：《續封泥考略・序》，收錄於嚴一萍編輯：《封泥考略彙編》（臺北：藝文印書館，民國71年），第3冊，序頁一（總頁1～2）。

後傳達出哪些重要的意義呢？茲說明如下：

（一）補史之不足，證史之不誣

封泥材料本身的研究價值，羅振玉〈鄭广所藏泥封序〉認爲：

> 古埴封于金石學諸品中最晚出，無專書記錄之。吾以爲此物有數益
> 焉：可考見古代官制，以補史乘之佚，一也；可考證古文字，有裨
> 六書，二也；刻畫精善，可考見古蓺（藝）術，三也。〔註15〕

羅氏在此提出封泥的三項價值，雖然不是《封泥考略》獨具的價值，然而就第一點而言，由於和《封泥考略》一樣對著錄的封泥逐枚考釋的僅寥寥幾部，它在這方面就顯得格外重要。本文就《封泥考略》「考訂史籍傳寫之誤、補正文獻缺佚」等方面做探討，〔註16〕凸顯的就是它在敘述封泥「補史之佚」的功能，而且不止於「官制」，還包括「地理」，王國維《齊魯封泥集存・序》即云：「竊謂封泥之物與古璽印相表裏，而官印之種類較古璽印爲尤夥，其足以考正古代官制、地理者爲用至大。」〔註17〕

此外，修正史籍官制、地理之載固然是其重要之價值，但畢竟只是全書考釋中的一部分，絕大部分的內容，考編者將「封泥」與〈百官公卿表〉、〈地理志〉等職官地理史料逐枚係聯下，反映的是這些資料上的可靠性。孫慰祖《封泥發現與研究》即云：

> 吳、陳、周三書篳路藍縷，通過一千六百二十一枚戰國、秦、漢、
> 新莽封泥的匯集考證，幾乎匯成了一部封泥《百官表》和《地理志》。
> 大量的封泥資料與文獻得以集中，相互補證，在相當程度上修復了
> 兩漢官制、地理沿革的記載缺誤，同時也印證了司馬遷的《史記》、
> 班固的《漢書》、司馬彪的《續漢志》在這方面的記載絕大部分是準
> 確可靠的。〔註18〕

筆者在第三章整理《封泥考略》輯錄的官印封泥中，發現〈百官公卿表〉上篇所載 33 類職官，《封泥考略》就輯有 22 種；而在書中郡太守封泥的部分，〈地理志〉上篇載錄的 51 個郡名，卷三就有 39 個。筆者另外統計卷五至卷

〔註15〕羅振玉：《鄭广所藏泥封》，收錄於《羅雪堂先生全集五編》（臺北：大通書局，民國 62 年），第 3 冊，頁 1127。

〔註16〕詳見本文第肆章第二節第一大點的分析。

〔註17〕王國維：《齊魯封泥集存・序》，收錄於《羅雪堂先生全集七編》（臺北：大通書局有限公司，民國 65 年），第 1 冊，頁 23。

〔註18〕孫慰祖：《封泥發現與研究》，頁 64。

七的縣令（長）、丞、尉封泥，就該縣所屬的郡與〈地理志〉上篇對照，發現這些縣官封泥就涵蓋了 34 郡。而《封泥考略》的郡太守、縣官封泥，與〈地理志〉下篇記載的 51 郡對照後，合計下亦有 25 個。可見《漢書》〈百官公卿表〉和〈地理志〉記載的官名、地名大部分確實是可信的。所以在我們關注封泥修正、補充史籍記載的同時，別忘了他們更大的價值在於證明史籍在職官、地理記載上的正確性。

（二）封泥「同文不同範」的現象

封泥文字本身表現出來的寫法、風格或是部件位置的不同，如同傳世印章亦是有利於我們判別封泥時代的重要依據之一。更重要的是，透過比對相同印文且字體風格相近的封泥，爲我們在「漢代是否官用一印」的問題提供了最佳的解答。

孫慰祖《封泥發現與研究》、《中國古代封泥》就利用封泥對此問題作詮釋。他在前書中指出，與「漢代是否官用一印」相關的問題是「古代殉葬印制度」，並說：

> 人們一直習慣地認爲官用一印，先後相承，並自然引申出目前傳世的官印大多爲殉葬明器的看法，這是一個長期困擾著人們對傳世古官印性質認識的問題。借助封泥資料的集中排比，結論顯然與習見不同。見於《古封泥集成》所錄同文不同範的例證很多：「太官丞印」四枚，分別由三方不同的印章鈐出：「五原太守章」四枚，其中印文不同者三枚：「六安相印章」三枚，印文不同者兩枚：「西安丞印」十八枚，不同範者三枚：「女陰侯相」兩枚，不同範。類此的實例甚多，所舉印文已經含有朝官、郡守、縣丞、王侯國等不同層次的官職印，應該說具有相當代表性的……其中「六安相印章」時代爲武帝太初元年至西漢末：「女陰侯相」爲高祖六年至武帝元鼎二年（前 201 至前 115）。這些材料足可以證明漢代同官而先後改頒官印的事實。〔註19〕

孫氏將「太官丞印」、「五原太守章」、「六安相印章」、「西安丞印」和「女陰侯相」等封泥各自排比，呈現出「同文不同範」的現象，據此說明「漢代並

〔註19〕 孫慰祖：《封泥發現與研究》，頁 82～83。各封泥拓片可參孫慰祖主編：《古封泥集成》，頁 19～20（太官丞印）、115～116（五原太守章）、38（六安相印章）、199～202（西安丞印）、81（女陰侯相）。

非官用一印」。文中所舉「太官丞印」、「六安相印章」、「女陰侯相」等例,除「太官丞印」有 1 枚見於陳寶琛《澂秋館藏古封泥》外,餘均見於《封泥考略》,茲整理見於《封泥考略》者如下:

太官丞印	卷一,頁三十四 a	卷一,頁三十五 a	
六安相印章	卷二,頁十六 a	卷二,頁十六 b	卷二,頁十七 a
女陰侯相	卷二,頁三十七 b	卷二,頁三十八 a	

從表中拓片對照,他們彼此間確實是「同文不同範」。孫氏進一步將秦、漢封泥與《秦漢南北朝官印徵存》、《上海博物館藏印選》兩書,以同一時段內的基礎上比對同文者文字風格,發現兩書中的官印與秦漢封泥文字風格並無二致,可見存世大部分秦漢魏晉官印應視為是當時實用印所遺。最後再從《南史·孔琳之傳》:「今世唯尉一職獨用一印,至於內外羣官,每遷悉改。……而終年刻鑄,喪功消實,金銀銅炭之費,不可稱言……愚請眾官即用一印,無煩改作。」〔註20〕文獻記載,佐證東晉之前均是「每遷悉改」的頒印制度,與封泥「同文不同範」之現象是相符的。〔註21〕

〔註20〕〔唐〕李延壽撰:《南史》,楊家駱主編:《新校本南史附索引》(臺北:鼎文書局,民國 74 年),第 2 冊,頁 733。
〔註21〕參孫慰祖:《封泥發現與研究》,頁 83～84。

從《封泥考略》封泥的編排來看「同文不同範」的現象是相當清楚的，孫氏所舉「太官丞印」、「六安相印章」和「女陰侯相」只是冰山一角，書中郡太守、縣令長、丞、尉等類例子更多。由此一現象使我們對「漢代是否官用一印」的問題有了更符事實的認識，雖然這不是《封泥考略》特有的價值，但從它豐富的藏品和有系統的編排下，使我們能更快的掌握與解決漢代頒印制度的問題。

（三）考釋封泥的態度

筆者在前幾章的敘述中，對於《封泥考略》考釋中有值得再討論、改進的部分多已適時說明。相對的，書中有些考釋傳遞而出的精神是非常值得我們學習的，例如面對印文的解釋有太多可能性或無法確定時，考編者不強下結論，試看以下幾則：

「頃園長印」下云：此頃園，頃王園也，唯王諡頃者甚多，不可定耳。（卷一，頁十九 b）

「市丞」下云：按「長安市令」有丞，此「市丞」未詳其地，姑附此。（卷一，頁五十六 b）

「河南尉印」下云：按《漢書·地理志》河南郡，有河南縣。此為郡尉或縣尉未定。（卷四，頁二十八 a）

「頃園長印」因諸侯王諡號為「頃」者甚多，故無法確知此枚該屬何王。「市丞」則是印文未明何地之市丞，故亦無解。又「河南」同時為郡、縣名，因此「河南尉印」無法確定是「郡尉」還是「縣尉」。以上幾例，印文的解讀充滿著幾種可能性或是不確性，考編者不強作解釋，而是用謹慎的態度來處理。

另外，對於殘泐封泥的隸定及解釋，《封泥考略》也有它審慎的一面，例如：

「眞□相□章」下云：《史記·（漢興以來）諸矦（王）年表》：「孝武元鼎四年，眞定國頃王平元年，常山憲王子。」《漢書·諸矦王表》眞定頃王平傳五世。但「眞」下字缺，或非「眞定」，未可知耳。（卷二，頁六 b）

「南□守印」下云：「南」下一字，為「陽」、為「郡」、為「海」未可定，附郡守後。（卷三，頁六 b）

「北□庫□」下云：右封泥四字，印文曰：「北□庫□」，「北」下、

「庫」下皆闕。攷《漢（書）·（地理）志》郡國有「北海、北地、北平」，則「北」下一字未可臆斷；「庫」下一字，以前二印（即「上郡庫令」、「漁陽庫令」）推之，或是「令」字，詳前。（卷四，頁四十四 b）

這 3 枚中有一至二字的缺損，以致考編者無法做出立即性的判斷，可貴的是，考編者會將該封泥可能的解釋羅列出來，使我們看到的不僅是殘存的古封泥文字藝術，進一步看到的是考編者如何用合理的方式來推測這些封泥的可能性解讀。書中「□平相印章」（卷二，頁十八 a）、「□平□相」（卷二，頁四十二 a）、「□鄒□丞」（卷二，頁四十三）、「□南太守章」（卷三，頁三十三 b）、「安□太□章」（卷四，頁七）、「□河都尉章」（卷四，頁三十六 b）、「□臺令印」（卷五，頁四十一 a）和「昌□國□」（卷八，頁二十八 b）等枚均是此類佳例。

我們從這些考釋中，可以體會考釋者在處理這些有多種解讀或是殘泐的封泥時，前者秉持的是一種「謹慎」的態度；後者除了「謹慎」外，更多了一種「勇於合理推測」的精神。我們在面對這類封泥，甚至是所有封泥、印章時，如果都能以這樣的態度與精神來進行考釋，相信會有很大的收穫。

（四）封泥的綴合

封泥的硬度、韌性尚未達到陶片的標準，因此出土封泥中自然有一些殘碎者。這些殘碎的封泥，透過像殷商甲骨文的「綴合」方式，亦能拼湊出一些完整的封泥。〔註 22〕《封泥考略》中亦有極少部分的封泥是經由「綴合」而成，如書中卷四目「元兔太守□」（頁二 b，當作「玄兔太守□」）、卷五目「蘄施長印」（頁七 a），考編者於該枚下均註明「二殘者合一」。周曉陸、路東之《秦封泥集》更指出書中「會稽都尉章」（卷四，頁三十三 b）、「懷令之印」（卷五，頁四 b）亦是「綴合」之封泥。〔註 23〕茲將這 4 枚拓片及「蘄施長印、會稽都尉章、懷令之印」實物照片〔註 24〕列表如下：

〔註 22〕　參周曉陸、路東之：《秦封泥集》，頁 389。

〔註 23〕　同前註。

〔註 24〕　前 2 枚實物照片依序引自〔日〕東京國立博物館編：《中國の封泥》（東京：二玄社，1998 年），頁 91、71。「懷令之印」照片則引自孫慰祖：《中國古代封泥》，頁 171。

	正	正	正
	背	背	背
玄菟太守□ 卷四，十五 b	蘄施長印 卷五，頁四十一 b	會稽都尉章 卷四，三十三 b	懷令之印 卷五，頁四 b

「玄菟太守□」無實物照片可供參考，故闕。書中目錄指出「玄菟太守□」及「蘄施長印」是「二殘者合一」，前者無實物可供檢驗，暫時無法證實其說；後者從實物照片看來，正、背面確實有明顯之接痕。《秦封泥集》指出的「會稽都尉章」和「懷令之印」，據該書說明是從「拓片」來判斷，然而我們從「會稽都尉章」的實物照片來看，此枚應該不是「綴合」之封泥，因爲它的背面並無如「蘄施長印」那樣的碎裂痕；「懷令之印」亦是如此。因此目前可以證實書中爲「綴合」封泥者僅「蘄施長印」1 枚，「玄菟太守□」據考編者所加按語應該也是，《秦封泥集》所舉之例應皆不是「綴合」封泥。

　　儘管書中輯錄的封泥中只有數枚「綴合」封泥，卻意謂著《封泥考略》的考編者在當時已能透過「綴合」的方式，從殘碎封泥拼湊出寶貴的半完整品，這在封泥發現與著錄剛起始不久的當時，能做到如此是相當難能可貴的。

「蘄施長印」考釋云：「《漢・志》有蘄縣、膚施縣，無蘄施縣。或是以殘封泥二合一。中有『長』字，姑附縣長後，以存古文字。」由此可見，考編者將此枚「綴合」後，竟無意中發現於〈地理志〉無徵的縣名，雖然考編者不是肯定的如此認爲，但至少他們是因抱持著「存古文字」的愛古之心才有這意外驚喜。

第二節　《封泥考略》的缺失

　　《封泥考略》爲封泥研究的創始鉅作，固然在封泥研究史上有它不可替代的地位。不過，由於它的形成是幾經人手，並且隨著後世有更多的封泥、印章或是其他古器物的陸續問世，仍有一些內容需要再補充和商榷。茲提出以下幾點來說明：

一、「封泥」本身的認識

　　「封泥」本身，包含使用對象（如簡牘、物品等）、使用方式（如封檢、封物的方式）和泥背形態（如繩、檢痕等）等面貌，《封泥考略》僅作粗淺的敘述。本文在第貳章第一節已指出，書中僅在卷一「左司馬聞曶私鈢」、「粕□□□」和「皇帝信璽」，卷二「河間王璽」與卷九「篤固里附城」等封泥考釋中稍微談及封泥的性質，從這些考釋中頂多能了解「1、封泥施於公文、書信和酒器上。2、封於書牘者泥背會有版紋和繩孔的遺跡。3、泥形有半丸之類的。4、封泥有紫色和青色的。」想進一步認識這4點的具體內容，恐怕是沒有辦法。

　　王國維《簡牘檢署考》就指出此點，書云：

> 古人以泥封書，雖散見於載籍，然至後世，其制久廢，幾不知有此
> 事實。段氏《說文注》（十三下）至謂「周人用璽書印章，必施於帛，
> 而不可施於竹木」。封泥之出土，不過百年內之事。當時或以爲印範，
> 及吳氏式芬之《封泥考略》出，始定爲封泥。然其書但考證官制、
> 地理，而於封泥之爲物，未之詳考也。〔註25〕

馬衡《封泥存真・序》亦云：

〔註25〕王國維原著，胡平生、馬月華校注：《簡牘檢署考校注》（上海：上海古籍出版社，2004年），頁99～100。

清道光初，此物始稍稍出土，吳式芬、陳介祺著《封泥考略》乃以
之介紹於世，然僅考其印文，未及其封書之制也。……前人著錄封
泥之書，如《封泥考略》（吳式芬、陳介祺）、《齊魯封泥集存》（王
國維、羅振玉）、續及再續《封泥考略》（周明泰），除樞拓及考證其
印文外，不言其形制，似不免猶有遺憾。〔註26〕

由此可見，未對封泥本身面貌作詳細介紹之弊，並非《封泥考略》而已，在
它之後的《齊魯封泥集存》、《續封泥考略》和《再續封泥考略》等譜錄亦是
如此。不過，王國維、羅振玉於《齊魯封泥集存·序》已交代「封泥之由來
與其運用詳余（王國維）《簡牘檢署考》」、「王君所著《簡牘檢署考》於封泥
之制，考證至密，當別刊行之。俾讀此編者，得並觀省焉。」〔註27〕因此馬
氏的說法需稍作修正。

　　《封泥存眞》有鑑於早先出版的封泥譜錄，未注意封泥形態是了解封檢
制度的重要資訊之一，於是該書出刊時除有拓片外，還附上封泥面、背照片，
以利封泥更多方面的使用和研究。〔註28〕但是就客觀面而言，《封泥考略》編
寫及出版時，或囿於攝影、印刷的條件，對於封泥本身的處理實難像《封泥
存眞》如此全面。然而我們從其考釋中僅以少數語句帶過來看，可以確定考
編者當時並未加以注意封泥本身的面貌，尤其是泥背的形態，所以這方面是
原書內容較爲不足的部分。

二、待商榷之內容

　　關於《封泥考略》可再研議之內容，茲從封泥編排、隸定、讀序、引文、
考釋及斷代等類論之：

（一）編排之類

　　本文第參章第二節已針對書中目錄、正文的體例做詳細論敘，在此補充
幾枚封泥應排列之位置：

〔註26〕國立北京大學研究院文史部編：《封泥存眞》（上海：商務印書館，民國23年），
　　　　序，頁一至二。另（　）內之按語爲原書小字注。
〔註27〕兩段引文依次見羅振玉：《齊魯封泥集存》，頁29、34。
〔註28〕參考孫慰祖：《封泥發現與研究》，頁28。另外，《封泥存眞》於臺灣僅「中央
　　　　研究院歷史語言研究所傅斯年圖書館」有藏本，不易閱得，該書著錄封泥的
　　　　形式，可參馮作民：《中國印譜》（臺北：藝術圖書公司，1993年），頁76～
　　　　77。

1、齊鐵官印、「齊官」印殘封泥

　　書中卷四「齊鐵官印」及「齊官」殘封泥（見卷四，頁四十九 b 至五十一 a），考編者將他們列爲「郡國」官印。然周明泰《續封泥考略·序》云：

> 《封泥攷略》以齊鐵官印及齊官印殘封泥置郡國官印封泥中，海寧
> 王氏則以齊鐵官丞及齊都水印皆爲齊王國官印封泥。誠以此兩印封
> 泥，與其他齊王國官印封泥制（製）作刻畫皆相類似，其爲同時之
> 物無疑。《封泥攷略》所收齊國官印封泥不多，未能詳細審定，故有
> 此誤。此篇所收封泥多半出自臨淄，齊國官印封泥多至數十方，可
> 見當時王國都官如漢朝之盛，故不得不依王氏說以齊鐵官丞及齊都
> 水印兩封泥改入王國，此與《封泥攷略》不同者也。〔註29〕

周氏認爲《封泥考略》收錄的「齊鐵官印」和「齊官」殘封泥，與《續封泥考略》輯錄的「齊鐵官丞」、「齊都水印」，和其他譜錄著錄的齊王國官印「制作刻畫」均相類似，因此當列「王國」官印，由於《封泥考略》所收「齊國」官印封泥不多，未能多方比較，故生此誤。按周氏之說應可從，孫慰祖《兩漢官印匯考》、《中國古代封泥》亦將「齊鐵官印」置於「王國」官印中。〔註30〕

　　《封泥考略》之所以將「齊鐵官印」和「齊官」殘封泥列於「齊郡」，是有其考量的，其釋云：

> 按《漢書·地理志》「齊郡」臨淄注，有服官、鐵官。此出古臨淄土
> 中，齊郡鐵官之印也。（卷四，頁四十九 b）

考編者從〈地理志〉之載，再加上此枚出土於「古臨淄」，就認定它爲「齊郡鐵官」之印。書中引〈地理志〉「齊郡臨淄縣」注之載，只能證明「縣」有鐵官，並不能直接證明「齊郡」本身也有「鐵官」，但其實從〈地理志〉「弘農郡」、「河南郡」、「山陽郡」、「涿郡」和「千乘郡」等條下本注「有鐵官」〔註31〕，就知道「郡」本身實際上也有「鐵官」（前提當然是該郡要有產鐵）。

〔註29〕見周明泰：《續封泥考略》，收錄於嚴一萍編輯：《封泥考略彙編》，第 3 冊，
　　　　序頁五（總頁 9〜10）。

〔註30〕孫慰祖主編：《兩漢官印匯考》（香港：上海書畫出版社、大業公司，1993 年），
　　　　頁 174；《中國古代封泥》，頁 289。

〔註31〕依序見〔漢〕班固撰，〔唐〕顏師古注：《漢書》，楊家駱主編：《新校本漢書
　　　　并附編二種》（臺北：鼎文書局，民國 72 年），第 2 冊，頁 1549、1555、1570、
　　　　1577、1580。

另外，朝官「內史、主爵中尉」屬官有「鐵官長、丞」，「治粟內史」（武帝太初元年更名大司農）屬官則有「鐵市長、丞」，〔註32〕可知「鐵官」不獨「郡」才有，朝廷和王國亦有。不過「齊」於西漢有時爲「王國」，有時爲「郡」，此枚中的「齊」該作「王國」或「郡」解釋呢？周明泰於是就將能確定爲「齊國」官印的封泥與《封泥考略》列於「齊郡屬官」的封泥作類比，得出《封泥考略》的「齊鐵官印」等封泥也當屬「齊國」官印的結論。茲將《封泥考略》所有以「齊」爲首的封泥、《齊魯封泥集存》「齊鐵官印」〔註33〕、《兩漢官印匯考》輯錄的「齊王國」官印部分封泥〔註34〕對照如下表：

齊中尉印 卷二，頁二十四a	齊中廄丞 卷二，頁二十六a	齊中廄丞 卷二，頁二十六b	齊郡太守章 卷三，頁三十五b
齊郡太守章 卷三，頁三十六a	齊鐵官印 卷四，頁四十九b	齊□官□ 卷四，頁五十a	齊□官□ 卷四，頁五十b
齊□□□ 卷四，頁五十一a	齊鐵官印 《齊魯》	齊悼惠寖 《匯考》1093	齊悼惠園 《匯考》1094

〔註32〕 「內史、主爵中尉」和「治粟內史」之屬官，依序見同前註，第1冊，頁736、731。

〔註33〕 拓片見羅振玉：《齊魯封泥集存》，頁60。表中簡稱此書爲「《齊魯》」。

〔註34〕 拓片見孫慰祖主編：《兩漢官印匯考》，頁172～173。表中簡稱此書爲「《匯考》」，書名後面的數字爲該書拓片編號。

齊哀浸印 《匯考》1095	齊哀園印 《匯考》1096	齊祠祀印 《匯考》1091	

　　表中「齊郡太守章」因有「章」字，故爲「武帝太初元年」以後之印，屬西漢中期；第三列「齊悼惠浸」至「齊哀園印」等4枚則屬西漢早期，「齊祠祀印」則爲「景帝中（元）六年後至武帝太初元年前」之印，屬西漢早、中期之際〔註35〕。

　　對照之下我們可以發現，除「齊郡太守章」的「齊」字外，其餘封泥「齊」字的書寫方式與風格均非常相近，多是「筆畫仍存圓意」。又《封泥考略》卷二、卷四封泥相互比照下，印文風格亦近似，所以《封泥考略》卷四「齊鐵官印」等4枚封泥屬於漢「齊國」官印的可能性就相當高，而且時代應屬西漢武帝太初元年（BC104）以前偏早期。然而「齊」於武帝早、中期已曾爲郡，〔註36〕再加上目前沒有武帝早、中期「齊郡」的官印封泥可資比對，因此我們還是不能排除「齊鐵官印」屬「齊郡」的可能性。

　　周明泰《續封泥考略》進一步引《後漢書》記載說明，該書「齊鐵官印」云：「《續漢・（百官）志》大司農：『本注曰：郡國鹽官、鐵官本屬司農，中興皆屬郡縣。』此雖王國鐵官之丞，而竟直隸於司農者也。」（卷一，頁五十五 a）可知郡鹽、鐵官於西漢時隸屬「大司農」，東漢則屬「郡縣」管理。據此，再就前段已推得這4枚當屬西漢，我們可以肯定的說，「齊鐵官印」等4枚封泥應爲西漢「齊國」官印封泥。換句話說，《封泥考略》列於「齊郡」屬官的4枚封泥，當改列於卷二「漢王國官印封泥」中是比較合理的。

2、裨將軍印章、太史令之印、中郎將印章

　　書中卷一「裨將軍印章」（頁十一 b）、「太史令之印」（頁十三 b）、「中郎將印章」（頁二十二 a）等封泥，據其封泥形態應歸爲新莽時印。孫慰祖《封

〔註35〕參孫慰祖主編：《兩漢官印匯考》，頁172～173。
〔註36〕據孫慰祖主編《兩漢官印匯考》整理，「齊」於武帝元朔二年（BC127）後至元狩六年（BC117）前爲郡；武帝元封元年（BC110）又爲郡，直至西漢結束。（頁172）

泥發現與研究》云：「D 式在西漢末期偶爾出現，但主要屬於新莽時期的特異形式。……此式爲王莽時期的封泥形式已有大量官號可證，故《封泥考略》卷一著錄同式的『裨將軍印章』、『太史令之印』、『中郎將印章』……也應鑑定爲新莽。」孫氏又進一步說明「裨將軍」和「太史令」秩級均低，照西漢印制不得爲五字，且漢五字印亦無自名爲「印」之例。〔註37〕因此這三枚均宜列入卷八。茲將此三枚封泥「拓片」、「側、背」照片〔註38〕列於下表，以備參考：

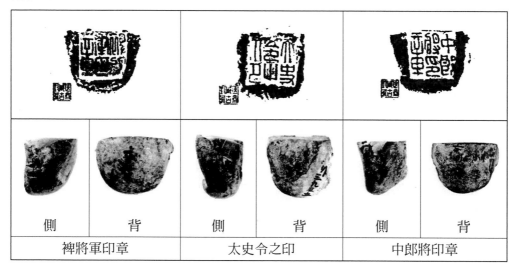

側	背	側	背	側	背
裨將軍印章		太史令之印		中郎將印章	

3、育陽邑丞

《封泥考略》據印文有「邑」，認爲屬「皇后、公主」所食之縣，故將此枚列於縣丞中。該枚釋云：「按《漢書・地理志》育陽縣，屬南陽郡。邑及丞，詳前。」（卷六，頁二十二 a）按「邑、丞」考另見「胡令之印」條，釋云：

〈百官公卿表〉：「縣令、長，皆秦官，掌治其縣。萬戶以上爲令，秩千石至六百石。減萬戶爲長，秩五百石至三百石。皆有丞、尉，秩四百石至二百石，是爲長吏。」「大率方百里，其民稠則減，稀則曠，鄉、亭亦如之，皆秦制也。列侯所食縣曰國，皇太后、皇后、公主所食曰邑，有蠻夷曰道。」（卷五，頁一 b）

〔註37〕參考孫慰祖：《封泥發現與研究》，頁 117～118。亦可參《中國古代封泥》，頁 216～217。

〔註38〕此 3 枚封泥「側、背」照片依序引自〔日〕東京國立博物館編：《中國の封泥》，頁 19、20、23。

然「邑丞」實爲侯國之官，〈百官公卿表〉未載，王國維《齊魯封泥集存・序》已就《齊魯封泥集存》的「邑丞」封泥指出，〔註39〕孫慰祖《兩漢官印匯考》「陽陵邑丞」下明確表示：

> 《漢書・百官公卿表》：「列侯所食縣曰國，皇太后、皇后、公主所食曰邑」。今據封泥有「祁侯邑丞」、「郊侯邑丞」、「德侯邑丞」等，皆爲列侯食邑，則漢時列侯食縣亦有稱邑者。傳世印章、封泥中多見侯丞、邑丞、國丞，官名爲漢表志未及。按《漢書・百官公卿表》載武帝改列侯所食國令、長爲相，推知令長之丞即改曰侯丞、邑丞、國丞，以佐侯相之職。〔註40〕

據此，「育陽邑丞」應置於卷二「漢侯國官印封泥」。

4、同心國丞

書中拘於《漢書・王莽傳》之載將「同心國丞」置於新莽封泥。該枚釋云：

> 按《漢書・王莽傳》居攝元年，安陽矦王舜子匡封同心矦。又《漢書・百官公卿表》諸矦王丞相統眾官，景帝中（元）五年改丞相曰「相」。又云：「長丞皆損其員。」又云：「成帝綏和元年，更令相治民，如郡太守。」又云：「郡守有丞。」又云：「列矦所食國有家丞。」不云「有國丞」。又「國丞」屢見漢銅印中，自是史有闕略。此丞是相如郡守，後所置之官，莽時王匡矦國相之丞印也。（卷八，頁二十七 b 至二十八 a）

據前「育陽邑丞」之說，「國丞」亦當爲侯國之官。又按新莽印均爲五字以上，此作四字仍屬漢制。〔註41〕所以「同心國丞」亦當改列於卷二「漢侯國官印封泥」之屬。

〔註39〕王國維《齊魯封泥集存・序》云：「《漢・表》稱列侯所食縣曰國，皇太后皇后公主所食曰邑。今此編中『邑丞』封泥凡二十有八，除琅邪爲魯元公主所食邑外，餘皆列侯食邑。」（頁27）

〔註40〕孫慰祖主編：《兩漢官印匯考》，頁151。亦可參孫慰祖：《中國古代封泥》，頁289～290。孫慰祖：〈新出汝南郡秦漢封泥群研究──代序〉文中據2005年前後新出土之「漢汝南郡」封泥再次證實此一觀點，文見王玉清、傅春喜：《新出汝南郡秦漢封泥集》（上海：上海書店出版社，2009年），頁7。

〔註41〕參孫慰祖：《中國古代封泥》，頁182。

（二）隸定之類

封泥隸定可議之例，前面篇章已見數枚，[註42] 此處再補充幾例：

1、白水左尉

「白水左尉」於書中有 3 枚，但第三枚在釋文中卻云：「右封泥四字，印文曰『白水右尉』，詳前。」（卷七，頁十六 b）據拓片知「左」誤作「右」，不過書中目錄及正文標題均無誤（詳本文第參章第二節）。

2、和睦里附城

此枚釋云：「右封泥印文曰：『和睦里附城』。附城，詳前。」（卷九，頁三 b）據封泥「睦」當隸定作「陸」。茲附以上 2 枚封泥於後，以備參考。

白水左尉		和睦里附城	

另有幾枚封泥實有缺損，《封泥考略》卻未用謹慎之態度來隸定，如「吳郎中印」（卷二，頁二十 b）、「東海太守章」（卷三，頁四十三 a）「齊□官□」（卷四，頁五十 a）、「江陵右尉」（卷七，頁二 b）等封泥即是，茲將這 4 枚封泥拓片列表如下：

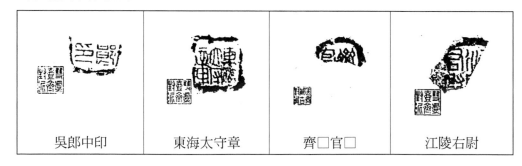

吳郎中印	東海太守章	齊□官□	江陵右尉

從拓片來看，「吳郎中印」的「吳、中」二字；「東海太守章」的「海」字；「江陵右尉」的「江、陵」二字，不是不清楚就是有闕，考編者竟還能隸出為何

[註42] 例如第肆章第一節介紹之「左司馬閒殹私鉩」（卷一，頁一 a）、「宋連私鉩」（卷一，頁二 a）、「粕□□□」（卷一，頁二 b）；第二節介紹之「梁相之印章」（卷二，頁十一 b）、「劇魁戻相」（卷二，頁三十九 b）、「繄戻相印」（卷二，頁四十 a）、「頻陽丞印」（卷六，頁九 b）、「臨卬尉印」（卷七，頁十九 a）、「徙右尉印」（卷七，頁二十三 a）和「三絳尉印」（卷七，頁二十六 a）均屬此類。

字，未免無法取信於人。又「齊□官□」釋云：「印文存上二字曰『齊官』，下二字自是『鐵印』。」也過於篤定，因爲缺字的部分也有可能是「鐵丞」、「鹽印」、「鹽丞」……，考編者僅據上一封泥「齊鐵官印」（卷四，頁四十九 b）就作出如此肯定的推測，亦未免有失審愼。

（三）讀序之類

書中封泥的讀序，沒有什麼太大的問題，僅「樏鹽左丞」（卷四，頁四十八 b）的讀法值得再商榷，說明如下：

此枚當讀作「樏左鹽丞」。王人聰〈論西漢田字格官印及其年代下限〉一文已據《再續封泥考略》「琅邪左鹽」封泥糾之。〔註43〕另周曉陸、路東之《秦封泥集》輯錄「江左鹽丞」和「江右鹽丞」等封泥亦可證明。〔註44〕就此釋之，知樏爲郡所設之「鹽丞」有二。〔註45〕茲將《再續封泥考略》、《秦封泥集》的封泥拓片〔註46〕臚列如下，以供參考：

琅邪左鹽		江左鹽丞		江右鹽丞	

（四）引文之類

《封泥考略》於考釋中引述古籍時，時有「未依原文」或「引用錯誤」之情形，前面各章多有適時說明，〔註47〕以下再舉三例說明：

〔註43〕 王人聰：〈論西漢田字格官印及其年代下限〉，收錄於王人聰、葉其峯：《秦漢魏晉南北朝官印研究》（香港：香港中文大學文物館，1990 年），頁 20。

〔註44〕 周曉陸、路東之：《秦封泥集》，頁 270。

〔註45〕 孫慰祖主編：《兩漢官印匯考》，頁 123。

〔註46〕 「琅邪左鹽」見周明泰：《再續封泥考略》，收錄於嚴一萍編輯：《封泥考略彙編》，第 4 冊，卷一，頁五八（總頁 128）。其餘 2 枚見周曉陸、路東之：《秦封泥集》，頁 270。

〔註47〕 先前介紹的「奉常丞印」（卷一，頁十三 a）、「都侯丞印」（卷一，頁二十四 a）、「河間王璽」（卷二，頁一至二）、「潁川太守」（卷三，頁十五 a）、「丹楊太守章」（卷三，頁四十六 a）、「樏爲太守章」（卷三，頁五十三 a）、「䟗舊太守」（卷三，頁五十四 b）、「汁邡長印」（卷五，頁十一 b）、「胡陽丞印」（卷六，頁二十三 b）、「東成丞印」（卷六，頁二十五 a）、「扜關長印」（卷四，頁五十三 b）、「通睦子印章」（卷八，頁十三）和「臨卭尉印」（卷七，頁十九 a）等

1、□祠□長

該枚釋云：「桉《漢書・百官公卿表》『奉常』，秦官，景帝中（元）六年更名太常。屬官有<u>太祀令丞</u>，未言長。景帝中（元）六年更名『太祝』爲『祠祀』。」（卷一，頁二十 a）按書中引〈百官公卿表〉「奉常」屬官有「太祀令丞」。然據其後文「景帝中（元）六年更名太祝爲祠祀」，覆按《漢書・百官公卿表》「奉常」亦云：「屬官有太樂、太祝、太宰、太史、太卜、太醫六令丞。」〔註48〕，故「太祀」當爲「太祝」之誤。

2、泗水相印章

該枚釋云：「桉《漢書・地理志》：『泗水國，故東海郡，武帝元鼎四年別爲泗水國。』〈諸侯王表〉泗水，<u>元鼎元年</u>，思王商以常山憲王少子立……此其相之印也。」（卷二，頁十三 a）按書引〈諸侯王表〉作「元鼎元年」，覆按《漢書・諸侯王表》實作「元鼎二年」〔註49〕。

3、豫章南昌連率

該枚釋云：「又莽置『連率』，見於〈莽傳〉者，有『長沙連率翟義』……。」（卷八，頁八 a）按《漢書・王莽傳》云：「復大賦斂，就都大尹馮英不肯給，上言『……』莽怒，免英官。後頗覺寤，曰：『英亦未可厚非。』<u>復以英爲長沙連率</u>。翟義黨王孫慶捕得……。」〔註50〕可知《封泥考略》誤將「長少連率」與「翟義」連爲一句，故《封泥考略》應修正爲「長沙連率馮英」。

其他如「沈黎長印」引《史記・西南夷傳》「沈犛」〔註51〕作「沈犁」（卷四，頁四十七 b）；「博城」引《史記・惠景閒侯者年表》「博成」〔註52〕作「博城」（卷七，頁三十八 b）；「國師之印章」引《漢書・王莽傳》「赤煒『頌平』」〔註53〕作「煩平」（卷八，頁一 a）等例亦同。

（五）考釋之類

本處所指「考釋」，著重於《封泥考略》對「印文」的闡釋適當與否，其

例皆是。

〔註48〕〔漢〕班固撰，〔唐〕顏師古注：《漢書》，第 1 冊，頁 726。
〔註49〕同前註，第 1 冊，頁 418。
〔註50〕同前註，第 5 冊，頁 4145。
〔註51〕〔漢〕司馬遷撰，〔劉宋〕裴駰集解，〔唐〕司馬貞索隱，〔唐〕張守節正義：《史記》（臺北：宏業書局，民國 61 年），頁 2997（總頁 754）。
〔註52〕同前註，頁 983（總頁 250）。
〔註53〕見〔漢〕班固撰，〔唐〕顏師古注：《漢書》，第 5 冊，頁 4101。

他部分之誤，如「隸定、讀序、引文」等方面，已在其餘各點說明，不贅述。另外，書中對誤收之「僞封泥」所作的闡釋，於此亦不討論。

前舉《封泥考略》對「杜丞」（卷一，頁十六）、「長陵丞印」（卷一，頁十七）、「蕾川府丞」（卷二，頁二十二）、卷七「方士」封泥和卷十「臣、妾」名印等封泥的解釋，筆者已闡述其中可商之處。以下再補充 4 枚封泥之說，並另外詳述書中之「官署印」：

1、廣左都尉

該枚釋云：

> 按《漢書・百官公卿表》中尉，太初元年更名執金吾，屬官有左右京輔都尉。《史記・平準書》：「益廣關，置左右輔」注，徐廣曰：「元鼎三年，丁卯歲，徙函谷關於新安東界。」此左輔都尉之印，所以曰「廣左都尉」。（卷一，頁四十四 a）

此段解釋「廣左都尉」之「廣」爲「益廣關」之「廣」，「左都尉」爲「左（京）輔都尉」之省。陳直解釋《史記・平準書》一句，亦舉「廣左都尉」爲證，《史記新證》云：

> 《漢書・百官公卿表》：「中尉屬官，有左右京輔都尉。」蓋武帝廣函谷關以後所置，亦見《趙廣漢傳》。《封泥考略》卷一、四十四頁，有「廣左都尉」封泥，吳式芬考爲即廣關左京輔都尉之省文是也。〔註54〕

由此看來，「廣關」即指「廣函谷關」，「廣」當爲動詞。「廣左都尉」據《封泥考略》之說當即「廣關左京輔都尉」之省。此說不由得令人困惑：

（1）官印中絕不會出現「動詞」

就現存秦、漢官印中，印文均是以「名詞」組合而成，因此「廣左都尉」若是「廣（函谷）關左京輔都尉」之省，被保留下來的應當均爲「名詞」，而不是保留一個無關「官名」或「地名」之動詞「廣」。

（2）第二，「益廣關。置左右輔」應視為兩件事

徐廣於此句注曰：「元鼎三年，丁卯歲，徙函谷關於新安東界」，筆者認爲他是在說明「益廣關」的意義，揭示元鼎三年擴大「函谷關」的範圍至弘農郡「新安縣」東界。「函谷關」在未擴延之前，是在弘農郡的「弘農縣」，

〔註54〕陳直：《史記新證》（北京：中華書局，2006 年），頁 75。

據《漢書‧地理志》「弘農郡」載云：「縣十一：弘農，故秦函谷關。」可知。也就是說，元鼎三年，武帝將「函谷關」由「弘農郡」之西的「弘農縣」，擴展至其東的「新安縣」。又按《漢書‧百官公卿表》云：「內史……掌治京師，景帝二年分置左〔右〕內史。右內史武帝太初元年更名京兆尹……左內史更名左馮翊……。主爵中尉……武帝太初元年更名右扶風……與左馮翊、京兆尹是爲三輔……元鼎四年更置（三）輔都尉……。」〔註55〕知「輔都尉」於元鼎四年置，亦即在「益廣關」隔年，與陳直所言相符。三輔都尉治地，據《漢書‧宣帝紀》云：「京輔都尉廣漢」，師古曰：「趙廣漢也。三輔郡皆有都尉，如諸郡。左輔都尉治高陵，右輔都尉治郿，京輔都尉治華陰灌北。」〔註56〕知左（京）輔都尉治所在左馮翊之「高陵縣」，與弘農郡新安縣之「函谷關」並不同郡，不可能同置一官來治理。〔註57〕

　　從以上論述，可以得知「廣左都尉」之「廣」絕非「益廣關」之「廣」。這樣「廣左都尉」該作何解呢？若視「廣左」爲郡名或可解，不過「廣左郡」於史無徵，且「郡都尉」之印於武帝太初元年後更爲「五字」曰「章」，就其字體風格乃屬西漢中晚期，〔註58〕當作「廣左都尉章」始符印制。儘管目前無解，但至少證明《封泥考略》的說法是值得商榷的。

2、上林丞印

　　該枚釋云：「上林二字在上者，尊之也。」（卷一，頁五十一a）按書中「上林丞印」有兩枚，均爲「右上起橫讀」，考編者認爲「上林」二字之所以會列於上，是因爲「尊之也」。此說可謂無憑無據。「上林」於西漢時初屬「少府」，武帝元鼎二年後改屬「水衡都尉」，其丞秩僅「六百石」，若是因爲「尊之」而將「官名」排於印文上列，那麼比其更高階的職官如「郡守」（秩二千石）的印文爲何不依此方式排列呢？而且西漢之後各朝是以「右上角起縱讀」的形式爲定制，可見「官名」排列於印文之上並非代表「尊」之意，否則後世當以「右上起橫讀」爲定制，顯然《封泥考略》的說法是相當不符事實的。本文第肆章第二節曾談到印文讀序的問題，讀序的多樣性反映

〔註55〕〔漢〕班固撰，〔唐〕顏師古注：《漢書》，第1冊，頁736。

〔註56〕同前註，第1冊，頁240～241。

〔註57〕西漢時「三輔郡」與「弘農郡」之地理方位，可參譚其驤主編：《中國歷史地圖集》（上海：地圖出版社，1982年），第2冊，頁15～16（西漢司隸部）。

〔註58〕孫慰祖《封泥發現與研究》即據文字風格將《封泥考略》的2枚「廣左都尉」定爲「西漢晚期」。見孫書頁116～117。

的是秦、漢之際「印制」尚未完全統一的痕跡，《封泥考略》強作解釋，反生誤解。

3、長安廣尉

該枚釋云：「右封泥四字，印文曰：『長安廣尉』。長安縣及尉，詳前。廣攷，見『廣左都尉』。」（卷七，頁一 a）前一枚已指出「廣左都尉」之「廣」非「益廣關」之「廣」，此枚又云參「廣左都尉」，實甚無益。孫慰祖《兩漢官印匯考》已重新對「長安廣尉」作了解釋，孫氏書云：

> 「長安廣尉」，長安四尉之一。《漢舊儀》：「長安城方六十里中，皆屬長安令，置左右尉，城東城南置廣部尉，城西城北置明部尉，凡四尉。」廣尉即廣部尉之省。〔註59〕

其說可從。

4、廬江豫守

該枚釋云：

> 按《漢書‧地理志》「廬江郡」，故淮南，文帝十六年別為國，屬揚州。又按「廬江郡」乃楚、漢之閒分秦九江郡所置，漢因之，見〈英布傳〉，又見〈揚雄自序〉。《水經注》：「豫章郡，春秋屬楚，即令尹子蕩師於豫章者也。秦以為廬江南部，漢高祖六年，始命灌嬰以為豫章郡。」据此，則豫為秦廬江郡之南部，故此印曰「豫守」，而冠以「廬江」，是秦印已。（卷三，頁三 b 至四 a）

文中據《水經注》之說，定此枚為秦印。孫慰祖〈古封泥述略〉駁云：

> 卷三「廬江豫守」封泥，《考略》據《水經注》「令尹子蕩師于豫章者也，秦以為廬江南部」之說，曲釋為豫章乃廬江郡南部，故郡守前冠以廬江，又進而誤斷此是秦印，未免牽強附會。實豫章漢初為廬江王所領支郡，史有明文，與此同例尚見有「楚東海守」封泥，皆為當時王國屬郡特有印制。〔註60〕

據此可知「廬江豫守」反映的是漢初王國屬郡之特有印制，故在「郡守」前冠以「王國名」，以別於中央之屬郡。

5、官署印

《封泥考略》書中錄有幾枚「官署印」封泥，書中多以「掾史之印」等

〔註59〕孫慰祖主編：《兩漢官印匯考》，頁46。
〔註60〕孫慰祖：〈古封泥述略〉，頁9。

類話語統言之，並未明確指出他們是「官署印」。先前引王獻唐《五鐙精舍印話》之論，已清楚說明「官印」按其使用者有無正秩，可分爲「官署印」、「官名印」兩種，且就「漢官印」來說，「官名印」爲秩比二百石（含）以上之通官所用，「官署印」則爲秩比二百石以下之非通官所用。《封泥考略》收錄的封泥絕大部分都屬「官名印」的範疇，有少部分則屬「官署印」，惜未能明言。王獻唐《臨淄封泥文字·敘》曾對「官署印」做詳盡的說明：

> 如前引〈班表〉（即〈百官公卿表〉）內官吏員，爲「內官長丞」，此收「齊內官丞」，知即「吏員」印文；又有「齊內官印」，則爲內官「官署」之印。《漢書·東方朔傳》：「昭平君日驕，醉殺主傅，獄繫內官。」正指官署而言；〈睦弘傳〉（當作「眭」弘）：「使友人內官長賜，上此書。」（師古曰：內官，署名。賜者，其長之名。）則又爲吏員，文作「內官長」不作「內官」，可證也。更如「齊樂府印」，其吏員爲「樂府令、丞」，俱見〈班表〉，此署「樂府」，知亦「官署」印文。《漢書·霍光傳》：「發樂府樂器」即指「官署」；〈禮樂志〉之「樂府令（夏侯寬）」，又指「吏員」，未嘗淆雜也。本書復收「齊御府印」，吏員亦爲「御府令、丞」，〈霍光傳〉：又「發御府金錢刀劍玉器采繒」，不言「令、丞」，以御府爲「官署」，則此亦官署印也。……此外復如「齊大祝印」、「齊悼惠㡬」、「齊悼惠園」、「齊哀㡬印」、「齊哀園印」、「齊衛士印」、「齊大廄印」、「齊大倉印」俱爲「官署」印文，例不勝舉。要凡本書封泥，〈班表〉著有「吏名」，如「某令、某長」，此無「令、長」，但署「官名」者，皆爲「官署」，反之則爲「吏員」。（王氏於此句下又加注文，本文省略）封泥如是，《班書》亦如是，推之傳世兩漢官印，又莫不如是。蓋凡漢官吏員各有專掌，亦各有治事之所，兩者稱謂相因，如曹署名爲「大行」，吏員則名「大行令、丞」；曹署名爲「內官」，吏員即名「內官長、丞」。……前此治封泥者，多囿於吏員，不知別有官署之印，一遇其文，見與〈班表〉吏名不合，即疑莫能定，或統謂曹署小吏印文，自《封泥考略》諸書以來，蓋常如此矣。〔註61〕

〔註61〕王獻唐：〈臨淄封泥文字敘〉，收錄於嚴一萍續編：《美術叢書》（臺北：藝文印書館，民國64年），第6集，第10輯，頁265～268。引文中除「（師古曰：內官，署名。賜者，其長之名。）」爲王氏所加之按語，餘皆筆者所加。

王氏將「史籍記載」與「封泥」互相印證，清楚說明〈百官公卿表〉若載某官有「某令、某長（或某丞）」者，於印文未言「令、長（或丞）」者，即指「官署印」，反之則爲「官名印」（文中稱「吏員」）。舉例來說，如「內官」爲「宗正」之屬官，其吏員有「長、丞」，印文「齊內官丞」有「丞」字，故爲「官名印」；「齊內官印」未云「長、丞」，故爲「官署印」。

《封泥考略》處理這類「官署印」時，並未能較王氏解說來得具體且詳細。茲將書中「官署印」一一引述於下：

「御史府印」云：……府者，官府，與丞相竝稱曰「兩府」。《漢書·薛宣傳》：考績功課，簡在兩府。師古曰：兩府，丞相、御史府也。（卷一，頁九a）

「少內」云：……按《周禮·天官》：「職內，主入也。若今之泉所入，謂之少內。」釋曰：「按王氏《漢官解》云：小官、嗇夫各擅其職，謂倉庫、少內、嗇夫之屬，各自擅其條理所職主。由此言之，少內藏聚似今之少府，但官卑職碎，以少爲名。」《漢官（儀）》曰：「少者，小也，小故稱少府。王者以租稅爲公用，山澤陂池之稅以供王之私用。古皆作小府。」此印文自當附少府矣。（卷一，頁四十一b至四十二a）

「左府」云：……疑是王國丞相、御史兩府之一。姑坿王國官後。出臨菑。（卷二，頁三十a）

「守府」云：……是齊國守府掾史之印。（卷二，頁三十二a）

「雒陽武庫」云：……攷印制，令、丞皆著官名，瞿氏《印證》有「武庫令印」、「武庫中丞」。此但曰「武庫」，當爲「武庫」掾史之印……。（卷四，頁四十五b）

「成都庫」云：……按《漢書·地理志》「成都縣」，屬蜀郡。攷漢時郡國閒有庫令，縣邑之庫未聞置官。然則此成都庫印，當爲主庫掾史之印。印廣半寸，高倍之，適當方寸印之半……今封泥有「司空」半印，「司空」亦掾史，足證此爲成都掾史之印無疑。（卷四，頁四十六）

「齊鐵官印」云：……此出古臨淄土中，齊郡鐵官之印也。（卷四，頁四十九b）

「嚴道橘丞」云：……又一曰「嚴道橘園」……其止曰「橘園」而無官號，疑守園掾史之印……。（卷六，頁三十七）

「新豐之印」云：……按《漢書・百官公卿表》縣令長皆有丞、尉，是爲長吏。百石以下有斗食佐史之秩，是爲少吏……此與下「陰平道印」及「嚴道橘園」印當即佐史印也。（卷七，頁三十 a：其餘「縣名＋之印」封泥本文略而不引）

「司空」云：……《漢官儀》〔註62〕：「綏和元年，罷御史大夫官，法周制，初置司空。議者又以縣道官獄司空，故覆加『大』爲大司空。」然則止偁「司空」者，縣獄司空也。獄司空乃掾吏……其爲縣道獄掾不疑。（卷七，頁三十六 b）

「東陽」云：……此縣掾史印文也。（卷七，頁三十七 b：其餘半通「地名」封泥本文略而不引）

從以上釋文可以發現，除「御史府印」、「少內」、「左府」和「齊鐵官印」等枚未言屬「掾史（吏）、佐史」之印外，餘均作如是說。值得稱許的是，《封泥考略》至少已證明這類封泥皆爲官秩不高之「少吏」所用，與王獻唐推論的結果是一致的。可惜的是，《封泥考略》未能進一步指出這類印文實爲「官署印」，爲服務於該官署、該縣邑道之少吏所用。又若如能在「御史府印」下明云：「此爲御史官署印」；在「齊鐵官印」云：「此爲齊國鐵官官署印」……，相信會更加周全。

（六）斷代之類

　　《封泥考略》對封泥的斷代，值得商榷者已在第肆章中逐一說明。第一節介紹的 17 枚「臣、妾」名印封泥（不含「臣當多」、「妾聖」），當屬「新莽」而非「前漢」；第二節介紹的「都船丞印」、「蓄川府丞」、「廬江豫守」、「臨蕾卒尉」、「南郡發弩」、「東安平丞」當屬「漢」而非「秦」，「宦者丞印」、「琅邪司馬」、「定陶丞印」、「琅邪縣丞」、「新淦丞印」、「即墨丞印」、「安臺丞印」、「安臺左壄」、「公印」、「田固」當爲「秦」封泥，但書中未加註「似秦印」等類之說明。本節介紹的「裨將軍印章」、「太史令之印」、「中郎將印章」當屬「新莽」而非「漢」；「同心國丞」當屬「西漢」而非「新莽」。說已見前，於此標目，以顯其類。

〔註62〕《封泥考略》原作「漢官言儀」，衍一「言」字，筆者刪之。

　　本章旨在闡述《封泥考略》的價值與缺失。在價值方面，我們從「封泥、印章研究史」與「書中內容」兩部分來說明，前者的價值主要在於「首部系統性封泥研究著作」、「揭示『秦』封泥、印判別標準」、「輯錄封泥之特色豐富」和「保存古封泥之功」等四項；後者則主要在「補史之不足，證史之不誣」、「封泥『同文不同範』的現象」、「考釋封泥的態度」和「封泥的綴合」等四點。在缺失方面，主要從它考釋的內容來著手，首先說明考編者對「封泥」本身的認識尚顯不足，次就「編排、隸定、讀序、引文、考釋和斷代」等六類討論書中值得商榷之闡釋。希望藉由上述「縱」、「橫」面向的剖析中，了解《封泥考略》在「封泥、印章研究史」和「本身」的優點與不足。

第陸章 結 論

　　《封泥考略》作爲中國封泥研究史上的第一部專門性著作，就筆者查得的資料顯示，我們對它的研究並沒有表現出相對的重要性，這是相當可惜的。本論文在孫慰祖固有的研究基礎上，更細心研讀《封泥考略》之後，運用「歸納法」做了加深、加廣的討論，希望能夠凸顯出它的重要價值。本研究對《封泥考略》的討論，主要焦點與結論歸諸如下：

一、《封泥考略》的封泥來源及數量

　　《封泥考略》的封泥來源，前人已指出主要來自陝西、四川和山東。但本文認爲有兩點需補充說明：

（一）《長安獲古編》輯錄封泥與《封泥考略》之關係

　　孫慰祖《中國古代封泥》曾指出劉喜海《長安獲古編》〈補〉卷收錄的 30 枚封泥（含 1 枚「黃神」泥印）後來轉歸陳介祺。筆者逐一核對《長安獲古編》30 枚封泥與《封泥考略》的封泥後發現，可以確定轉歸陳介祺的封泥有 17 枚（含 1 枚「黃神」泥印），另外有 1 枚爲吳式芬所藏，其他 12 枚不可確定的，乃因《長安獲古編》所輯封泥爲摹本，多少已不似原物形貌，爲求嚴謹，故不冒然斷定《長安獲古編》的某封泥確歸爲陳介祺。更值得注意的是，《長安獲古編》輯錄的封泥品目，在《封泥考略》完全可以見到，而且也完全可以在書中屬陳的藏品中看到。

（二）吳式芬在世時應該尚未輯有「山東」出土之封泥

　　羅振玉、王國維在《齊魯封泥集存・序》，以及孫慰祖《封泥發現與研

究》、《中國古代封泥》、〈中國古代封泥研究的歷史、現狀和展望〉等文皆說臨淄出土的封泥，吳式芬有收得。但山東出土封泥始於同治、光緒之際，而吳式芬於咸豐六年（1856）早已下世，根本未經歷山東封泥的出土。再則《封泥考略》中註明出土山東者，全爲陳介祺藏品，無一例外，更可證明羅、王、孫三人說法不當之處。

（三）吳、陳封泥的比較

本文從兩者錄於書中的「封泥數量」、「品目數量」、「封泥來源」、「印文讀序」等項進行比較。結果顯示，陳介祺不論在封泥數、品目數和印文讀序類型上，均較吳式芬的多元與豐富。而書中標爲出土「山東」者的 32 枚封泥（不含「天帝煞鬼」泥印），全是陳介祺的收藏。

需特別強調的是，《封泥考略》輯錄的封泥總數，以及吳、陳兩人在書中各自的封泥數量爲何，前人的說法是需要修正的。本文指出吳藏封泥共 271 枚，佔全書 32%；陳藏封泥共 572 枚，佔全書 68%，較吳藏數量多了 301 枚（36%）。全書總共 846 枚封泥，另收有 3 枚泥印。另外，書中卷四「□河□守章」（頁二十一 b）封泥，卷四目標爲「吳藏」（卷四目，頁三 a），正文拓片卻鈐「簠齋臧古封泥」；卷十「臣當多」（頁九 a）封泥，卷十目標爲「陳藏」（卷十目，頁二 a），正文拓片卻鈐「雙虞壺齋封泥」，按書中封泥拓片，兩家是各自進行的，因此應以正文鈐印爲準。

二、《封泥考略》的編輯群

《封泥考略》的成書幾經他手，前人已有詳細論述，但本文對於以下說法有不同的看法或補充：

（一）參與《封泥考略》考釋之人

《封泥考略》的輯者爲吳式芬、陳介祺二人是相當清楚的。參與考釋者，孫慰祖《封泥發現與研究》指出有「吳重熹、翁大年和胡義贊」。本文認爲，吳重熹和翁大年確實有參與考釋《封泥考略》，然而胡義贊是否確有參與此事，筆者則持保留的態度。一來是因爲孫書未清楚說明論述依據；二來筆者翻閱《秦前文字之語》同時談及「胡義贊」與《封泥考略》者，並未明確談到「胡義贊」亦曾參與考編工作之事；三來孫氏在《封泥發現與研究》之後發表的文章，如〈簠齋印事七題——關於《十鐘山房印舉》和《封泥考略》〉

和〈漢官私印泥封考略解題〉等文，就不再談到「胡義贊」。

（二）《封泥考略》考編者參與考釋的部分

孫慰祖〈古封泥述略〉、《封泥發現與研究》、《中國古代封泥》和〈簠齋印事七題——關於《十鐘山房印舉》和《封泥考略》〉等文中，均談到吳、陳二家封泥都經翁大年略考之，所據即陳介祺〈同治十一年壬申九月四日致吳雲書〉。但筆者認為翁大年參與考釋的部分應該僅是指吳式芬的藏品，並未及陳藏的部分，陸明君《簠齋研究》亦持保留態度。

（三）翁大年的生卒年

翁大年的生卒年，黃嘗銘《篆刻年歷 1051～1911》、孫慰祖〈中國古代封泥研究的歷史、現狀和展望〉和〈漢官私印泥封考略解題〉等文均標為「1811-1890」。然而筆者據瞿中溶《舊館壇碑考‧序》之言，認為翁氏應生於嘉慶十三年（1808），並非嘉慶十六年（1811）。另據吳雲〈同治十二年癸酉四月十日致陳介祺書〉、〈光緒六年庚辰四月廿八日致陳介祺書〉和陳介祺〈同治十二年癸酉八月廿四日致吳雲書〉、〈同治十三年甲戌四月八日致吳雲書〉等書信內容，推知翁氏應於同治十二年末至十三年初過世，卒年為 1873或 1874 年。

三、《封泥考略》的版本和體例

《封泥考略》的版本，雖然只有「光緒三十年上海石印本」一種，但本文研究顯示，它其實有個別差異的存在。至於體例部分，前人雖已述及，但未舉證並深究。本文研究結果如下：

（一）《封泥考略》的版本

《封泥考略》的版本據原書書名頁所標可知為「光緒三十年上海石印本」，而臺灣目前可見的七種出版品（含一電子書）亦是據此影印出版。然而筆者逐一核對各出版品後發現，同樣為「光緒三十年上海石印本」卻仍有個別差異。排除電子書，其餘六種據「行款」及「魚尾的開口方向」可分成兩大系統，即「9 行 21 字，魚尾開口不同向」與「9 行 24 字，魚尾開口同向」，前者有兩本，後者有四本。後者據卷七編碼是否有誤又可分作兩組。此外電子書將作者誤題為「明‧戈汕」，且礙於使用者電腦本身字體的辨識功能，有些字會以空格的形式顯示，因此使用時需注意。

（二）《封泥考略》的體例

孫慰祖〈古封泥述略〉說到《封泥考略》的體例是參酌瞿中溶《集古官印考證》，編次則按《漢書》中的〈百官公卿表〉與〈地理志〉。然實際論據為何，孫氏並未加以闡明。在體例上，筆者從「吳式芬、陳介祺和翁大年曾參校《集古官印考證》」和「《集古官印考證》與《漢官私印泥封考略》、《封泥考略》考釋內容對照」兩項著手。經過實際對照後，《封泥考略》的考釋體例，確實有受到瞿中溶《集古官印考證》的影響。在封泥編次上，則從「《漢官私印泥封考略》陳介祺的眉批或校語」和「實際對照《漢書‧百官公卿表》和《漢書‧地理志》」來檢驗，發現《封泥考略》的封泥編次確實是按照〈百官公卿表〉和〈地理志〉排列。

此外，本文就《封泥考略》「目錄」和「正文」的體例做了更詳細的介紹，並歸納該書目錄、正文體例不一之類別，即「正文封泥題名誤標類別名」、「考釋起筆語省略」、「徑標示殘泐封泥的考釋隸定」、「詳前體例不一」和「目錄封泥名、正文封泥題名與考釋隸定封泥名不一」等五點。

四、《封泥考略》封泥的印文內容與考釋

《封泥考略》輯錄的封泥有哪些內容？書中封泥印文的考釋，傳遞出哪些封泥研究的訊息呢？前人以封泥為題的相關著作多少均有言及，但較零散或未全面，本文一併做了整理與歸納：

（一）《封泥考略》輯錄封泥的內容

《封泥考略》輯錄的封泥，絕大部分都是西漢官印封泥，新莽官印封泥次之，姓名私印封泥再次之，另有極少數的戰國齊封泥。本文說明的重點，除了在於介紹書中封泥的詳細內容外，更重要的在於揭示《封泥考略》如何判別書中封泥多屬西漢。據該書卷一至卷七封泥的編次來看，絕大部分是按《漢書》的〈百官公卿表〉及〈地理志〉編排，凸顯而出的意義即是這些封泥的印文，多能與〈百官公卿表〉與〈地理志〉的內容互相證明；書中卷八、卷九的新莽朝官印封泥，則與《漢書‧王莽傳》所載之官名、地名、爵號和封地名相應。所以書中最主要的判斷方法就是這些封泥的內容能符《漢書》〈百官公卿表〉、〈地理志〉和〈王莽傳〉之記載。不過，單憑與史籍對照的方式來為封泥斷代，當然不免會有錯誤產生，說已見前。

　　而在書中卷十私印上，主要有「臣、妾名印」和「姓名印」封泥。就前者而言，《封泥考略》認為書中的 16 枚「臣名」印與 3 枚「妾名」印都是有官秩者之佩印所抑，且時代屬西漢。然羅福頤和小鹿則認為這些不一定是有官秩者所持，一般庶民亦能佩用。由於兩者說法仍有深論之空間，故本文暫不做深論。此外，據孫慰祖研究，除了「臣當多」屬西漢外，餘應屬新莽時封泥。

　　此外書中亦錄有幾枚方士封泥和泥印，《封泥考略》對這些方士印的認識為：1、這類方士印有「銅印」、「封泥」及「泥印」三種存世品，為方士入山之佩印。泥印是作「印」或「範」之用，未詳。2、佩方士印之人是有官名或封號的。3、「越章」之「越」，或「越祝」之「越」。本文歸納前人的研究，說明「銅印」為方士所用，「封泥」為方士通函之用，「泥印」為民間壓勝之用，而且「封泥」及「泥印」皆為「銅印」所鈐出，「泥印」並不用以鈐蓋，可見泥印「非印也非範」；佩方士印之人並非一定要有官名或封號，普通方士皆可佩之。「黃神越章」的「黃神」指的是「黃帝」；「越」指「越（地）方（術）」之「越」，《封泥考略》認為是「越祝」之「越」也是合理的；「章」則是符咒之義。

（二）《封泥考略》呈顯封泥的研究面向

　　本文整理《封泥考略》中各枚封泥的考釋內容，歸納出三項主要的封泥研究面向：1、補充、修正史籍之記載。2、封泥斷代與辨偽。3、秦封泥的判定。

　　就第一點來說，本文分成「考訂史籍傳寫訛誤」和「補正文獻缺佚」兩項敘述，並各再依「官名」、「地名」舉例說明。《封泥考略》在「考訂史籍訛寫」上，前人已舉之甚詳，但仍有 6 例（含偽品）未被指出。另有 4 枚印文寫法與〈地理志〉不同，《封泥考略》卻未加以擇出說明。而在「補正文獻缺佚」上，就「官名」而言，書中所載有些是〈百官公卿表〉、〈百官志〉有記錄但未言之甚詳的，或是有誤的；有些則完全不見記載，均各有數例可見。就「地名」而言，書中封泥所載之郡、縣、鄉、新莽封地等名，未見於《漢書》〈地理志〉、〈王莽傳〉者亦有例可參。

　　就第二點來說，《封泥考略》不論在「斷代」或是「辨偽」上，較之現在的研究仍屬萌芽階段。在「封泥斷代」上，本文主要在探討書中被歸為「漢」（主要是「西漢」）的封泥，是如何進一步再限定封泥所處的時期。茲歸納

出其依據有「五字印及『章』字的使用」、「職官名稱之改易」和「地名改易及王、侯置廢之年」等三項。在「封泥辨偽」上，該書於考釋中曾對 4 枚封泥的真實性提出懷疑，理由為印文中的某些字筆畫錯了，或是某印文的內容見於舊譜，然其中僅「南昌君布」確屬偽品，其餘 3 枚則為真品。此外，筆者從《封泥考略》懷疑封泥真偽的出發點多為「文字的寫法有誤」來看，其實書中仍有多枚封泥的文字筆畫出現訛筆，甚或字體疲弱、比例不均的情況，《封泥考略》卻未加以注意並懷疑，此一情形有 9 例可參。

就第三點來說，筆者整理書中談及「秦印、封泥」的 20 枚封泥考釋內容，歸納書中判別封泥屬「秦」的主要依據為「印文讀序」、「印的大小」、「字體風格」、「界格」和「官名不見載」等五項。研究顯示，除了「印的大小」和「官名不見載」不適於作為判斷「秦印、封泥」的標準外，餘三項均是「秦印、封泥」的重要特徵。然而必須強調的是，運用這些特徵來為封泥進行斷代時，絕對不能單憑其中一點特徵就妄下結論，否則就會犯下與《封泥考略》誤判封泥為「秦」的情形產生。此外，書中認為是「秦」封泥 20 枚中，目前可以確定的只有 7 枚，其餘 13 枚中有 7 枚是漢封泥，另有 6 枚本文暫不判定歸屬。書中可確定為秦封泥者尚有 12 枚，但《封泥考略》未加以注意。

本文還談到書中「侯」印與半通地名印封泥。前者旨在說明《封泥考略》清楚的分別「侯」與「候」的不同，絕無混用的情形。後者則在說明書中卷七的 5 枚半通地名印封泥，若其時代屬「秦」，應為該縣令、長之印；若屬「漢」，應為「官署印」，乃非通官者所用。

五、《封泥考略》的價值與缺失

《封泥考略》的價值與缺失，前人多有品評。本文在前人論述的基礎上，再稍作補充。比較不同的是，在缺失方面，主要從該書本身的內容作為評論的焦點，期能有較客觀的評述。茲總結如下：

（一）《封泥考略》的價值

《封泥考略》的價值，本文從「封泥、印章研究史」和「書中內容」兩方面闡述。就前者來看，筆者歸納出「首部系統性封泥研究著作」、「揭示『秦』封泥、印判別標準」、「輯錄封泥之特色豐富」和「保存古封泥之功」等四點價值。而從後者來看，則從「補史之不足，證史之不誣」、「封泥『同文不同範』的現象」、「考釋封泥的態度」和「封泥的綴合」等四點價值來敘述。

（二）《封泥考略》的缺失

　　《封泥考略》的缺失，本文從它「本身」作為論述的重心。除了討論書中對「封泥」性質的認識程度，更就其值得再商榷之內容，依「編排」、「隸定」、「讀序」、「引文」、「考釋」和「斷代」等類來論述。

　　《封泥考略》在卷一「左司馬聞朁私鉢」、「粕□□□」和「皇帝信璽」，卷二「河間王璽」與卷九「篤固里附城」皆有稍微談及封泥的性質。從這幾枚考釋可得知封泥的性質有：1、封泥施於公文、書信和酒器上。2、封於書牘者泥背會有版紋和繩孔的遺跡。3、泥形有半丸之類的。4、封泥有紫色和青色的。可惜的是，書中未對這些內容加以闡述，特別是泥背的版痕、繩痕甚至是泥形，都可以做為判斷封泥時代和真偽的重要因素之一，然而考編者卻未加以注意。

　　此外，書中在「編排」、「隸定」、「讀序」、「引文」、「考釋」和「斷代」等類的缺失中，「引文」一類是前人較少特別強調的部分。又如「考釋」類中對「廣左都尉」的討論，本文亦提出不同的看法。《封泥考略》據《史記·平準書》：「益廣關，置左右輔」解釋「廣左都尉」為「左輔都尉之印」，後人亦承襲此說。可是「廣」為動詞，於印文文例頗為扞格。或許「廣左」為郡名，此為「郡都尉」之印，然而「廣左郡」於史無徵，且此枚屬西漢中晚期，就漢印制應作「廣左都尉章」。所以「廣左都尉」當作何解，有待進一步討論。

六、研究展望

　　本研究的重心，主要從《封泥考略》的內容做更深入的探討。本文對該書的成書過程、參與考釋之人、版本的個別差異、體例編次依據之證明、吳、陳封泥特色比較、封泥的實際內容、呈顯出的封泥研究面向、價值與缺失等做了整理與闡發。然而在撰寫過程中，筆者發現《封泥考略》於徵引古籍時，有些並未忠實的據原文引用，而有簡省的情況，甚至有訛字出現，這樣的例子在本文第肆章的註中可以見得。有鑑於此，我們可以對《封泥考略》進行校注的工作，藉此就能清楚了解全書徵引古籍的實際情形。另外，與其他封泥譜錄的比較研究，例如與周明泰《續封泥考略》、《再續封泥考略》，在封泥的內容、編排、特色和考釋上有哪些同異，也是值得我們進一步探究的。

　　囿於筆者蒐集文獻的有限，以及學識的廣度、深度的不足，所述所論當然仍有不周全之處，尚望方家有以教之。

徵引文獻

徵引文獻分成五大部分：第一部分為「民國以前古籍」；第二部分為「民國以後專書及學位論文」；第三部分為「期刊論文及論文集論文」；第四部分為「工具書」；第五部分為「電子資源」。除第一部分依四部分類法外（另依作者時代先後排列，同時代作者再依撰者姓名筆畫），其餘皆依撰者姓名筆畫由少至多排列。

此外，四部分類法將「金石目錄類」歸於「史部」，將「譜錄類」分至「子部」。然此二類實有模糊地帶，為便於分類，未收於《四庫全書》和《續修四庫全書》等金石（含金文、石刻、碑刻、陶文）著作，一律列於「史部」；「璽印」和「封泥」等類古籍，一律列於「子部」。

一、民國以前古籍

（一）經

1. 〔清〕吳大澂：《說文古籀補》，收錄於《石刻史料新編》第 4 輯第 8 冊，臺北：新文豐出版股份有限公司，民國 95 年。

（二）史

1. 〔漢〕司馬遷撰，〔劉宋〕裴駰集解，〔唐〕司馬貞索隱，〔唐〕張守節正義：《史記》，臺北：宏業書局，民國 61 年。

2. 〔漢〕班固撰，〔唐〕顏師古注：《漢書》，楊家駱主編：《新校本漢書并附編二種》，臺北：鼎文書局，民國 72 年。

3. 〔劉宋〕范曄撰，〔唐〕李賢等注，〔晉〕司馬彪補志：《後漢書》，楊家駱主編：《新校本後漢書并附編十三種》，臺北：鼎文書局，民國 70 年。

4. 〔唐〕李延壽撰：《南史》，楊家駱主編：《新校本南史附索引》，臺北：鼎文書局，民國 74 年。

5. 〔元〕李好文：《長安志圖》，收錄於《洛陽伽藍記（外七種）》，上海：上海古籍出版社，1993 年。

6. 〔清〕沈青崖，吳廷錫等撰：《陝西通志續通志》，臺北：華文書局股份有限公司，民國 58 年，雍正十三年、民國二十三年刊本，據國防研究院圖書館藏本影印。

7. 〔清〕吳式芬：《金石彙目分編》，收錄於《石刻史料新編》第 1 輯第 27 冊，臺北：新文豐出版股份有限公司，民國 71 年。

8. 〔清〕吳榮光：《筠清館金石文字》，收錄於《續修四庫全書》第 902 冊，上海：上海古籍出版社，2002 年，據清道光二十二年吳氏刻本影印。

9. 〔清〕金福曾等修，熊其英等纂：《吳江縣續志》，南京：鳳凰出版社，2008 年，據清光緒五年刻本影印。

10. 〔清〕胡琨編：《長安獲古編》，收錄於《金文文獻集成》第 18 冊，香港：香港明石文化國際出版有限公司，2004 年，據一九三三年瑞安陳氏校刻本影印。

11. 〔清〕翁大年：《古兵符考略》殘稿，收錄於《羅雪堂先生全集四編》第 2 冊，臺北：大通書局有限公司，民國 61 年。

12. 〔清〕翁大年：《陶齋金石文字跋尾》，收錄於《石刻史料新編》第 26 冊，臺北：新文豐出版股份有限公司，民國 71 年。

13. 〔清〕翁大年：《舊館壇碑考》，收錄於《石刻史料新編》第 3 輯第 34 冊，臺北：新文豐出版股份有限公司，民國 75 年。

14. 〔清〕翁大年：《金石著錄考》稿本，收錄於《天津圖書館孤本秘籍叢書》史部第 8 冊，北京：中華全國圖書館文獻縮微複製中心，1999 年。

15. 〔清〕翁大年輯，〔清〕端方藏：《陶齋藏陶》，本文據中央研究院歷史語言研究所傅斯年圖書館藏書。

16. 清國史館編：《清國史》，北京：中華書局，1993 年，嘉業堂鈔本。

17. 〔清〕葉昌熾：《語石》，臺北：臺灣商務印書館，民國 72 年。

18. 〔清〕葉銘：《再續印人傳》，收錄於《印人傳集成》，東京：汲古書院，1976 年。

19. 〔清〕葉銘：《廣印人傳》，收錄於《印人傳集成》，東京：汲古書院，1976 年。

20. 〔清〕劉鶚輯：《鐵雲藏陶》，收錄於《中國古代陶瓷文獻輯錄》第 5 冊，北京：全國圖書館文獻縮微複製中心，2003 年。

21. 〔清〕趙之謙：《補寰宇訪碑錄》，收錄於《續修四庫全書》第 904 冊，上海：上海古籍出版社，2002 年，據清同治三年刻本影印。

22. 〔清〕錢大昭:《續漢書辨疑》,臺北:弘道文化事業有限公司,民國 62 年,光緒十四年廣雅書局刻本。

23. 〔清〕繆荃孫:《續碑傳集》,收錄於《清代傳記叢刊》第 115 冊,臺北:明文書局,民國 74 年。

(三) 子

1. 〔漢〕劉安等撰,〔漢〕高誘注:《淮南子》,臺北:臺灣中華書局,民國 70 年,四部備要本。

2. 〔明〕王常:《集古印譜》,收錄於《故宮珍本叢刊》第 467 冊,海口:海南出版社,2001 年。

3. 〔明〕潘雲杰:《秦漢印範》,收錄於《故宮珍本叢刊》第 467 冊,海口:海南出版社,2001 年。

4. 〔清〕吳式芬、陳介祺輯:《封泥考略》,臺北:藝文,民國 63 年,據清光緒甲辰刊本影印。

5. 〔清〕吳式芬、陳介祺輯:《封泥考略》,收錄於《續修四庫全書》第 1109 ～1110 冊,上海:上海古籍出版社,2002 年,據復旦大學圖書館藏清光緒三十年石印本影印。

6. 〔清〕吳式芬、陳介祺輯:《封泥考略》,北京:中國書店,1990 年。

7. 〔清〕吳式芬、陳介祺輯:《封泥考略》,收錄於《封泥考略彙編》第 1～2 冊,臺北:藝文印書館,民國 71 年。

8. 〔清〕吳式芬、陳介祺輯:《封泥考略》,收錄於《山東文獻集成》第 2 輯第 22 冊,濟南:山東大學出版社,2007 年,據山東省博物館藏清光緒三十年上海石印本影印。

9. 〔清〕吳式芬、陳介祺輯:《封泥考略》,收錄於《中國古代封泥考略(匯編)》第 1～2 冊,北京:全國圖書館文獻縮微複製中心,2005 年。

10. 〔清〕吳式芬、陳介祺:《漢官私印泥封考略》,收錄於《上海圖書館未刊古籍稿本》第 30 冊,上海:復旦大學出版社,2008 年。

11. 〔清〕吳重憙考藏,翁大年編釋:《續封泥考略》,收錄於《清代稿本百種彙刊》史部第 43 冊,臺北:文海出版社,民國 63 年。

12. 〔清〕吳雲:《兩罍軒尺牘》,收錄於《近代中國史料叢刊》第 27 輯第 264 冊第 2 本,臺北:文海出版社,民國 57 年。

13. 〔清〕胡琨:《泥封印古錄》,《淶澐齋叢書》本,本文據中央研究院歷史語言研究所傅斯年圖書館藏書。

14. 〔清〕桂馥:《繆篆分韻》,臺北:黎明文化事業股份有限公司,民國 74 年,歸安姚氏咫進齋藏版。

15. 〔清〕郭聞庭輯:《齊魯封泥考存》,《山東文獻集成》第 3 輯第 21 冊,濟

南：山東大學出版社，2009 年，山東大學圖書館藏原拓本。

16. 〔清〕瞿中溶：《集古官印考》，收錄於《續修四庫全書》第 1109 冊，上海：上海古籍出版社，2002 年，據北京大學圖書館藏清同治十三年刻本影印。

（四）集

1. 〔清〕戴熙：《習苦齋詩集》，收錄於《續修四庫全書》第 1530 冊，上海：上海古籍出版社，2002 年，據上海辭書出版社圖書館藏清同治五年張曜刻本影印。

二、民國以後專書及學位論文

（一）專書

1. 丁佛言：《說文古籀補補》，收錄於《石刻史料新編》第 4 輯第 8 冊，臺北：新文豐出版股份有限公司，民國 95 年。

2. 小鹿：《古代璽印》，北京：中國書店，1998 年。

3. 支偉成：《清代樸學大師列傳》，收錄於《清代傳記叢刊》第 12 冊，臺北：明文書局，民國 74 年。

4. 王人聰、葉其峯：《秦漢魏晉南北朝官印研究》，香港：香港中文大學文物館，1990 年。

5. 王玉清、傅春喜：《新出汝南郡秦漢封泥集》，上海：上海書店出版社，2009 年。

6. 王育成編著：《道教法印令牌探奧》，北京：宗教文化出版社，2000 年。

7. 王國維原著，胡平生、馬月華校注：《簡牘檢署考校注》，上海：上海古籍出版社，2004 年。

8. 王國維著，趙利棟輯校：《王國維學術隨筆》，北京：社會科學文獻出版社，2002 年。

9. 王美盛：《石鼓文解讀》，濟南：齊魯書社，2006 年。

10. 王獻唐：《臨淄封泥文字敘目》，收錄於《美術叢書》第 6 集第 10 輯，臺北：藝文印書館，民國 64 年。

11. 王獻唐：《五鐙精舍印話》，青島：青島出版社，2009 年。

12. 田煒：《古璽探研》，上海：華東師範大學出版社，2010 年。

13. 朱汝珍輯：《詞林輯略》，收錄於《清代傳記叢刊》第 16 冊，臺北：明文書局，民國 74 年。

14. 朱疆：《古璽文字量化研究及相關問題》，上海：上海人民出版社，2010 年。

15. 沙孟海:《印學史》,杭州:西泠印社出版社,1999 年。

16. 安作璋、熊鐵基:《秦漢官制史稿》,濟南:齊魯書社,2007 年。

17. 李放:《皇清書史》,收錄於《清代傳記叢刊》第 83 冊,臺北:明文書局,民國 74 年。

18. 李德龍、俞冰主編:《歷代日記叢鈔》,北京:學苑出版社,2006 年。

19. 李學勤:《李學勤學術文化隨筆》,北京:中國青年出版社,1999 年。

20. 何琳儀:《戰國文字通論(訂補)》,南京:江蘇教育出版社,2003 年。

21. 〔清〕邢澍原著,時建國校釋:《金石文字辨異校釋》,蘭州:甘肅人民出版社,2000 年。

22. 吳幼潛編:《封泥彙編》,上海:上海古籍書店,1984 年。

23. 〔清〕吳大澂著,謝國楨編:《吳愙齋大澂尺牘》,臺北:文史哲出版社,民國 72 年。

24. 吳榮曾:《先秦兩漢史研究》,北京:中華書局,1995 年。

25. 汪兆鏞纂錄:《碑傳集三編》,收錄於《清代傳記叢刊》第 125 冊,臺北:明文書局,民國 74 年。

26. 來新夏主編:《清代科舉人物家傳資料匯編》,北京:學苑出版社,2006 年。

27. 季旭昇:《說文新證》上冊,臺北:藝文印書館股份有限公司,民國 93 年。

28. 季旭昇:《說文新證》下冊,臺北:藝文印書館股份有限公司,民國 97 年。

29. 周明泰:《續封泥考略》,收錄於《封泥考略彙編》第 3 冊,臺北:藝文印書館,民國 71 年。

30. 周明泰:《再續封泥考略》,收錄於《封泥考略彙編》第 4 冊,臺北:藝文印書館,民國 71 年。

31. 周曉陸、路東之編著:《秦封泥集》,西安:三秦出版社,2000 年。

32. 秦國經主編:《清代官員履歷檔案全編》,上海:華東師範大學出版社,1997 年。

33. 孫葆田等撰:《山東通志》,臺北:華文書局股份有限公司,民國 58 年,據民國四年重印本影印。

34. 孫慰祖主編:《兩漢官印匯考》,香港:上海書畫出版社、大業公司,1993 年。

35. 孫慰祖:《孫慰祖論印文稿》,上海:上海書店出版社,1999 年。

36. 孫慰祖:《封泥發現與研究》,上海:上海書店出版社,2002 年。

37. 孫慰祖：《中國古代封泥》，上海：上海人民出版社，2002 年。

38. 孫慰祖：《可齋論印新稿》，上海：上海辭書出版社，2003 年。

39. 孫慰祖：《可齋論印三集》，上海：上海辭書出版社，2007 年。

40. 孫慰祖等著：《陳介祺學術思想及成就研討會論文集》，杭州：西泠印社出版社，2005 年。

41. 袁行雲：《清人詩集敘錄》，北京：文化藝術出版社，1994 年。

42. 陶湘：《昭代名人尺牘續集小傳》，收錄於《清代傳記叢刊》第 33 冊，臺北：明文書局，民國 74 年。

43. 陸明君：《簠齋研究》，北京：榮寶齋出版社，2004 年。

44. 梁啟超：《近代學風之地理的分布（附論中國地理之大勢）》，臺北：臺灣中華書局，民國 45 年。

45. 郭廷以：《太平天國史事日誌》，臺北：臺灣商務印書館，民國 54 年。

46. 國立北京大學研究院文史部輯：《封泥存真》，上海：商務印書館，民國 23 年。

47. 國家圖書館金石拓片組編，袁玉紅編撰：《國家圖書館藏陳介祺藏古拓本選編・瓦當卷》，杭州：浙江古籍出版社，2008 年。

48. 張方墀等纂：《山東省無棣縣志》，臺北：成文出版社，民國 57 年，據民國十四年鉛本影印。

49. 莊新興：《戰國鈢印分域編》，上海：上海書店出版社，2001 年。

50. 〔清〕陳介祺著，陳繼揆整理：《秦前文字之語》，濟南：齊魯書社，1991 年。

51. 〔清〕陳介祺著，陳繼揆整理：《簠齋鑒古與傳古》，北京：文物出版社，2004 年。

52. 〔清〕陳介祺著，陳繼揆整理：《簠齋論陶》，北京：文物出版社，2004 年。

53. 〔清〕陳介祺著，陳繼揆整理：《簠齋金文題識》，北京：文物出版社，2005 年。

54. 〔清〕陳介祺著，陳繼揆整理：《簠齋金文考》，北京：文物出版社，2005 年。

55. 陳光田：《戰國璽印分域研究》，長沙：嶽麓書社，2009 年。

56. 陳直：《史記新證》，北京：中華書局，2006 年。

57. 陳鶴儕、劉東候、丁倬千纂修：《濰縣志》，臺北：臺灣學生書局，民國 57 年，民國三十年鉛印本景印本。

58. 商志𪪽編：《商承祚文集》，廣州：中山大學出版社，2004 年。

59. 曹錦炎：《古代璽印》，北京：文物出版社，2002 年。

60. 閔爾昌纂錄：《碑傳集補》，收錄於《清代傳記叢刊》第 120 冊，臺北：明文書局，民國 74 年。

61. 費行簡：《近代名人小傳》，收錄於《清代傳記叢刊》第 202 冊，臺北：明文書局，民國 74 年。

62. 馮作民：《中國印譜》，臺北：藝術圖書公司，1993 年。

63. 湖南省文物考古研究所編著：《里耶發掘報告》，長沙：嶽麓書社，2007 年。

64. 裘錫圭：《古文字論集》，北京：中華書局，1992 年。

65. 葉其峰：《古璽印與古璽印鑒定》，北京：文物出版社，1997 年。

66. 葉其峰：《古璽印通論》，北京：紫禁城出版社，2003 年。

67. 〔西漢〕劉向集錄，范祥雍箋證，范邦瑾協校：《戰國策箋證》，上海：上海古籍出版社，2006 年。

68. 趙爾巽等撰：《清史稿》，北京：中華書局，1998 年。

69. 鄧華主編：《清代大收藏家陳介祺》，北京：文物出版社，2005 年。

70. 〔清〕談遷撰，汪北平點校：《北游錄》，北京：中華書局，1997 年。

71. 羅振玉：《鄭广所藏泥封》，收錄於《羅雪堂先生全集五編》第 3 冊，臺北：大通書局，民國 62 年。

72. 羅振玉：《齊魯封泥集存》，收錄於《羅雪堂先生全集七編》第 1 冊，臺北：大通書局有限公司，民國 65 年。

73. 羅福頤：《古璽印概論》，臺北：學海出版社，民國 72 年。

74. 〔日〕東京國立博物館編：《中國の封泥》，東京：二玄社，1998 年。

75. 〔日〕橫田實：《中國印譜解題》，東京：二玄社，1976 年。

（二）學位論文

1. 王偉：《秦璽印封泥職官地理研究》，西安：陝西師範大學博士論文，2008 年。

2. 李彥樺：《吳大澂愙齋尺牘及其書風研究》，臺北：國立臺灣師範大學美術研究所碩士論文，2004 年。

3. 吳義達：《《十鐘山房印舉》研究》，北京：中國藝術研究院碩士論文，2010 年。

4. 吳濟仲：《晚清金文學研究》，臺北：國立臺灣師範大學國文研究所博士論文，2001 年。

5. 施謝捷：《古璽匯考》，合肥：安徽大學博士論文，2006 年。

6. 高書勤：《晚清金石學視野中的吳大澂》，上海：復旦大學碩士論文，2005 年。

7. 孫亮球：《吳大澂古文字學與篆書書法研究》，臺北：東吳大學中國文學系博士論文，2007 年。

8. 郭妍伶：《許瀚之金文學研究》，臺南：國立成功大學中國文學系碩士論文，民國 97 年。

9. 張振謙：《齊系文字研究》，合肥：安徽大學博士論文，2008 年。

10. 董金艷：《海豐（無棣）吳氏文化望族研究》，濟南：山東師範大學碩士論文，2008 年。

11. 趙景利：《山東無棣吳式芬故居旅遊開發研究》，濟南：山東大學碩士論文，2007 年。

12. 劉偉：《齊國陶文的研究》，濟南：山東大學碩士論文，2008 年。

三、期刊論文及論文集論文

1. 方詩銘：〈黃巾起義先驅與巫及原始道教的關係——兼談「黃巾」與「黃神越章」〉，《歷史研究》，1993 年第 3 期。

2. 石志廉：〈館藏戰國七璽考〉，《中國歷史博物館館刊》，1979 年第 1 期。

3. 朱國藩：〈從詞彙運用角度探討毛公鼎銘文的真偽問題〉，《中央研究院歷史語言研究所集刊》第 71 本第 2 分，民國 89 年 6 月。

4. 朱德熙：〈戰國文字資料裡所見的廏〉，收錄於《出土文獻研究》，北京：文物出版社，1985 年。

5. 杜廼松：〈晚清青銅器鑒定高手陳介祺〉，《紫禁城》，1993 年第 2 期。

6. 李宗焜：〈甲骨文的發現與寧文之辨發覆——以王懿榮與陳介祺往來函箚為例〉，《古今論衡》第 18 期，民國 97 年 10 月。

7. 李鳳勇：〈金石大家陳介祺〉，《檔案春秋》，2007 年第 1 期。

8. 李鳳海：〈清末收藏家陳介祺〉，《收藏家》，2001 年第 12 期。

9. 李學勤：〈山東陶文的發現和著錄〉，《齊魯學刊》，1982 年第 5 期。

10. 李學勤：〈秦封泥與秦印〉，《西北大學學報（哲學社會科學版）》，1997 年第 1 期。

11. 沈津：〈古代印譜的印數〉，《收藏》，2010 年第 10 期。

12. 阮廷焯：〈「簠齋藏鏡」釋文訂補〉，《香港中文大學中國文化研究所學報》第 18 期，民國 76 年。

13. 宋伯良：〈毛公鼎的收藏家〉，《縱橫》，1996 年第 8 期。

14. 吳民貴：〈陳介祺的金石緣〉，《歷史教學問題》，2000 年第 1 期。

15. 吳克敬：〈毛公鼎：典浩篆籀絕世稀〉，《福建文學》，2008 年第 9 期。

16. 吳翰儒：〈簠齋陳介祺藏書初探〉，《東吳中文研究集刊》第 15 期，2009

年 9 月。

17. 胡志平：〈陳介祺研究兩題〉，《綏化學院學報》第 25 卷第 6 期，2005 年 12 月。

18. 胡昌健：〈劉喜海年譜〉，《文獻》，2000 年第 2 期。

19. 高明：〈說「盠」及其相關問題〉，《考古》，1996 年第 3 期。

20. 徐州博物館：〈徐州西漢宛朐侯劉埶墓〉，《文物》，1997 年第 2 期。

21. 徐在國：〈讀《吳愙齋尺牘》箚記〉，《古籍整理研究學刊》，2001 年第 6 期。

22. 孫國強：〈陳介祺的金石學成就和歷史學地位〉，《濰坊學院學報》第 4 卷第 3 期，2004 年 5 月。

23. 孫慰祖：〈封泥的斷代與辨偽〉，《上海博物館集刊》，2000 年第 8 期。

24. 陸明君：〈陳介祺藏古〉，收錄於《西泠印社・陳介祺研究專輯》，北京：榮寶齋出版社，2006 年。

25. 陸明君：〈陳介祺與晚清金石學〉，《中華文化畫報》，2009 年第 6 期。

26. 陸明君：〈陳介祺印學思想探析〉，收錄於《印學研究》第 1 輯，濟南：山東大學出版社，2009 年。

27. 張其鳳：〈劉喜海對陳介祺的影響考繹〉，《南京藝術學院學報（美術與設計版）》，2006 年第 1 期。

28. 張業法：〈傳說時代的開啟〉，收錄於《西泠印社・陳介祺研究專輯》，北京：榮寶齋出版社，2006 年。

29. 張懋鎔：〈晚清「四大國寶」〉，《收藏》，2010 年第 6 期。

30. 陳育丞：〈簠齋軼事〉，《文物》，1964 年第 4 期。

31. 陳飛龍：〈「毛公鼎」考釋〉，《社會文化學報》第 4 期，民國 86 年 5 月。

32. 陳晶、王淑琴：〈陳介祺藏古、鑑古、釋古〉，《安徽文學》，2008 年第 7 期。

33. 陳繼揆：〈簠齋印譜匯錄〉，收錄於《西泠印社・陳介祺研究專輯》，北京：榮寶齋出版社，2006 年。

34. 曹菁菁：〈簠齋藏弩機考略〉，《文獻》，2009 年第 1 期。

35. 喬忠延：〈追溯毛公鼎〉，《海燕》，2010 年第 3 期。

36. 項昌貴：〈試論清陳介祺對古文字學的貢獻〉，《中山大學研究生學刊（社會科學版）》第 16 卷第 1 期，1995 年。

37. 裘錫圭：〈戰國貨幣考（十二篇）〉，《北京大學學報（哲學社會科學版）》，1978 年第 2 期。

38. 裘錫圭：〈戰國文字中的「市」〉，《考古學報》，1980 年第 3 期。

39. 董金艷:〈晚清廉吏與金石學家吳重憙〉,《春秋》,2008 年第 2 期。

40. 雷夢冰:〈「四經四史之齋」與「十鐘山房」——室名小考之三〉,《文獻》,1984 年第 1 期。

41. 楊魯安:〈清陳介祺監拓「齊法化」範墨本概述〉,《中國錢幣》,1987 年第 4 期。

42. 劉正庸:〈劉喜海及其金石學研究〉,《中國語文》第 102 卷第 4 期,民國 97 年 4 月。

43. 劉昭瑞:〈論「黃神越章」——兼談黃巾口號的意義及相關問題〉,《歷史研究》,1996 年第 1 期。

44. 劉釗:〈齊「於陵市和節」陶文考〉,《管子學刊》,1994 年第 4 期。

45. 劉階平:〈陳簠齋先生與毛公鼎〉,《故宮文物月刊》第 1 卷第 12 期,民國 73 年 3 月。

46. 趙振華:〈洛陽出土「黃神」、「治都總攝」道教法印考〉,《中原文物》,2007 年第 1 期。

47. 趙振華、王木鐸:〈「黃神」、「治都總攝」道教法印考〉,《中國道教》,2006 年第 1 期。

48. 趙景利:〈九世朝臣府第——吳式芬故居〉,《城鄉建設》,2007 年第 11 期。

49. 趙景利:〈吳式芬故居旅遊開發研究〉,《時代文學(下半月)》,2008 年第 2 期。

50. 蒯憲:〈陳簠齋之陶器考釋文稿〉,收錄於《西泠印社‧陳介祺研究專輯》,北京:榮寶齋出版社,2006 年。

51. 齊文撰稿,張曄攝影:〈吳式芬故居巡禮〉,《春秋》,2009 年第 1 期。

52. 鄭宇清:〈《封泥考略》的作者、版本和輯錄封泥數量辨析〉,《東方人文學誌》第 9 卷第 4 期,2010 年 12 月。

53. 鄭超:〈戰國秦漢陶文研究概述〉,收錄於《古文字研究》第 14 輯,北京:中華書局,1986 年。

54. 羅宏才:〈新發現的兩通陳介祺書信〉,《文物》,1995 年第 1 期。

55. 羅福頤:〈僂翁印話〉,收錄於《古文字研究》第 11 輯,北京:中華書局,1985 年。

56. 羅福頤:〈封泥證史錄舉隅〉,收錄於《古文字研究》第 11 輯,北京:中華書局,1985 年。

57. 〔日〕尾崎蒼石著,〔日〕中山步譯:〈金石家陳介祺〉,收錄於《西泠印社‧陳介祺研究專輯》,北京:榮寶齋出版社,2006 年。

四、工具書

1. 文史哲出版社編輯部編：《中國美術家人名辭典》，臺北：文史哲出版社，民國 76 年。

2. 王雲五主持：《續修四庫全書提要》，臺北：臺灣商務印書館股份有限公司，民國 61 年。

3. 北京圖書館編：《北京圖書館古籍善本書目》，北京：書目文獻出版社，1987 年。

4. 江慶柏編著：《清代人物生卒年表》，北京：人民文學出版社，2005 年。

5. 杜建民：《中國歷代帝王世系年表》，濟南：齊魯書社，2003 年。

6. 李圃主編：《古文字詁林》第 9 冊，上海：上海教育出版社，2004 年。

7. 李學勤主編：《中華漢語工具書書庫》，合肥：安徽教育出版社，2002 年。

8. 何琳儀：《戰國古文字典：戰國文字聲系》，北京：中華書局，1998 年。

9. 吳良寶編纂：《先秦貨幣文字編》，福州：福建人民出版社，2006 年。

10. 侯福昌摹輯：《鳥蟲書匯編》，臺北：臺灣商務印書館股份有限公司，民國 79 年。

11. 香港中文大學圖書館系統編：《香港中文大學圖書館中國古籍目錄》，香港：中文大學出版社，2004 年。

12. 徐連達：《中國官制大辭典》，上海：上海大學出版社，2010 年。

13. 容庚編著，張振林、馬國權摹補：《金文編》，北京：中華書局，1985 年。

14. 孫海波：《甲骨文編》，京都：中文出版社，1982 年，改訂版。

15. 孫剛編纂：《齊文字編》，福州：福建人民出版社，2010 年。

16. 孫慰祖主編：《古封泥集成》，上海：上海書店出版社，1994 年。

17. 孫慰祖、徐谷甫編著：《秦漢金文匯編》，上海：上海書店出版社，1997 年。

18. 翁連溪編校：《中國古籍善本總目》，北京：線裝書局，2005 年。

19. 湯餘惠主編：《戰國文字編》，福州：福建人民出版社，2001 年。

20. 黃嘗銘編著：《篆刻年歷 1051～1911》，臺北：真微書屋出版社，2001 年。

21. 楊廷福、楊同甫編：《清人室名別稱字號索引》，臺北：文史哲出版社，民國 78 年。

22. 趙永紀主編：《清代學術辭典》，北京：學苑出版社，2005 年。

23. 臧勵龢主編，許師慎增補：《中國人名大辭典》，臺北：臺灣商務印書館股份有限公司，民國 79 年。

24. 戴均良等主編：《中國古今地名大詞典》，上海：上海辭書出版社，2005 年。

25. 羅竹風主編：《漢語大詞典》，臺北：臺灣東華書局股份有限公司，1997年。

26. 羅福頤：《璽印文字徵》，臺北：藝文印書館，民國 63 年。

27. 羅福頤主編，故宮博物院編：《古璽彙編》，北京：文物出版社，1981 年。

28. 羅福頤主編，故宮研究室璽印組編：《秦漢南北朝官印徵存》，北京：文物出版社，1987 年。

29. 譚其驤主編：《中國歷史地圖集》第 2 冊，上海：地圖出版社，1982 年。

五、電子資源

1. 〔明〕戈汕輯：《封泥考略》，《中國基本古籍庫》，合肥：黃山書社，2009年，清光緒三十年石印本。（筆者按：出版社誤植作者名，當作〔清〕吳式芬、陳介祺輯）

2. 中央研究院歷史語言研究所：《人名權威——明清人物傳記資料查詢系統》，http://archive.ihp.sinica.edu.tw/ttsweb/html_name/。

3. 中央研究院歷史語言研究所：《漢籍電子文獻資料庫》，
   http://hanchi.ihp.sinica.edu.tw/ihp/hanji.htm。

4. 中國國家圖書館：http://www.nlc.gov.cn/。

5. 孫才順、于長鑒：《吳式芬年譜》，http://www.wdwb.cn/html/36/0/237/1.htm。

6. 圖書城：http://www.tushucheng.com/book/1832017.html。

附錄一 《封泥考略》目錄

本附錄乃整理《封泥考略》（《續修四庫全書》版）各卷目錄而成。

卷	分　類	封　泥　名	吳藏	陳藏	頁
一		左司馬聞翌私鉨		V	1a
一	古鉨封泥	宋連私鉨		V	2a
一		粕□□□下三字不可審釋		V	2b
一	漢帝信璽封泥	皇帝信璽		V	3a
一	漢朝官印封泥（丞相）	丞相之印章	V		4b
一		御史大夫		V	5b
一		御史大夫	V		6a
一		御史大夫章	V		6b
一		御史大夫章		V	7b
一	漢朝官印封泥（御史大夫屬官附）	□史□夫章上半缺		V	8a
一		御史中丞	V		8b
一		御史府印	V		9a
一		御史府印	V		9b
一		御史府印	V		10a
一		大司空印章		V	10b
一	漢朝官印封泥（列將軍年表目有此三字）	強弩將軍年表有強弩將軍許延壽	V		11a
一	漢朝官印封泥（雜號將軍續漢書百官志有此四字）	裨將軍印章		V	11b
一	漢朝官印封泥（屬官圹）	戈船候印		V	12a
一		戈船候印		V	12b

一	漢朝官印封泥（奉常屬官）	奉常丞印		V	13a
一		太史令之印		V	13b
一		孝文廟令		V	14a
一		孝景園令	V		15a
一		孝惠濤丞		V	15b
一		杜丞半通印	V		16a
一		長陵丞印		V	17a
一		長陵丞印	V		18a
一		安陵丞印		V	18b
一		頃園長印坿	V		19b
一		□祠□長上半缺坿		V	20a
一	漢朝官印封泥（郎中令屬官坿）	光祿勳印章		V	20b
一		光□勳□章下半缺	V		21a
一		中宮謁丞		V	21b
一		中郎將印章		V	22a
一	漢朝官印封泥（衛尉屬官坿）	衛尉之印章右半泐衛尉二字尚可辨		V	22b
一		衛士丞印		V	23a
一		衛□丞□下半缺坿		V	23b
一		都侯丞印	V		24a
一	漢朝官印封泥（太僕屬官坿）	太僕之印	V		24b
一		太僕丞印		V	25a
一		家馬丞印		V	25b
一		車府丞印		V	26a
一		騎馬丞印	V		26b
一		中車司馬坿		V	27a
一	漢朝官印封泥（廷尉）	廷尉之印章		V	28a
一	漢朝官印封泥（典客屬官）	行人令印		V	28b
一		郡邸長印		V	29a
一	漢朝官印封泥（宗正屬官）	宗正丞印		V	29b
一	漢朝官印封泥（少府屬官坿）	少府之印章		V	30a
一		少府丞印		V	30b
一		少府丞印		V	31a

一		少府丞印		V	31b
一		少府丞印		V	32a
一		尙書令印		V	32b
一		大官丞印		V	33b
一		大官丞印		V	34a
一		大官丞印		V	34b
一		大官丞印	V		35a
一		大官丞印	V		35b
一		大官長丞		V	36a
一		湯官飲監□左半缺一二字未可定		V	36b
一		藁官藁丞		V	37a
一		居室丞印		V	38a
一		居室丞印	V		38b
一		居室丞印	V		39a
一		東織□□左半缺	V		39b
一		宦者丞印		V	40a
一		少府銅丞	V		40b
一		少內半通印坿		V	41b
一		中壘右尉		V	42b
一		都船丞印		V	43a
一		都船丞印		V	43b
一	漢朝官印封泥（中尉屬官）	廣左都尉		V	44a
一		廣左都尉		V	44b
一		中騎千人坿		V	45a
一	漢朝官印封泥（將作少府屬官坿）	大匠丞印	V		46a
一		左校丞印		V	46b
一		私官丞印	V		47a
一	漢朝官印封泥（詹事屬官）	長信私丞		V	47b
一		長信宦丞		V	48b
一		長信倉印		V	49a
一	漢朝官印封泥（典屬國）	□□國印章右半缺		V	50a

一	漢朝官印封泥（水衡都尉屬官）	上林丞印		V	50b
一		上林丞印	V		51a
一		上林尉印		V	51b
一		御羞丞印		V	52a
一		禁圃左丞		V	53a
一		宜春左園圸		V	53b
一	漢朝官印封泥（內史屬官圸）	內史之印		V	54a
一		內史之印		V	54b
一		內史之印		V	55a
一		左馮翊印章	V		55b
一		長安市令		V	56a
一		市丞半通印圸		V	56b
一	漢朝官印封泥（主爵中尉即右扶風屬官）	掌畜丞印		V	57a
一		掌畜丞印		V	58a
小計（96）			26	70	

卷	分　類	封　泥　名	吳藏	陳藏	頁
二	漢諸矦王璽印封泥（王璽）	河閒王璽	V		1a
二		菑川王璽		V	3a
二	漢王國官印封泥（丞相）	菑川丞相		V	4a
二	漢王國官印封泥（相）	定陶相印章	V		4b
二		趙相之印章		V	5b
二		眞□相□章下半缺	V		6b
二		廣川相印章		V	7a
二		廣陽相印章		V	7b
二		廣陽相印章		V	8a
二		廣陽相印章		V	8b
二		廣陽相印章	V		9a
二		廣陽相印□	V		9b
二		高密相印章		V	10a
二		梁相之印章		V	11a

二		梁相之印章	V		11b
二		魯相之印章		V	12a
二		魯相之印章	V		12b
二		泗水相印章		V	13a
二		泗水相印章	V		13b
二		泗水相印章	V		14a
二		廣陵相印章	V		14b
二		廣陵相印□左半缺		V	15b
二		六安相印章		V	16a
二		六安相印章		V	16b
二		六安相印章		V	17a
二		長沙相印章	V		17b
二		□平□印章上半缺	V		18a
二		□□相印章上半右半均缺		V	18b
二		□□相印章右半缺		V	19a
二	漢王國官印封泥（奉常屬官）	菑川頃廟		V	19b
二	漢王國官印封泥（郎中令郎中）	吳郎中印	V		20a
二		□郎□印上半缺	V		20b
二	漢王國官印封泥（僕）	六安僕印	V		21a
二	漢王國官印封泥（少府御丞）	廬江御丞	V		21b
二		菑川府丞坿		V	22a
二	漢王國官印封泥（詹事長秋）	□□□秋上半缺		V	23a
二	漢王國官印封泥（中尉）	齊中尉印		V	24a
二		城陽中尉		V	25a
二	漢王國官印封泥（水衡都尉廄丞）	齊中廄丞		V	26a
二		齊中廄丞		V	26b
二	漢王國官印封泥（內史）	趙內史印章		V	27a
二		菑川內史		V	27b
二		淮陽內史章		V	28a
二		六安內史章		V	29a
二		六安內史章	V		29b

二		左府半通印		V	30a
二		左府半通印		V	30b
二	漢王國官印封泥（坿）	左府半通印		V	31a
二		左□半通印		V	31b
二		守府半通印		V	32a
二		□銅半通印		V	32b
二		丞相曲逆矦章	V		33a
二	漢矦印封泥（矦）	曲逆矦印	V		34b
二		赤泉矦印		V	35a
二	漢矦印封泥（矦名印）	汾陰矦昌		V	35b
二	漢矦印封泥（坿君名印）	南昌君布		V	36b
二		平矦相印		V	37a
二		女陰矦相		V	37b
二		女陰矦相	V		38a
二		建成矦相		V	38b
二	漢矦國官印封泥（相）	劇魁矦相	V		39b
二		繫矦相印		V	40a
二		繫矦相印		V	41a
二		□□矦相右半缺坿		V	41b
二		□平□相上半缺坿		V	42a
二		祁矦□□左半缺坿		V	42b
二	漢矦國官印封泥（坿）	□鄒□丞上半缺		V	43a
二		倉一字		V	44a
小計（68）			21	47	

卷	分　類	封　泥　名	吳藏	陳藏	頁
三		河內守印	V		1a
三		南陽守印		V	2a
三		南陽守印		V	2b
三		南郡守印		V	3a
三	漢郡國官印封泥（郡守）	廬江豫守		V	3b
三		傅陽守印		V	4b
三		會稽守印		V	5b
三		隴西守印		V	6a
三		南□守印下右半缺坿		V	6b

三		河東太守章		V	7a
三		河東太守章	V		7b
三		太原太守章		V	8a
三		太原太守章		V	8b
三		太原太守章	V		9a
三		太原太守章	V		9b
三		上黨太守章		V	10a
三		上黨太守章		V	10b
三		上□太守章下半缺		V	11a
三		河內太守章		V	11b
三		河南太守章		V	12a
三		河南太守章		V	12b
三		河南太守章	V		13a
三		東郡太守章		V	13b
三		東郡太守章		V	14a
三		東郡太守章	V		14b
三	漢郡國官印封泥（郡太守上	潁川太守		V	15a
三	依地理志分爲二卷）	潁川太守章		V	15b
三		潁川太守章		V	16a
三		潁川太守章	V		16b
三		汝南太守章		V	17a
三		汝南太守章		V	17b
三		汝南太守章	V		18a
三		汝南太守章	V		18b
三		江夏太守章		V	19a
三		廬江太守章	V		19b
三		廬江太守章	V		20a
三		廬□太□章下半缺		V	20b
三		九江太守章	V		21a
三		九江太守章	V		21b
三		九江太守章	V		22a
三		山陽太守章		V	22b
三		濟陰太守章	V		23a
三		濟陰太守章郡名二字半殘	V		23b
三		沛郡太守		V	24a

三	沛郡太守章	V		24b
三	沛郡太守章	V		25a
三	沛郡太守章	V		25b
三	沛郡太守章		V	26a
三	沛□太□章		V	26b
三	魏郡太守章		V	27a
三	魏郡太守章		V	27b
三	鉅鹿太守章		V	28a
三	常山太守章	V		28b
三	常山□□□	V		29a
三	清河太守章		V	29b
三	涿郡太守章		V	30a
三	千乘太守章	V		30b
三	千乘太守章		V	31a
三	濟南太守章	V		31b
三	濟南太守章	V		32a
三	濟南太守章	V		32b
三	濟南太守章		V	33a
三	□南太守章上半缺坿	V		33b
三	□南□守□上半左半均缺坿	V		34a
三	泰山太守章		V	34b
三	泰山太守章		V	35a
三	齊郡太守章		V	35b
三	齊郡太守章	V		36a
三	北海太守章		V	36b
三	北海太守章	V		37a
三	北海太守章	V		37b
三	北海太守章	V		38a
三	北□太守章北下字泐坿	V		38b
三	東萊太守章		V	39a
三	琅邪太守章		V	39b
三	琅邪太守章		V	40a
三	琅邪太守章		V	40b
三	琅邪太守章		V	41a

三	琅邪太守章		V	41b
三	琅邪太守章	V		42a
三	琅邪太守章	V		42b
三	東海太守章	V		43a
三	臨淮太守章		V	43b
三	臨淮太守章		V	44a
三	臨淮太守章	V		44b
三	會稽太守章		V	45a
三	會稽太守章		V	45b
三	丹陽太守章		V	46a
三	丹陽太守章	V		46b
三	豫章太守章	V		47a
三	豫□太□章下半缺		V	47b
三	□章□守章上半缺		V	48a
三	桂陽太守章	V		48b
三	漢中太守章		V	49a
三	廣漢太守章		V	49b
三	廣漢太守章		V	50a
三	廣漢太守章		V	50b
三	廣漢太守章	V		51a
三	廣漢太守章	V		51b
三	廣漢太守章	V		52a
三	蜀郡太守章		V	52b
三	犍爲太守章	V		53a
三	犍爲太守章	V		53b
三	犍爲□守□左半缺	V		54a
三	跋巂太守		V	54b
三	跋巂太守章		V	55a
三	跋巂太守章		V	55b
三	跋巂太守章		V	56a
三	益州太守章	V		56b
三	益州太守章	V		57a
三	巴郡太守章		V	57b
	小計（111）	47	64	

卷	分　類	封　泥　名	吳藏	陳藏	頁
四		武都太守章		V	1a
四		武都太守章		V	1b
四		武都太守章	V		2a
四		武都太守章	V		2b
四		武都太□章下左半缺	V		3a
四		武□太□章下半缺坿		V	3b
四		隴西太守章	V		4a
四		隴西太守章	V		4b
四		隴西太守章		V	5a
四		天水太守章		V	5b
四		天水太守章	V		6a
四		敦煌太守章		V	6b
四		安□太□章下半缺		V	7a
四		北地太守章		V	8a
四		西河太守章		V	8b
四	漢郡國官印封泥（郡太守下）	西河太守章	V		9a
四		西河太守章	V		9b
四		朔方太守章	V		10a
四		雲中太守章		V	10b
四		定襄太守章	V		11a
四		定襄太□□左半缺	V		11b
四		上谷太守章	V		12a
四		漁陽太守章	V		12b
四		漁陽太守章	V		13a
四		漁陽□□章下半缺	V		13b
四		右北太守章		V	14a
四		遼西太守章		V	14b
四		元免太守章		V	15a
四		元免太守□二殘者合一章字缺	V		15b
四		九眞太守		V	16a
四		九眞太守章		V	16b

四		膠東太守章		V	17a
四		膠西太守章	V		17b
四		淮陽太守章		V	18a
四		淮陽太守章	V		18b
四		□陽太守章陽上字存水旁似淮坿	V		19a
四		□陽□守章坿	V		19b
四		大河太守章		V	20a
四		□河□守章上半缺坿		V	21a
四		□河□守章上半缺坿		V	21b
四		彭城太守章	V		22a
四		□□太守章右半缺坿		V	22b
四		□□太守章上半缺坿		V	23a
四		□□太守章右半缺坿		V	23b
四		□□太守章右半缺坿		V	24a
四		□□太守章右半缺坿		V	24b
四		□□太守章右半缺坿		V	25a
四	漢郡國官印封泥（郡守丞）	河南守丞		V	25b
四		□□守丞右半缺坿	V		26a
四	漢郡國官印封泥（郡長史）	上郡長史		V	26b
四		參川尉印秦印		V	27a
四	漢郡國官印封泥（郡尉佐守）	河南尉印有縣		V	28a
四		汝南尉印		V	28b
四		南郡尉印		V	29a
四	漢郡國官印封泥（卒尉坿）	臨菑卒尉		V	29b
四		弘農都尉章	V		30a
四		南郡都尉章	V		30b
四		南郡都尉□左半缺	V		31a
四		鉅鹿都尉章	V		31b
四	漢郡國官印封泥（郡都尉景帝更名）	清河都尉章		V	32a
四		平原都尉章	V		32b
四		平原都尉章		V	33a
四		會稽都尉章		V	33b
四		蜀郡都尉章	V		34a

四		蜀郡都尉章	V		34b
四		蜀郡都尉□左半缺	V		35a
四		跂薾都尉章		V	35b
四		大河都尉章		V	36a
四		□河都尉章	V		36b
四		□□都尉章郡名殘		V	37a
四		□□都尉章右半缺		V	37b
四		□□□尉章上半缺尉上或都或大未可定姑坿此		V	38a
四	漢郡國官印封泥（郡司馬）	豫章司馬		V	38b
四		琅邪司馬秦印		V	39b
四		□西司馬上半缺		V	40a
四		盧都司馬盧都未詳姑坿此		V	40b
四	漢郡國官印封泥（郡矦）	豫章矦印	V		41a
四	漢郡國官印封泥（郡均長此仍當屬少府均官長）	遼東均長	V		42a
四		□東□長上半缺坿		V	43a
四		上郡庫令	V		43b
四	漢郡國官印封泥（郡庫令）	漁陽庫令		V	44a
四		北□庫□下半缺坿		V	44b
四	漢郡國官印封泥（郡武庫）	雒陽武庫	V		45a
四	漢郡國官印封泥（郡縣庫）	成都庫半通印		V	46a
四	漢郡國官印封泥（郡車令）	代郡車令	V		47a
四	漢郡國官印封泥（郡長）	沈黎長印		V	47b
四	漢郡國官印封泥（郡鹽官）	楗鹽左丞		V	48b
四		齊鐵官印		V	49b
四	漢郡國官印封泥（郡鐵官）	齊□官□下半缺坿		V	50a
四		齊□官□下半缺坿		V	50b
四		齊□□□殘存一字坿		V	51a
四	漢郡國官印封泥（郡發弩官）	南郡發弩		V	51b
四	漢郡國官印封泥（郡縣田官）	趙郡左田		V	52a
四		田膋秦半通印		V	52b
四	漢郡國官印封泥（關都尉）	關都尉印章		V	53a
四	漢郡國官印封泥（關長）	扜關長印		V	53b
四	漢郡國官印封泥（關尉）	扜關尉印	V		54b

卷	分　類	封　泥　名	吳藏	陳藏	頁
四	漢郡國官印封泥（塞尉當從關尉）	呼佗塞尉		V	55a
四		□□塞□殘存一字坿	V		56a
四	漢郡國官印封泥（部丞）	後部牢丞	V		56b
小計（100）			39	61	

筆者按：卷四「□河□守章」（二十一 b）目錄標吳藏，正文則鈐陳印，應依正文。

卷	分　類	封　泥　名	吳藏	陳藏	頁
五	漢縣邑道官印封泥（令長：京兆尹）	胡令之印		V	1a
五	漢縣邑道官印封泥（令長：右扶風）	雕令之印		V	2a
五		漆令之印		V	2b
五	漢縣邑道官印封泥（令長：弘農郡）	商長之印		V	3a
五	漢縣邑道官印封泥（令長：太原郡）	晉陽令印	V		3b
五	漢縣邑道官印封泥（令長：河內郡）	懷令之印		V	4a
五		懷令之印	V		4b
五		軹令之印		V	5a
五	漢縣邑道官印封泥（令長：河南郡）	緱氏令印		V	5b
五		新城令印		V	6a
五		新城令印		V	6b
五		新城令印		V	7a
五		新□令□坿		V	7b
五	漢縣邑道官印封泥（令長：南陽郡）	冠軍令印	V		8a
五	漢縣邑道官印封泥（令長：廬江郡）	晥長之印		V	8b
五	漢縣邑道官印封泥（令長：山陽郡）	瑕丘邑令	V		9a
五	漢縣邑道官印封泥（令長：沛郡）	相令之印	V		9b
五	漢縣邑道官印封泥（令長：魏郡）	鄴令之印	V		10a
五	漢縣邑道官印封泥（令長：桂陽郡）	臨武長印	V		10b

五	漢縣邑道官印封泥（令長：漢中郡）	成固令印		V	11a
五		汁邡長印		V	11b
五		汁邡長印	V		12a
五		汁邡長印	V		12b
五		涪長之印		V	13a
五		涪長之印		V	13b
五		涪長之印		V	14a
五		涪長之印		V	14b
五		涪長之印		V	15a
五		涪長之印		V	15b
五		涪長之印	V		16a
五		涪長之印	V		16b
五	漢縣邑道官印封泥（令長：廣漢郡）	涪長之印	V		17a
五		雒令之印		V	17b
五		雒令之印	V		18a
五		緜竹長印		V	18b
五		緜竹長印		V	19a
五		廣漢長印		V	19b
五		葭明長印		V	20a
五		葭明長印	V		20b
五		新都長印		V	21a
五		新都長印		V	21b
五		新都長印	V		22a
五		剛氐道長		V	22b
五	漢縣邑道官印封泥（令長：蜀郡）	青衣道令		V	23a
五		青衣道令		V	23b
五		青衣道令		V	24a
五		青衣道令		V	24b
五		嚴道令印		V	25a
五		嚴道長印		V	25b
五		嚴道長印		V	26a
五		嚴道長印		V	26b

五		嚴道長印		V	27a
五		嚴道長印		V	27b
五		嚴道長印		V	28a
五		嚴道長印		V	28b
五		嚴道長印		V	29a
五		嚴道長印	V		29b
五		嚴道長印	V		30a
五		嚴道長印	V		30b
五		牛鞞長印		V	31a
五	漢縣邑道官印封泥（令長：	牛鞞長印		V	31b
五	犍爲郡）	牛鞞長印		V	32a
五		朱提長印		V	32b
五		靈關道長		V	33a
五	漢縣邑道官印封泥（令長：	靈關道長		V	33b
五	越巂郡）	靈關道長		V	34a
五		胸忍令印	V		34b
五	漢縣邑道官印封泥（令長：	魚復長印		V	35b
五	巴郡）	魚復長印	V		36a
五	漢縣邑道官印封泥（令長：	中陽令印	V		36b
五	西河郡）	樂街令印		V	37a
五	漢縣邑道官印封泥（令長：代郡）	道人令印	V		37b
五	漢縣邑道官印封泥（令長：膠東國）	壯武長印		V	38a
五	漢縣邑道官印封泥（令長：梁國）	蕾令之印		V	38b
五	漢縣邑道官印封泥（令長：	薛令之印		V	39a
五	魯國）	薛令之印陰文		V	39b
五	漢縣邑道官印封泥（令長：六安國）	六令之印	V		40a
五		□陽邑令		V	40b
五	漢縣邑道官印封泥（令長：附無攷令長印）	□臺令印		V	41a
五		蘄施長印二殘者合一		V	41b
	小計（80）		23	57	

卷	分　類	封　泥　名	吳藏	陳藏	頁
六		長安丞印		V	1a
六		長安丞印		V	1b
六		長安丞印		V	2a
六		長安丞印		V	2b
六		長安丞印		V	3a
六		長安丞印		V	3b
六	漢縣邑道官印封泥（丞尉園： 京兆尹）	新豐丞印		V	4a
六		新豐丞印		V	4b
六		新豐丞印	V		5a
六		華陰丞印		V	5b
六		鄭丞之印		V	6a
六		南陵丞印		V	6b
六		南陵□□左半二字缺埘		V	7a
六		霸陵丞印		V	7b
六		高陵丞印		V	8a
六		高陵丞印		V	8b
六	漢縣邑道官印封泥（丞尉園： 左馮翊）	鄜丞之印		V	9a
六		頻陽丞印		V	9b
六		□泉丞印		V	10a
六		郃陽丞印		V	10b
六		郃陽丞印		V	11a
六		犛丞之印		V	11b
六		美陽丞印		V	12b
六	漢縣邑道官印封泥（丞尉園： 右扶風）	雝丞之印	V		13a
六		好時丞印		V	13b
六		好時丞印		V	14a
六		好時丞印		V	14b
六		好時丞印	V		15a
六	漢縣邑道官印封泥（丞尉園： 弘農郡）	商丞之印		V	15b
六		析丞之印		V	16a
六	漢縣邑道官印封泥（丞尉園： 河東郡）	北屈丞印		V	16b

六	漢縣邑道官印封泥（丞垾園：河南郡）	雒陽丞印		V	17a
六		穀成丞印		V	17b
六		密丞之印	V		18a
六	漢縣邑道官印封泥（丞垾園：東郡）	燕丞之印		V	18b
六		廩丌丞印		V	19a
六	漢縣邑道官印封泥（丞垾園：陳留郡）	載丞之印		V	19b
六		載丞之印	V		20b
六	漢縣邑道官印封泥（丞垾園：汝南郡）	灊強丞印	V		21a
六		安陽丞印		V	21b
六		育陽邑丞		V	22a
六	漢縣邑道官印封泥（丞垾園：南陽郡）	葉丞之印		V	22b
六		鄧丞之印	V		23a
六		胡陽丞印		V	23b
六	漢縣邑道官印封泥（丞垾園：南郡）	夷道丞印		V	24a
六	漢縣邑道官印封泥（丞垾園：廬江郡）	虜婁丞印		V	24b
六	漢縣邑道官印封泥（丞垾園：九江郡）	東成丞印		V	25a
六	漢縣邑道官印封泥（丞垾園：濟陰郡）	定陶丞印		V	25b
六	漢縣邑道官印封泥（丞垾園：清河郡）	清陽丞印		V	26a
六	漢縣邑道官印封泥（丞垾園：齊郡）	臨蕾丞印		V	26b
六		臨蕾丞印		V	27a
六	漢縣邑道官印封泥（丞垾園：琅邪郡）	贛揄丞印	V		27b
六		姑幕丞印		V	28a
六		琅邪縣丞		V	28b
六	漢縣邑道官印封泥（丞垾園：東海郡）	東安丞印		V	29a
六	漢縣邑道官印封泥（丞垾園：臨淮郡）	開陵丞印		V	29b
六		堂邑丞印		V	30a
六	漢縣邑道官印封泥（丞垾園：豫章郡）	新淦丞印		V	30b
六	漢縣邑道官印封泥（丞垾園：漢中郡）	成固丞印		V	31a

六		汁邡丞印		V	31b
六		汁邡丞印		V	32a
六	漢縣邑道官印封泥（丞坿園：廣漢郡）	雒丞之印		V	32b
六		雒丞之印		V	33a
六		緜竹丞印		V	33b
六		新都丞印		V	34a
六		成都丞印		V	34b
六		成都丞印		V	35a
六		成都丞印		V	35b
六		嚴道丞印		V	36a
六		嚴道丞印	V		36b
六		嚴道橘丞坿		V	37a
六		嚴道橘丞		V	38a
六		嚴道橘丞		V	38b
六		嚴道橘丞		V	39a
六		嚴道橘丞		V	39b
六		嚴道橘丞		V	40a
六		嚴道橘丞		V	40b
六		嚴道橘丞		V	41a
六	漢縣邑道官印封泥（丞坿園：蜀郡）	嚴道橘丞		V	41b
六		嚴道橘丞		V	42a
六		嚴道橘丞		V	42b
六		嚴道橘丞		V	43a
六		嚴道橘丞	V		43b
六		嚴道橘丞	V		44a
六		嚴道橘丞	V		44b
六		嚴道橘丞	V		45a
六		嚴道橘園坿		V	45b
六		嚴道橘園		V	46a
六		嚴道橘園		V	46b
六		嚴道橘園		V	47a
六		嚴道橘園		V	47b
六		嚴道橘園		V	48a
六		嚴道橘園		V	48b

六		嚴道橘園		V	49a
六		嚴道橘園		V	49b
六		嚴道橘園		V	50a
六		嚴道橘園		V	50b
六		嚴道橘園		V	51a
六		嚴道橘園		V	51b
六		嚴道橘園		V	52a
六		嚴道橘園		V	52b
六		嚴道橘園		V	53a
六		嚴道橘園		V	53b
六		嚴道橘園		V	54a
六		嚴道橘園	V		54b
六		嚴道橘園	V		55a
六		嚴道橘園	V		55b
六		嚴道橘園	V		56a
六	漢縣邑道官印封泥（丞坿園：犍爲郡）	牛鞞丞印		V	56b
六		靈關道丞		V	57a
六	漢縣邑道官印封泥（丞坿園：越巂郡）	靈關道丞	V		57b
六		靈關道丞	V		58a
六		靈關道丞	V		58b
六	漢縣邑道官印封泥（丞坿園：巴郡）	閬中丞印		V	59a
六		閬中丞印	V		59b
六	漢縣邑道官印封泥（丞坿園：上郡）	定陽丞印	V		60a
六	漢縣邑道官印封泥（丞坿園：菑川國）	東安平丞		V	60b
六	漢縣邑道官印封泥（丞坿園：膠東國）	即墨丞印		V	61b
六		即墨丞印		V	62a
六		即墨□□坿		V	62b
六	漢縣邑道官印封泥（丞坿園：魯國）	驕丞之印		V	63a
六		驕丞之印		V	63b
六	漢縣邑道官印封泥（丞坿園：廣陵國）	廣陵丞印		V	64a
六	漢縣邑道官印封泥（丞坿園：	臨□丞印		V	64b

卷	分類	封泥名	吳藏	陳藏	頁
六	坿無攷丞印封泥）	棘滿丞印		V	65a
六		安臺丞印		V	65b
六		安臺左壄坿		V	66a
六		新□鄉□鄉下字似丞姑附丞後		V	67a
六		□陽丞印		V	67b
六		□安□丞		V	68a
六		□□丞印		V	68b
六		□□丞印	V		69a
	小計（132）		23	109	

卷	分　類	封　泥　名	吳藏	陳藏	頁
七	漢縣邑道官印封泥（尉：京兆尹）	長安廣尉		V	1a
七		新豐尉印	V		1b
七	漢縣邑道官印封泥（尉：弘農郡）	新安左尉		V	2a
七	漢縣邑道官印封泥（尉：南郡）	江陵右尉	V		2b
七	漢縣邑道官印封泥（尉：會稽郡）	吳左尉印		V	3a
七		汁邡右尉		V	3b
七		汁邡右尉		V	4a
七		□邡□尉上半缺		V	4b
七		涪右尉印		V	5a
七		涪右尉印		V	5b
七		雒左尉印		V	6a
七	漢縣邑道官印封泥（尉：廣漢郡）	雒左尉印	V		6b
七		雒右尉印		V	7a
七		雒右尉印		V	7b
七		雒右尉印		V	8a
七		雒右尉印		V	8b
七		雒右尉印		V	9a
七		雒右尉印		V	9b
七		雒右尉印		V	10a

七		雒右尉印		V	10b
七		雒右尉印		V	11a
七		雒右尉印	V		11b
七		雒右尉印	V		12a
七		廣漢左尉		V	12b
七		廣漢左尉		V	13a
七		廣漢左尉	V		13b
七		郪左尉印		V	14a
七		新都左尉	V		14b
七		白水尉印	V		15a
七		白水左尉		V	15b
七		白水左尉	V		16a
七		白水左尉	V		16b
七		白水右尉		V	17a
七		□水右尉 白字泐		V	17b
七		剛氐右尉		V	18a
七		剛氐右尉	V		18b
七		臨邛尉印	V		19a
七		江原右尉		V	19b
七		江原右尉		V	20a
七		江原右尉	V		20b
七	漢縣邑道官印封泥（尉：蜀郡）	嚴道左尉		V	21a
七		嚴道左尉	V		21b
七		徙尉之印		V	22a
七		徙尉之印	V		22b
七		徙右尉印		V	23a
七		武陽右尉		V	23b
七		牛鞞左尉		V	24a
七	漢縣邑道官印封泥（尉：犍為郡）	存鄢左尉		V	24b
七		存鄢左尉		V	25a
七		存鄢左尉	V		25b
七	漢縣邑道官印封泥（尉：越巂郡）	三絳尉印		V	26a

七	漢縣邑道官印封泥（尉：牂柯郡）	同竝尉印		V	26b
七	漢縣邑道官印封泥（尉：巴郡）	枳左尉印		V	27a
七		閬中右尉	V		27b
七	漢縣邑道官印封泥（尉：天水郡）	蘭干右尉		V	28a
七		□□尉印圤		V	28b
七		□□□尉殘存一字圤		V	29a
七		新豐之印		V	29b
七	漢縣邑道無官名印封泥（京兆尹）	藍田之印		V	30b
七		藍田之印		V	31a
七		下邽之印		V	31b
七	漢縣邑道無官名印封泥（左馮翊）	武城之印		V	32a
七	漢縣邑道無官名印封泥（南陽郡）	舞陰之印		V	32b
七	漢縣邑道無官名印封泥（東郡）	東阿之印		V	33a
七	漢縣邑道無官名印封泥（豫章郡）	虖都之印	V		33b
七	漢縣邑道無官名印封泥（南郡）	夷道之印		V	34a
七	漢縣邑道無官名印封泥（廣漢郡）	陰平道印		V	34b
七		左鄉之印圤		V	35a
七		左鄉之印	V		35b
七	漢縣邑道掾史印封泥（獄司空）	司空半通印		V	36a
七	圤地名印封泥（上黨郡）	屯留半通印		V	37a
七	圤地名印封泥（清河郡）	東陽半通印		V	37b
七	圤地名印封泥（齊郡）	臨菑半通印		V	38a
七		博城半通印		V	38b
七		下東半通印		V	39b
七	漢縣邑道鄉官印封泥（鄉）	魯共鄉半通印		V	40a
七		渭陽鄉半通印	V		40b
七		阜鄉半通印		V	41b
七		壁鄉半通印		V	42a
七		鄭鄉注半通印	V		42b

卷	分　類	封　泥　名	吳藏	陳藏	頁
七	垆長老印封泥	公印半通印		V	43a
七		天帝之印		V	44a
七	漢方士印封泥	天閭四通		V	44b
七		黃神越章		V	45b
七		黃神羊鈕		V	46a
七	漢方士泥印	□黃□		V	47b
七		天帝煞鬼		V	48b
	小計（87）		21	66	

卷	分　類	封　泥　名	吳藏	陳藏	頁
八	新莽朝偽官印封泥（國師）	國師之印章		V	1a
八	新莽朝偽官印封泥（將軍都尉）	定胡都尉章		V	1b
八	新莽朝偽官印封泥（納言士）	掌貨中元士		V	2a
八	新莽朝偽官印封泥（校尉）	校尉之印章		V	3a
八	新莽朝偽官印封泥（城門校尉）	建子城門校尉		V	4a
八		司馬右前士垆		V	4b
八	新莽郡國偽官印封泥（郡大夫垆丞）	師尉大夫章		V	5b
八		師尉大夫丞		V	6a
八	新莽郡國偽官印封泥（郡連率）	豫章南昌連率	V		6b
八		河南大尹章河字泐		V	8b
八	新莽郡國偽官印封泥（郡大尹）	吾符大尹章		V	9a
八		鉅鹿大尹章		V	9b
八		泰山大尹章		V	10a
八		文陽大尹章		V	10b
八	新莽郡國偽官印封泥（郡大尉）	鴈郡大尉章		V	11b
八	新莽縣邑道偽官印封泥（宰）	富成宰之印上半殘	V		12a
八	新莽偽封矦子男印封泥（矦）	□□矦印章右半缺	V		12b
八		通睦子印章	V		13a
八	新莽偽封矦子男印封泥（子）	愿睦子印章	V		14a
八		豐睦子印章	V		14b
八		盈睦子印章		V	15a

八		秩睦子印章		V	15b
八		進睦子印章		V	16a
八		相安子印章		V	16b
八		傳符子印章		V	17a
八		□□子印章右半缺	V		17b
八		操武男印章		V	18a
八		趨武男印章	V		19a
八		弟武男印□左半缺	V		19b
八		當武男印章	V		20a
八		信武男印□左半缺		V	20b
八		恢□男印章	V		21a
八	新莽僞封庶子男印封泥（男）	□□男印章封號二字泐似窆虜		V	21b
八		□□男印章封號二字不可審釋		V	22a
八		□□男印章右半缺		V	22b
八		□□男印章右半缺	V		23a
八		昌武□印章武下一字不可審釋姑坿此		V	23b
八		厚陸任之印	V		24a
八		樂陸任之印	V		25a
八	新莽族女僞封號印封泥（任）	永陸任之印	V		25b
八		安□任□□左半下半均缺		V	26a
八		□□任之印右半缺		V	26b
八	新莽諸庶以下母妻僞封號印封泥（子夫人）	渥符子夫人	V		27a
八	新莽僞封國丞印封泥（庶國丞）	同心國丞		V	27b
八		昌□國□下半缺未必是莽時國丞姑坿此		V	28b
八	新莽僞封家丞印封泥（公家丞）	奉新公家□左半缺	V		29a
八	新莽僞封家丞印封泥（男家丞）	州武男家丞	V		29b
八		守節男家丞	V		30a
八		鄉□德□家□下半缺	V		30b
小計（49）			20	29	

卷	分　類	封　泥　名	吳藏	陳藏	頁
九		篤固里附城		V	1a
九		梁于里附城	V		1b
九		福于□□□上半左半均缺		V	2b
九		□祉□附城上半缺	V		3a
九		和睦里附城	V		3b
九		李和里附城	V		4a
九		相安□□□左半下半均缺	V		4b
九		顯美里附城	V		5a
九		顯美里附□左半缺	V		5b
九		揚昌里附□左半缺	V		6a
九		壹腸里附城		V	6b
九		陽廣□□□左半缺	V		7a
九		昭仁里附□左半缺	V		7b
九		仁勇里附城		V	8a
九	新莽僞封號印封泥（附城）	樂豈里附城左半缺	V		8b
九		樂用里附城	V		9a
九		脩光里附城		V	9b
九		弘光里附□左半下半均缺		V	10a
九		心定里附□左半缺		V	10b
九		□定□附□左半缺		V	11a
九		廣心里附城	V		11b
九		通恥里附城	V		12a
九		獻恥里附城	V		12b
九		修恥里附□左半缺	V		13a
九		□恥里附城恥上字不可釋		V	13b
九		固識里附城	V		14a
九		守識里附城		V	14b
九		敦識里附城	V		15a
九		綽衛里附城		V	15b

九	□衡里附城	V		16a
九	莊□里□□左半下半均缺		V	16b
九	敬□里□□左半下半均缺		V	17a
九	思守里附□左半缺	V		17b
九	□守附□上半左半均缺		V	18a
九	思濟里附城		V	18b
九	思濟里附□左半缺		V	19a
九	窰趙里附城	V		19b
九	尊麗里附城		V	20a
九	正行里附城		V	20b
九	盛熾里附城		V	21a
九	囂成里附城	V		21b
九	善田里□□左半缺		V	22a
九	原利里附城		V	22b
九	盡節里附城		V	23a
九	張窰里附城		V	23b
九	□恩□附□上半左半均缺		V	24a
九	□逆里附城上半缺	V		24b
九	翼□里附城里名第二字泐	V		25a
九	□□里附城里名泐不可審釋	V		25b
九	蔡□里□□左半下半均缺	V		26a
九	宣□里□□左半下半均缺	V		26b
九	所□里□□左半下半均缺	V		27a
九	□□里附城右半缺		V	27b
九	□□里附城右半缺	V		28a
九	□□里附城右半缺	V		28b
九	□□里附城右半下半均缺	V		29a
九	□□□城右半缺	V		29b
	小計（57）	32	25	

卷	分　類	封　泥　名	吳藏	陳藏	頁
十	漢臣名印封泥	臣光		V	1a
十		臣禹		V	2a
十		臣忠		V	2b
十		臣信		V	3a
十		臣賜		V	3b
十		臣寶		V	4a
十		臣普		V	4b
十		臣譚		V	5a
十		臣誧		V	5b
十		臣晨		V	6a
十		臣憲		V	6b
十		臣定國		V	7a
十		臣廣德		V	7b
十		臣安漢		V	8a
十		臣幸臣		V	8b
十		臣當多	V		9a
十	漢妾名印封泥	妾聖		V	9b
十		妾喻		V	10a
十		妾連期		V	10b
十	漢私印封泥（姓名）	芻狀		V	11a
十		王末		V	11b
十		王聞	V		12a
十		王□下一字不可釋	V		12b
十		莊疆	V		13a
十		田志	V		13b
十		田固半通印		V	14a
十		李直		V	14b
十		魏憲		V	15a
十		□齡上一字不可審釋		V	15b
十		□憙上一字不可審釋		V	16a

—257—

十	漢私印封泥同印舉例（復姓名）	公孫適		V	16b
十		□閻樂第一字殘		V	17a
十	漢私印封泥同印舉例（姓名印）	展仁印		V	17b
十	漢私印封泥同印舉例（復姓名印）	司馬舜印		V	18a
十		公孫強印		V	18b
十	漢私印封泥同印舉例（姓名名印）	李乃始印	V		19a
十		鄭延年印	V		19b
十		爰當□印第三字殘	V		20a
十		丁方渠印	V		20b
十		將匠綸印	V		21a
十	漢私印封泥同印舉例（姓名之印）	顏房之印		V	21b
十		王博之印		V	22a
十		王昌之印		V	22b
十		宋喜之印		V	23a
十		郭元之印		V	23b
十		田充之印		V	24a
十		笱勝之印		V	24b
十		周喜之印	V		25a
十		李賢之印	V		25b
十		黃輔之印	V		26a
十	漢私印封泥同印舉例（姓名私印）	王岡私印		V	26b
十		房彷私印		V	27a
十		黃驪私印		V	27b
十		成禹私印		V	28a
十		崔敞私印	V		28b
十		袁政私印	V		29a
十	漢私印封泥同印舉例（姓名印信）	焦殷印信	V		29b
十	坿古一字小印封泥	信又一橫在下		V	30a
十	坿鳥篆印封泥	笱□多第二字不可釋		V	30b
十	坿閒文印封泥	中意半通印	V		31a

十		□將士古於漢封泥		V	31b
十		□古存左半二字上一字不可釋		V	32a
十	坿殘封泥	深鴻存右半二字	V		32b
十		□作□匠存下半二字	V		33a
十		長丞存左半二字		V	33b
十		章存右半下一字		V	34a
小計（66）			19	47	

筆者按：卷十「臣當多」（九a）目錄標陳藏，正文則鈐吳印，應依正文。

附錄二 再論清末至四〇年代以前封泥譜錄輯錄的封泥總數

提 要

　　封泥的著錄與研究，始於清道光年間。直至四〇年代之前，出版的封泥譜錄已達十餘本。這段期間出版的譜錄，實際輯錄的封泥總數，前人著作在引述時有近十本的數目不盡相同。有鑑於此，本文於相同版本的前提下，重新檢核起自道光二十二年（1842）出版的吳榮光《筠清館金石錄》，終至 1936 年山東省立圖書館《臨淄封泥文字》等十四本封泥譜錄，期能得出確切之數量，堪爲後人依從。

關鍵字：封泥、封泥譜錄、封泥著錄、版本

一、前 言

　　封泥的著錄與研究，始於清道光年間，並由吳榮光首開輯錄封泥之風，直至四〇年代之前，出版的封泥譜錄已達十餘本（含附入某書者），研究的重心在於封泥的著錄和考釋，以及對史書所載官制、地理進行修正或補充。四〇至七〇年代，由於長期未有新資料的集中發現和早期譜錄印行數量較少，流傳未廣等原因，封泥研究處於沉寂的階段。1995 年，西安北郊相家巷出土近五千枚秦封泥，之後的研究即著力於此批材料的整理與探研。〔註1〕此外，1990

────────────────────

〔註1〕 有關 2000 年以前封泥研究的進展與焦點，可參閱孫慰祖：〈中國古代封泥

年至今，有學者開始結合封泥的形態，進行封泥的斷代與辨偽的工作，取得可觀的成果。〔註2〕近年封泥的研究，除了對陸續零星出土封泥的研究外，亦有幾部封泥譜錄的出版〔註3〕。綜觀歷來封泥研究，多將焦點放在新出土的封泥研究上，四○年代以前的封泥研究與著作，除了孫慰祖〈古封泥述略〉（下文簡稱「孫〈古〉」）〔註4〕、〈中國古代封泥研究的歷史、現狀和展望〉（下文簡稱「孫〈歷〉」）〔註5〕、《封泥發現與研究》（（下文簡稱「孫《封》」））〔註6〕和《中國古代封泥》（下文簡稱「孫《中》」）〔註7〕等文章做過系統性的介紹外，鮮有他人繼續對此進一步探究，這或許是因爲後來的文章談及此部分時，多是直接引用孫慰祖的文獻有關。然筆者重新檢視四○年代以前出版的封泥譜錄，輯錄封泥的確切總數爲何？學者各有敘述，卻無統一之言論，以致異說仍持續存在。有鑒於此，本文試圖釐清此問題，以嘉惠學界。

研究的歷史、現狀和展望〉（收錄於孫慰祖：《可齋論印新稿》（上海：上海辭書出版社，2003 年）），頁 127～143；孫慰祖：《封泥發現與研究》（上海：上海書店出版社，2002 年），頁 23～47；孫慰祖：《中國古代封泥》（上海：上海人民出版社，2002 年），頁 4～19。西安相家巷秦封泥的研究概況，則可參閱劉瑞：〈1997～2002 年間西安相家巷出土秦封泥研究綜述〉（收錄於秦始皇兵馬俑博物館《論叢》編委會編：《秦文化論叢》（西安：三秦出版社，2003 年 7 月），第 10 輯），頁 177～188、王偉：《秦璽印封泥職官地理研究》（西安：陝西師範大學博士論文，2008 年），第二章。

〔註2〕 封泥斷代與辨偽方面的研究，可參閱孫慰祖主編：《兩漢官印匯考》（香港：上海書畫出版社、大業公司，1993 年）；孫慰祖：〈封泥的斷代與辨偽〉（《上海博物館集刊》第 8 期（2000 年），頁 187～210）；孫慰祖：《封泥發現與研究》（同註1），頁 90～146；孫慰祖：《中國古代封泥》（同註1），頁 20～278；王輝：〈也談西安北郊出土封泥的斷代〉（收錄於王輝：《一栗集──王輝學術文存》（臺北：藝文印書館股份有限公司，民國 91 年 1 月），下冊），頁 477～480 等文。

〔註3〕 如傅嘉儀編著：《新出土秦代封泥印集》（杭州：西泠印社出版社，2002 年）；路東之編次，周曉陸、路東之考釋：《古陶文明博物館藏戰國封泥》（北京：古陶文明博物館，2003 年）；劉創新編著：《臨淄新出漢封泥集》（杭州：西泠印社出版社，2005 年）；傅嘉儀編著：《秦封泥彙攷》（上海：上海書店出版社，2007 年）；王玉清、傅春喜：《新出汝南郡秦漢封泥集》（上海：上海書店，2009 年）等書。

〔註4〕 收錄於孫慰祖主編：《古封泥集成》（上海：上海書店出版社，1996 年），頁 1～25。

〔註5〕 孫慰祖：〈中國古代封泥研究的歷史、現狀和展望〉（同註1）。

〔註6〕 孫慰祖：《封泥發現與研究》（同註1），頁 1～36。

〔註7〕 孫慰祖：《中國古代封泥》（同註1）。

二、四○年代以前的封泥譜錄輯錄封泥數量

四○年代以前的封泥譜錄，孫〈古〉〔註8〕、孫《封》〔註9〕、孫《中》〔註10〕和孫〈歷〉〔註11〕等著作中已有介紹。然而筆者發現，無論是孫慰祖或是前人文章在敘述四○年代以前出版的封泥譜錄（含附入他書者）所輯封泥總數的記載，有近十本譜錄的數量呈現說法不一的現象，本文試圖釐清此一問題，使後人引用時不致產生困擾。需強調的是，本文是在相同版本下所做的比較，因此文中所列各書所載封泥數之別，並非因版本的問題所造成。至於各譜錄的介紹，讀者可參閱孫慰祖相關封泥專著。

孫《中》書中談到晚清至民國間的封泥專譜，若從編輯的體例來分，有僅爲文字墨拓和兼附考證兩種。〔註12〕以下就這兩種做分類敘述，並加上封泥附入某書者、僅爲文字考釋共四類來說明：

（一）封泥附入某書中（A 類）

有些書並非封泥專譜，但是卻有輯錄封泥拓片（或摹本）或封泥印文。此類有三本，一爲道光二十二年出版的吳榮光《筠清館金石錄》，二爲同治三年出版的趙之謙《補寰宇訪碑錄》，三爲劉喜海《長安獲古編》。吳、趙兩書所登錄的封泥數量（6 枚）和藏者皆相同〔註13〕，差別在於前者除了有封泥印文外，還附有摹本，並對印文做了簡略的考釋；後者則只有封泥印文，並無拓片和考釋。劉喜海《長安獲古編》僅錄封泥摹本。

以上三本封泥總數，僅《長安獲古編》前人記載有出入。劉鶚《鐵雲藏封泥・序》〔註14〕與王獻唐〈臨淄封泥文字敘〉（以下簡稱「王〈臨序〉」）〔註15〕

〔註8〕 同註4，頁3～6。

〔註9〕 同註6，頁24～28。

〔註10〕 同註7，頁4～9。

〔註11〕 同註5，頁127～130。

〔註12〕 同註7，頁7。

〔註13〕 羅振玉：《齊魯封泥集存・序》云：「至同治初，吾鄉趙益甫司馬箸錄仁和龔氏所藏六種於《寰宇訪碑錄補》，尚稱之曰印范。」（羅振玉：《羅雪堂先生全集七編》（臺北：大通書局有限公司，民國65年），第1冊，頁31）按：其中的一枚爲吳榮光所藏。

〔註14〕 〔清〕劉鶚輯：《鐵雲藏封泥》，收錄於《中國古代陶瓷文獻輯錄》（北京：全國圖書館文獻縮微複製中心，2003年，抱殘守缺齋所藏三代文字之二），第5冊，頁2389。

〔註15〕 王獻唐：〈臨淄封泥文字敘〉，收錄於嚴一萍續編：《美術叢書》（臺北：藝文印書館，民國64年），第6集，第10輯，頁281。

載是編輯錄 20 枚；孫〈古〉、孫《封》、孫《中》、孫〈歷〉〔註16〕、周曉陸、路東之《秦封泥集》（以下簡稱「《秦集》」）〔註17〕、王偉《秦璽印封泥職官地理研究》（以下簡稱「王《秦璽》」）〔註18〕和趙永紀《清代學術辭典》（以下簡稱「趙《清》」）則載 30 枚〔註19〕。筆者覆按劉喜海《長安獲古編》（光緒三十一年劉鶚補刻標題本），所載實為 30 枚，且無重複之品目，故劉鶚和王獻唐所載是錯誤的。另據劉鶚《長安獲古編·跋》云：「《長安獲古編》乃劉燕庭方伯所撰，一金一石皆有識跋。金甫刻圖，而方伯殁，故僅存此稿……庚子變後，板歸於予，其標題原缺者，乞銅梁王孝禹觀察書補，刊印百部，分贈同好也。」〔註20〕故劉鶚於《鐵雲藏封泥·序》記為 20 枚應是筆誤或是漏算，無關他所見的本子與後來印行的版本不同而產生差異。此外，這 30 枚封泥，較精確的說法應是 29 枚封泥加上 1 枚泥印，據《封泥考略》卷七「黃神泥印」下云：「右二字半通泥印，鈕作羊形，文曰：黃神。燕庭劉氏《長安獲古編》物，今歸簠齋陳氏。」〔註21〕可知。

（二）僅為文字墨拓的譜錄（B 類）

此類有五本，其一為光緒二十九年（1903）刊行的羅振玉《鄭厂所藏泥封》，其二為光緒三十年（1904）刊行的劉鶚《鐵雲藏封泥》（附於《鐵雲藏陶》後），其三為 1931 年出版的吳幼潛《封泥彙編》，其四為 1934 年出版的國立北京大學研究院文史部（表中簡稱「北大文史部」）《封泥存眞》，其五為周進《建德周氏藏封泥拓影》〔註22〕（未署出版年月）。以上五本，僅周進該譜輯錄 487 枚封泥各書記載無異外（筆者實際統計後亦是如此），餘四本皆有出入。

〔註16〕同註4，頁 4；同註6，頁 3、24；同註7，頁 4；同註5，頁 129。

〔註17〕周曉陸、路東之編著：《秦封泥集》（西安：三秦出版社，2000 年），頁 9。

〔註18〕王偉：《秦璽印封泥職官地理研究》（同註1），頁 10。

〔註19〕趙永紀主編：《清代學術辭典》（北京：學苑出版社，2005 年），頁 47。

〔註20〕載於〔清〕劉喜海：《長安獲古編》，《續修四庫全書》（上海：上海古籍出版社，2002 年，據上海辭書出版社圖書館藏清同治劉氏刻光緒三十一年劉鶚印本影印），第 906 冊，頁 282。

〔註21〕〔清〕吳式芬、陳介祺：《封泥考略》，《續修四庫全書》（同註20，據復旦大學圖書館藏清光緒三十年石印本影印），第 1110 冊，卷七，頁四十六（總頁 27）。

〔註22〕此本在臺灣僅中央研究院歷史語言研究所傅斯年圖書館有館藏，索書號 A996.5219。

　　《鄭广所藏泥封》一書，據孫《封》、孫《中》和孫〈歷〉等文〔註23〕，皆載收錄 148 枚；趙《清》則載 304 枚〔註24〕。據羅振玉〈鄭广所藏泥封序〉云：「爲吳縣潘文勤公所藏，計官私印三百有四。」〔註25〕可知總數應爲 304 枚，趙《清》資料是正確的，但該書卻誤題封泥的藏者爲「潘祖蔭」，顯然該書沒有參閱羅振玉《齊魯封泥集存・序》所做的修正。

　　《鐵雲藏封泥》一書，孫〈古〉、孫《封》、孫《中》、孫〈歷〉〔註26〕、《秦集》〔註27〕和王《秦璽》〔註28〕，載收錄 114 枚封泥；趙《清》則載 172 枚〔註29〕。以上所載皆誤，按《鐵雲藏封泥》共 43 頁，除頁「五、十八、二十四、三十五」各拓 3 枚，頁「四十三」拓 1 枚外，餘皆各拓 4 枚，故總數實爲 165 枚。趙《清》應是徑以「43 乘以 4」，得出 172 枚之數；至於 114 枚如何算得則不詳，按孫〈古〉(《秦集》參考此文)、孫《封》和孫《中》(孫〈歷〉未註明據何版本)等文據以統計的版本爲 1904 年出版的《鐵雲藏陶》(《鐵雲藏封泥》附於該書末一同刊行)，王《秦璽》則據江蘇廣陵古籍刻印社出版的《鐵雲藏陶》〔註30〕統計，然該書亦是據 1904 年出版的《鐵雲藏陶》影印(但頁碼已重新編排)，筆者實際檢閱後，亦是 165 枚，因此 114 之數應是誤算，與版本無關係。

　　《封泥彙編》一書，孫〈古〉、孫《封》、孫《中》、孫〈歷〉〔註31〕、《秦集》〔註32〕和王《秦璽》〔註33〕載 1115 枚；橫田實《中國印譜解題》(以下簡稱「橫《中》」)則載 1116 枚〔註34〕。按該書拓片共 186 頁，每頁拓錄 6 枚，僅最末頁爲 5 枚，故總數爲 1115 枚，橫《中》多算 1 枚。

〔註23〕　同註 6，頁 27；同註 7，頁 7；同註 5，頁 129。

〔註24〕　同註 19，頁 1175。

〔註25〕　羅振玉：《羅雪堂先生全集五編》(臺北：大通書局，民國 62 年)，第 3 冊，頁 1127。

〔註26〕　同註 4，頁 5；同註 6，頁 3、25；同註 7，頁 7；同註 5，頁 129。

〔註27〕　同註 17，頁 9。

〔註28〕　同註 18，頁 10。

〔註29〕　同註 19，頁 873。

〔註30〕　〔清〕劉鶚：《鐵雲藏陶》(揚州：江蘇廣陵古籍刻印社，1998 年)。封泥拓片收錄在該書頁 99～183。

〔註31〕　同註 4，頁 5；孫慰祖：同註 6，頁 25；同註 7，頁 7；同註 5，頁 129。

〔註32〕　同註 17，頁 10。

〔註33〕　同註 18，頁 10。

〔註34〕　〔日〕橫田實，《中國印譜解題》(東京：二玄社，1976 年)，頁 204。

　　《封泥存眞》一書，孫〈古〉〔註35〕、《秦集》〔註36〕和橫《中》〔註37〕
載 177 枚；孫《封》、孫《中》和孫〈歷〉等文〔註38〕則載收錄 170 枚。按馬
衡《封泥存眞・目錄》末云：「右封泥百七十七。」〔註39〕筆者覆按後，也確
爲 177 枚，孫《中》和孫〈歷〉應是校稿之誤。

（三）僅為文字考釋的譜錄（C 類）

　　此類僅胡琨（字次瑤）《泥封印古錄》一本，趙《清》將此書作者誤題爲
「劉次瑤」，並載收錄 200 餘枚封泥〔註40〕。是書編成於咸豐二年，書中將輯
錄的封泥大致按《漢書・百官公卿表》與《漢書・地理志》記載官名和地名
的順序，以目錄的形式編次，並在各封泥品目下略爲考釋。據《泥封印古錄・
序》得知是書封泥爲劉喜海與陳介祺藏品。筆者統計後，書中輯錄封泥總數
爲 203 枚。

（四）文字墨拓兼附考釋的譜錄（D 類）

　　本類依據封泥考釋的方式，可再分成兩類：其一爲僅於序（敘）中介紹
封泥的出土、性質和功能，以及該書輯錄封泥的來源、數量和特色時，舉書
中封泥爲例來附帶解釋，因此絕大部分是沒有考釋的；其二爲逐枚考釋，對
各封泥做簡要的考證與說明。以下就這兩次類來分述：

1、僅於序（敘）中舉例時或於目錄後附帶考釋（D1 類）

　　此類有兩本，一爲 1913 年出版的羅振玉輯，王國維編次《齊魯封泥集存》，
二爲 1936 年出版的山東省立圖書館輯，王獻唐編《臨淄封泥文字》。《齊魯封
泥集存》載 449 枚封泥，前人文獻記載同此。

　　《臨淄封泥文字》所輯封泥總數，孫〈古〉、孫《封》、孫《中》、孫〈歷〉
〔註41〕、《秦集》〔註42〕和王《秦璽》〔註43〕載 464 枚；橫《中》）則載 462

〔註35〕同註 4，頁 6。
〔註36〕同註 17，頁 10。
〔註37〕同註 34，頁 204。
〔註38〕同註 6，頁 28；同註 7，頁 9；同註 5，頁 130。
〔註39〕國立北京大學研究院文史部輯：《封泥存眞》（上海：商務印書館，民國 23 年），
　　　　目錄頁六。本書在臺灣僅中央研究院歷史語言研究所傅斯年圖書館有藏本，
　　　　引文據此。
〔註40〕同註 19，頁 585。
〔註41〕同註 4，頁 6；同註 6，頁 28；同註 7，頁 9；孫慰祖：同註 5，頁 130。
〔註42〕同註 17，頁 10。
〔註43〕同註 18，頁 11。

枚〔註44〕。據王〈臨敘〉云：「選得四百五十四品（筆者按：原應作四百五十八品），賸以鄒縣各地出土者六事，編製目錄。」〔註45〕王獻唐在〈臨淄封泥文字敘目勘誤表〉云：「八誤四」〔註46〕，可知是書收錄464枚，然筆者再次統計後，實爲「465枚」，故以上所載皆誤。茲將《臨淄封泥文字》〔註47〕各冊封泥拓片數列成下表，以備查證：

冊	一	二	三	四	五	六	七	八	九	十	總計
枚	敘、目錄	53	53	50	53	51	57	51	49	48	465

2、逐枚考釋（D2類）

此類有三本，一爲光緒三十年（1904）出版的吳式芬、陳介祺合輯《封泥考略》，二、三爲1928年出版的周明泰《續封泥考略》（以下簡稱《續封》）和《再續封泥考略》（以下簡稱《再續》），三本封泥總數記載多有出入，尤其是《封泥考略》更爲複雜。

《封泥考略》輯錄封泥總數，羅振玉《齊魯封泥集存·序》載700餘枚〔註48〕；孫〈古〉、孫《封》、孫《中》、孫〈歷〉〔註49〕、《秦集》〔註50〕和王《秦璽》〔註51〕皆載846枚；中國書店版《封泥考略》出版前言〔註52〕、趙《清》〔註53〕、黃留珠〈秦封泥窺管〉〔註54〕、杜澤遜《文獻學概要》〔註55〕、郭妍

〔註44〕　同註34，頁209。
〔註45〕　同註15，頁221。
〔註46〕　王獻唐：〈臨淄封泥文字敘目勘誤表〉，《臨淄封泥文字　不分卷，一卷，目錄一卷》（臺北：中央研究院歷史語言研究所「傅斯年圖書館藏善本古籍數位典藏系統」，民國二十五年山東省立圖書館刊搨印本），第1冊，檔名：109824.050.jpg。
〔註47〕　筆者據中央研究院歷史語言研究所「傅斯年圖書館藏善本古籍數位典藏系統」山東省立圖書館《臨淄封泥文字　不分卷，一卷，目錄一卷》（版本同前註；索書號：A996.5033；全彩光碟代號：9300277-304）統計而來。
〔註48〕　羅振玉，《齊魯封泥集存·序》（同註13），頁32。
〔註49〕　同註4，頁5；同註6，頁27；同註7，頁7；同註5，頁129。
〔註50〕　同註17，頁9。
〔註51〕　同註18，頁10。
〔註52〕　〔清〕吳式芬、陳介祺輯，《封泥考略》（北京：中國書店，1990年），出版前言。
〔註53〕　同註19，頁184。
〔註54〕　黃留珠，〈秦封泥窺管〉，《西北大學學報（哲學社會科學版）》第1期（1997年），頁21。
〔註55〕　杜澤遜，《文獻學概要》（北京：中華書局，2002年），頁458。

伶《許瀚之金文學研究》〔註56〕和中國文物學會專家委員會主編《中國文物
大辭典》〔註57〕載 849 枚；橫《中》則載有「851、865」枚兩種〔註58〕。茲
將《封泥考略》各卷輯錄封泥總數列表如下：

卷數	一	二	三	四	五	六	七	八	九	十	總計
枚	96	68	111	100	80	132	87	49	57	66	846

需說明的是，《封泥考略》卷七最後收錄的 3 枚是陳介祺藏的「黃神、□黃□
和天帝煞鬼」泥印，並非封泥，因此全書共收「843」枚封泥，另收 3 枚陳藏
的泥印。

　　《續封》據孫〈古〉、孫《封》、孫《中》〔註59〕、《秦集》〔註60〕和王《秦
璽》載 454 枚〔註61〕，孫、周氏等文更註明有 2 枚重見；孫〈歷〉則將 2 枚
重見的封泥去掉載 452 枚〔註62〕。但以上文章皆未詳說是哪兩枚重見，筆者
覆按原書後，發現 2 枚重見的並不是《續封》，而是《再續》中的「定陵邑印」
（卷二，頁一五上）、「黃丞」（卷二，頁二八下）2 枚，與《續封》「定陵邑印」
（卷五，頁一二下）、「黃丞」（卷四，頁七）的品目重見。周明泰〈《再續封
泥考略》校誤記〉云：

> 卷二目潁川郡「定陵邑丞」，丞字乃印字之誤。此封泥與《續篇》重
> 複，應刪，下文全。……卷二目東萊郡「黃丞」，與《續篇》重複，
> 應刪，下文全。〔註63〕

因此重見的 2 枚為《再續》，並非《續封》。筆者統計《續封》的封泥總數，
實為 454 枚，不需加注「2 枚重見」等字語。

　　《再續》據孫〈古〉、孫《封》、孫《中》、孫〈歷〉〔註64〕、《秦集》

〔註56〕郭妍伶，《許瀚之金文學研究》（臺南：國立成功大學中國文學系碩士論文，
　　　民國 97 年），頁 54。
〔註57〕中國文物學會專家委員會主編，《中國文物大辭典》（北京：中央編譯出版社，
　　　2008 年），下冊，頁 1337。
〔註58〕同註 34，頁 97、174。
〔註59〕同註 4，頁 5；同註 6，頁 27；同註 7，頁 1、9。
〔註60〕同註 17，頁 10。
〔註61〕同註 18，頁 10。
〔註62〕同註 5，頁 130
〔註63〕周明泰：《再續封泥考略》，《封泥考略彙編》（臺北：藝文印書館，民國 71 年），
　　　第 4 冊，頁 415。
〔註64〕同註 4，頁 6；同註 6，頁 28；同註 7，頁 9；同註 5，頁 130。

〔註65〕和王《秦璽》〔註66〕皆載 323 枚，筆者覆核則爲 322 枚，所差 1 枚或許是對該書卷四頁二九下「司馬□□、□中時」的計算方式不同。此枚爲兩印共一封泥，若就封泥來計算則爲 1 枚，若就印文則爲 2 枚。因本文站在統計各譜錄的封泥總數，故將它視爲 1 枚來計算，所以總數爲 322 枚。此外，上段指出《再續》有 2 枚與《續封》品目重見，作者周明泰說應刪，因此刪掉後的總數爲 320 枚。

　　需另外說明的是，橫《中》將《續封》和《再續》的冊數與內容混淆，《續封》與《再續》分別爲六冊、四冊，他將兩者對調，並將《續封》第五、六冊封泥的統計數目置於《再續》下，闕漏至大。〔註67〕筆者重新整理橫《中》所載兩書各卷封泥總數位置，得出《續封》爲 454 枚，《再續》爲 318 枚，僅《續封》所載數目正確。

（五）未歸類（E 類）

　　1924 年拓成的陳寶琛《澂秋館藏古封泥》，據孫〈古〉、孫《封》、孫《中》、孫〈歷〉〔註68〕、《秦集》〔註69〕和王《秦璽》〔註70〕載爲 242 枚，因臺灣並無此圖書，故不能進一步檢核，待日後有機會見得原書，再作補充。

　　茲將以上各類封泥譜錄輯錄的確切封泥總數整理成下表，以供參考，若先前文獻記載該譜錄封泥總數有出入者，在備註欄會加注「＊」，以便與本文對照：

類別	書　　名	輯（編）者	出　　版　　年	輯錄總數	備　註
A	筠清館金石錄	吳榮光	道光二十二年（1842）	6	
	補寰宇訪碑錄	趙之謙	同治三年（1864）	6	
	長安獲古編（劉鶚補刻標題本）	劉喜海	光緒三十一年（1905）	29	＊另收 1 枚「黃神」泥印

〔註65〕同註 17，頁 10。
〔註66〕同註 18，頁 10。
〔註67〕同註 34，頁 202。
〔註68〕同註 4，頁 5；同註 6，頁 27；同註 7，頁 9；同註 5，頁 130。
〔註69〕同註 17，頁 10。
〔註70〕同註 18，頁 10。

B	鄭广所藏泥封	羅振玉	光緒二十九年（1903）	304	✳
	鐵雲藏封泥	劉鶚	光緒三十年（1904）	165	✳
	封泥彙編	吳幼潛	1931	1115	✳
	封泥存眞	北大文史部	1934	177	✳
	建德周氏藏封泥拓影	周進	不詳	487	
C	泥封印古錄	胡琨	咸豐二年（1852）（此據該書序文記年）	203	✳
D1	齊魯封泥集存	羅振玉、王國維	1913	449	
	臨淄封泥文字	山東省立圖書館	1936	465	✳
D2	封泥考略	吳式芬、陳介祺	光緒三十年（1904）	843	✳另收 3 枚泥印
	續封泥考略	周明泰	1928	454	✳
	再續封泥考略	周明泰	1928	320	✳已刪除 2 枚與《續封》重見的封泥
E	澂秋館藏古封泥	陳寶琛	1924	242	待查證

三、結　論

　　本文針對四○年代以前封泥譜錄輯錄的封泥總數做一釐清，經由以上討論，得出以下結論：

　　（一）四○年代以前出版的封泥譜錄，依據編輯體例可分成四大類，十四本，另有一本尚未歸類。其中僅《筠清館金石錄》、《補寰宇訪碑錄》、《建德周氏藏封泥拓影》和《齊魯封泥集存》四本前人記載輯錄封泥總數無出入，《澂秋館藏古封泥》則待查證，餘皆有異，確切總數詳本文第二部分。

　　（二）造成各書記載有別的原因（前提是統計時所依據的譜錄版本皆相同），可能是：1、學者未實際檢核之故，如《長安獲古編》、《鄭广所藏泥封》、《鐵雲藏封泥》、《封泥彙編》、《封泥考略》、《續封泥封考略》和《再續封泥考略》。2、出版時校稿之誤，如《封泥存眞》。3、輯者本身已計算錯誤，如《臨淄封泥文字》。

　　礙於筆者蒐集的文獻有限，以上結論或許仍有討論之餘地，尚請讀者不吝賜教，使本文更臻完善。